KB097139

나,
함께
산다

나, 함께 산다

초판 1쇄 펴낸날	2018년 6월 28일
초판 3쇄 펴낸날	2020년 2월 20일
기록	서중원
사진	정택용
기획	장애와인권발바닥행동
펴낸이	박재영
편집	이정신·임세현
마케팅	김민수
디자인	조하늘
제작	제이오
펴낸곳	도서출판 오월의봄
주소	경기도 파주시 회동길 363-15 201호
등록	제406-2010-000111호
전화	070-7704-2131
팩스	0505-300-0518
이메일	maybook05@naver.com
트위터	@oohbom
블로그	blog.naver.com/maybook05
페이스북	facebook.com/maybook05
인스타그램	instagram.com/maybooks_05
ISBN	979-11-87373-38-4 03300

이 도서의 국립중앙도서관 출판시도서목록(CIP)은 e-CIP홈페이지(http://nl.go.kr/ecip)와
국가자료공동목록시스템(http://www.nl.go.kr/kolisnet)에서 이용하실 수 있습니다.
(CIP 제어번호 : CIP2018018648)

책값은 뒤표지에 있습니다. 잘못된 책은 바꾸어 드립니다.

이 책에 실린 인터뷰는 인권 재단 '사람'의 지원을 받아 진행되었습니다.

만든 사람들

책임편집	임세현
디자인	조하늘

나,
함께
산다

시설 밖으로 나온 장애인들의 이야기

서중원 기록
정택용 사진
장애와인권발바닥행동 기획

오월의봄

차례

시설의 존재 이유를
질문하지 않는 사회

"여러분은 이제 막 열세 살이 되셨어요. 열세 살이 된 여러분에게 누군가가 와서 이렇게 말한다고 생각해보세요. 너는 이제 네가 살던 집과 가족을 떠나서 네가 한 번도 본 적 없는 외딴 곳에서 한 번도 본 적 없는 사람들과 평생을 살아야 돼. 그게 네 가족들의 생각이고 너에게 거절할 권리는 없어."

18년 동안 시설에 살았던 동생 장혜정 님의 손을 잡고 세상 밖에 나온 장혜영 님이 '세상을 바꾸는 15분'에서 참여자들에게 건넨 말입니다. 이 책을 막 펼쳐 든 독자들도 상상을 해보면 좋겠습니다. 형형색색 다양함을 가진 사람들이, 단 하나의 성질로 표현될 수 없는 사람이, 한 번도 밟아본 적 없는 곳에서 돌아갈 기약도 없이 살아야 하는 삶, 그것이 바로 시설에서의 집단 생활이라고 생각합니다. 내가, 왜, 여기서 살아야 하는지 누구도 답해주지 않는 삶이란 무엇일까요?

모두 다른 이름, 성격, 얼굴, 취향을 가진 사람들이 '장애'라는 한 범주 안에 묶여 있습니다. 개인의 성향, 환경, 필요한 자원과 상관없이 장애를 등급으로 나누고 등급에 따라 던져지는 단일한 서비스로 충분히 살라고 합니다. 이와 같은 서비스를 제공하는 곳, 시설은 장애인을 하나의 집단에 넣어놓고 동질의 서비스를 제공하는 체계입니다. 이 시설의 본질은 사회의 한 시민인 '나'로 살길 포기하고, 그저 사회가 구분 지어놓은 '장애인'으로만 살라는 데 있습니다. 이것이 바로 이 사회가 장애인을 대하는 태도이며, 여전히 시설이 존재하는 이유입니다.

침묵은 때론 반대보다 무서운 힘을 갖습니다. 사회로부터 분리된 삶에 대한 침묵은 약 11만 명을 거주 시설로 수용시켰고, 셀 수 없는 인권침해 사건으로도 이어졌습니다. 그동안 그들의 이름은 지워졌고, 개인의 서사 또한 철저히 가려져왔지요. 그들은 본인들이 살아왔던 시설을 재규정하고, 이를 표현하는 목소리의 힘을 빼앗겼습니다. '너를 위한다'는 울타리는 너무나 높고 견고했기 때문입니다. 한편, 시설에서 나온 사람들의 목소리는 그 울타리를 넘어 시설의 존재 이유를 질문하지 않는 사회에 균열을 내기 시작합니다. 우리가 눈감았던 시설 수용의 역사를, 삶에 필요한 자극을 모두 차단한 '안전'이 결코 '안전'하지 않았음을 고발합니다.

그리고 이야기하고 싶었습니다. 한 사람의 24시간은 먹고 자는 것 이상의 사람 간의 소통, 관계, 꿈에 대한 끊임없는 갈망으로 이루어진다는 사실을 이야기하고 싶었습니다. 장애를 가진 시민이 사회에 통합되기 위해 끝도 없는 연습을 하는 게 아니라 지역사회가 다양한 사람이 한데 어우러져 살아갈 수 있도록 능력을 키워야 한다는 것, 이 모든 건 준비되고 나서가 아니라 지금 당장 살 부비며 겪어가야 한다는 것을 이야기하고 싶었습니다.

이 책에는 아주 오랜 시간과 많은 이들의 정이 담겨 있습니다. 먼저 가슴 깊이 묻어놓았던 이야기를 내어주신 유정우, 이상분, 홍윤주, 김범순, 신경수, 김진석, 이종강, 최영은, 김은정, 남수진, 정하상 총 열한 명의 주인공이 있었기에 이 책이 나올 수 있었습니다. 처음 섭외를 위해 전화했을 때 들었던 "너네니까 믿고 할게"라는 말이 기억납니다. 탈시설로 나아가는 사회를 위해 기꺼이 자신의 삶의 이야기를 풀어내주셨습니다. 할 말이 없다고 손사래를 쳤지만 시설에서, 지역사회에서 보낸 인터뷰이들의 하루하루가 탈시설 운동의 역사임을 다시 확인하는 시간이었습니다.

외로운 시간을 견뎌온 탈시설의 목소리를 사회와 연결해준 출판사 오월의봄과 마음을 다해주신 임세현 편집자님 감사합니다. 인터뷰이의 다양한 얼굴을 사진으로 담아주신 정택용 사진작가님 감사합니다. 인권재단 '사람'의 초기 지원으로 더욱 풍성한 인터뷰가 진행될 수 있었습니다. 무엇보다 인터뷰이들을 만나 이들의 삶의 면면을 듣고 기록한 서중원 작가님의 노고가 컸습니다. 기록자와 동료 그 어딘가의 경계에서 때론 헤매고 좌절했던 날들이 있을 줄 압니다. 그럼에도 끝까지 걸음을 멈추지 않은 서중원 작가님 덕분에 책이 나올 수 있었습니다.

마지막으로 발바닥행동의 활동에 열렬한 지지를 아끼지 않는 발바닥 회원님들께 고맙습니다. 그리고 장애인의 존엄한 삶에 대해 침묵이 아닌 연대로 온 힘을 보태온 모든 분들께 감사드립니다.

2018년 6월
장애와인권발바닥행동 드림

10

그다음을 사는 일

명옥 이모.

저 방금 사고 쳤어요. Esc키를 눌러버렸거든요. A4 다섯 장이 삽시간에 사라지네요. 말이 다섯 장이지 한 몇 달은 고심한 글이었어요. 아깝지 않을 리 없지요. 그런데 도저히 맺을 수가 없더라구요. 도대체 무엇이 제 마지막 한 걸음을 이리도 어지럽히는 것일까요?

종용하듯 깜빡이는 컴퓨터 커서만 물끄러미 바라보다가, 에라 모르겠다! 이모한테 하소연이나 하렵니다. 따지고 보면 이 작업의 시작은 이모 때문이었다고도 말할 수 있으니까요.

이모, 재작년에 순천으로 놀러 갔을 때 노상에서 쑥 뜯으며 해주신 얘기 기억나세요? 이모 어머니가 이모 임신했을 때, 피난길에 얻어 탄 군용트럭에서 떨어져서 하마터면 이모는 세상 구경도 못할 뻔했다고 한 얘기. 열두 살 언저리 어느 날 이유 없이 귀가 안 들리기 시작해 그 뒤로는 쭈욱 사람들의 입술 움직이는 모양을 보고 의사소통해왔다는 이모는, 그 일도 나중에 어머니의 입술을 읽어 알게 된 거라 하셨어요.

"내가 엄마 뱃속에 있을 때래. 5개월인가 6개월인가에 피난을 내려와야 했대. 처음엔 걸어서 내려오다 배부른 임산부이니 애들에 짐을 이고 걷는 길이 얼마나 고됐겠어? 지나가는 군용트럭에 사정을 해서 얼마간을 얻어 탔나봐. 근데 그 군용트럭이 철원 어딘가에서 커브를 틀다가 그만 엄마가 중심을 잡지 못하고 떨어졌대. 그때 엄마가 막 하혈을 하고 그래서 주변 사람들이 애 떨어진다고 다들 걱정하고 그랬대. 근데 내가 그때 잘못되지 않고 그래도 열 달을 채워서 태어난 거야. 그 얘길 옆집 아줌마한테 하면서 엄마가 그래. '그때 애가 잘못돼서 아예 안 태어나는 게 애한테도 복이었을 텐데……' 하고.

장애를 가진 과년한 딸이 소위 사람 구실 못하며 같이 늙어가는 걸 바라보는 엄마 마음이, 물론 안타까워서였겠지만, 얘! 그때 난 서운하더라. 왜냐하면 진짜 그 얘길 알아듣는 순간, 나는 천지신명한테 감사했거든. 그때 안 죽고 살아서 내가 이만큼 살아왔구나! 이렇게 생각했단 말야. 너도 알잖아.

그때 내가 우울증으로 맨날 죽고 싶단 생각만 하던 때야. 나는 이 세상에 필요 없는 인간 같고, 그래서 맨날맨날 내가 사는 게 그랬다고. 근데 그 얘길 듣는 순간 나는 참 감사했어. 진짜 감사했어. 내가 살아 있는 게. 살아가는 게. 근데 아무리 엄마라지만 내 존재를 왜 그렇게 비참하게 평가하느냐고. 차라리 안 태어나는 게 나았을지 모른다는 생각을, 왜 나도 안 하는 생각을 엄마가 하느냐고!"

'장애와인권발바닥행동'으로부터 시설에서 나와 지역사회에서 자립 생활을 하고 있는 장애인들의 이야기를 한번 기록해보자는 제안을 받았을 때, 저는 제일 먼저 이모가 해준 얘기가 생각났어요. 그날 이모가 어머니에게 느낀 감정은, 비록 서운했다고만 표현하셨지만, 제 생각엔 매우 정당한 존재론적 항변 같았거든요. 멋있었어요. 그러니 일종의 예감 같은 것이 었달까요? 어쩐지 저는 좋았습니다. 앞으로 이모처럼 멋지게 자신의 살아 있음을 항변하는 사람들을 만나게 될 것만 같아서요.

제가 인터뷰할 사람들은 소위 혼자 사는 일이 불가능할 거라 점쳐졌던 사람들이었어요. 중증의 지체장애인(발성에 관계된 언어장애를 동반하기도 한!)과 발달장애인. 그래서 자신의 인생 대부분의 시간을 시설이란 곳에서 살아온 사람들이죠. 흔히들 시설은 장애인을 위해 만들었다고 하잖아요? 그러나 이 말은 무섭습니다. 달리 말하면 시설이 있는 대신 시설 밖의 세상은 진작부터 장애인을 배제한 채 굴러왔다는 뜻이니까요.

게다가 저는 한 번도 그 시설을 '선택했다'고 말하는 사람을 만나본 적이 없습니다. 이모처럼 함께 살 가족이 없었거나, 있다 해도 그럴 형편이 아니어서 가족 대신 돌봐줄 다른 사람을 찾아야 했거나, 또는 워낙 세간에 인식되기를 시설은 장애인을 위해 만들어진 곳이라니까 당연히 여기서 사는 것보다 거기서 사는 것이 편할 거라 여겨져서, 사람들은 그렇게 시설로 보내졌습니다. 이 술어는 슬픕니다. 아니 끔찍하기까지 합니다. '보내진다'라는, 결코 능동이 될 수 없는 술어는, 이미 그로써 누군가 인생을 그 자신의 뜻으로 결정할 수 없도록, 격을 박탈하는 짓이 될 수밖에 없기 때문입니다.

그런데 그 시설을 박차고 나와버린 사람들이라니! 얼마나 멋졌겠어요!!! 제가 그런 사람들을 만난다니……

그러나 이모. 전 이모 말고는 일상에서 장애인을 만나본 경험이 거의 없는 비장애인이란 사실을 잊고 있었답니다. 그러니 첫 만남부터 낭패도 이런 낭패가…… 우선은 말이 들리지 않았어요. 왜 이들을 내 흔한 이웃으로 만날 수 없었던가의 질문은 아직 싹틀 계제도 아니었습니다. 질문은커녕 당장 말이 들리지 않는데, 명색이 타인의 구술을 기록한다는 노동자가 어떻게 감히 그들의 삶을 기록할 수가 있겠어요?

진짜 문제는 그다음이었어요. 얼마간 시간이 흘러 말귀가 좀 트이고 나서는, 이번엔 도통 이해가 가질 않는 거예요. 대체 누가, 무슨 권리로, 이 사람들을 가두어놓았는가? 아니, 그 '누가'에 나 자신은 속하지 않는다고 과연 발뺌할 수 있는가?

자신의 인생을 말해주면서 인터뷰이들은 도리어 제게 반문했어요.

"나더러 혼자 전철도 못 타고 가게도 못 가는데 어떻게 살거냐고 해. 물어보면 된다고 했는데, 나쁜 사람 많대. 나가서 살려면 길도 알아야 하고, 집도 있어야 하고, 돈도 벌어야 하는데…… 나는, 나는, 그런 게 없으니까 (계속 시설에서 살아야 했지)…… (중략) 나 한다고 그랬어. 나간다고. 언제까지 시설에서 살 순 없잖아? 응? 너라면 안 그러겠어? 그건 싫었어. 전부터 그건 싫었어. 너라면 안 그러겠어? 응? 응?"

- 김은정 인터뷰

저라도 시설에서만 사는 것은 싫었을 겁니다. 그런데 왜 너는 시설에서 살아야 한다고, 그게 너를 위한 길이고 어쩔 수 없는 일이라고만 생각했을까……

"누구는 되는데 누구는 떠, 떨어지면, (수급권이나 등급이) 떨어진 사람은 죽어. 과앙-광화문에서 봤어. 아휴…… 불났는

데 (중증장애인에게 24시간 활동보조 서비스가 지원되지 않아서 119)
신고하고도 죽었어. 아휴…… 그러니까 시설 가래, 니네는.
어떤 할아버지는 나한테, 도, 돌아다니지 말고 집에만 있으
래. 그래서 화났어. 약한 사람이 살(수 있으)면 (그 사회는 누구
나) 다 살 수 있는 거 아니야? 왜 없어지라고 그러지?"

- 이상분 인터뷰

질문이 그랬던 것처럼 해답도 인터뷰이들에게서 나왔습니
다. 약한 사람이 살면…… 이 말을 듣고 오는 날 저는 주저앉
아 울었어요. 약한 사람이 살면 다 살 수 있는 거 아니냐는 반
문은, 왜 없어지라고 그러냐는 항변은, 너무나 자명했는데 너
무도 깊게 허를 찔린 것만 같았어요. 왜 몰랐을까…… 그동안
어쩔 수 없다고 생각해왔던 일, 그건 어쩌면 진짜 어쩔 수 없
는 일이 아니라 제가 어쩌지 않은 일이었을지 몰라요. 명칭조
차도 낯설었던 '탈시설'의 의미를 알아차리게 된 건 이때였어
요. 탈시설은 단지 시설에 살던 장애인 한 사람이 시설 밖 세
상에 적응하는 일이 아니었던 겁니다. 오히려 탈시설은 한때
우리가 어쩔 수 없다며 시설에 몰아넣었던 사람들이 나와
이제 우리 자신에게 바로 그 '어쩌기'를 요구하는 것이었어요.
그러니까…… 아무도 없어지지 않기 위해, 사회라는 시스템
을, 다시 디자인하는 일. 그래요! 탈시설은 그 자체로, 그리고
필연적으로, 사회변혁 운동인 겁니다.

만나지 않았다면 저는 몰랐을 일이에요. 묻지 못해 꿈꾸지도 못했을 일입니다. 누구나 다 살 수 있는 사회, 그래서 아무도 없어지지 않는 세상이란!

그러나 솔직히 인터뷰는 내내 제가 부서지는 과정이었어요. '내가 한 번 부서질 때마다 완강한 이 세계의 벽 어딘가에도 미세한 균열 하나는 생기겠지……' 스스로를 다독이면서도 사이사이 몇 번을 도망쳤다 되돌아오기를 반복했던지요? 특히나 인터뷰가 다 종료된 후, 각기 변화하는 인터뷰이들의 삶을 대면하는 것은 가장 어려운 일이었어요. "왕자님과 공주님은 오래오래 행복하게 살았답니다." 한 사람의 인터뷰가 끝날 때마다 저는 제가 기록하는 이의 삶이 이런 동화 같은 결말에서 멈추기를 얼마나 간절히 바랐던지요? 그러나 현실은 이러한 기대를 때론 무참히 밟고 지나가곤 했어요. 물론 여전히 분연히 일어서 나아가는 사람들도 있었지만, 누군가는 아프고, 누군가는 배고팠으며, 누군가는 배신을 당했고, 누군가는 가해자가 되었고, 또 누군가는 피해를 입었습니다. 혼란……스러웠어요. 저는 과연 누구를, 또는 '탈시설'의 무엇을, 기록한 것이었을까요?

이제 와 생각해보면 인터뷰 이후의 오랜 혼란은 다 욕심 때문이었던 것 같습니다. 제 욕심. 기록으로 감히 희망을 박제하려던 욕심. 이것이 진실이다, 섣불리 선언하려 했던 쉬운 윤리에의 욕심.

그러고 보면 가장 중요한 일은 어쩌면 '그다음을 사는 일'일지 모르겠습니다. 어떤 업적을 이루었든, 어떤 과오를 저질렀든, 중요한 것은 그다음입니다. 그다음을 어찌 살아내느냐가 실은 우리 자신이 어떤 사람인지를 말해줄 수 있는 유일한 정체성일지 몰라요. 우리의 탈시설은 아직 지난한 과정 중에 있고, 그래서 우리는 진행형의 사람들입니다. 이 책의 다음을 과연 저는, 그리고 제 인터뷰이들은 어떻게 살아나가게 될까요?

우선 이름자 그대로 발바닥으로 전국을 누비며 탈시설의 역사를 쓰고 있는 장애와인권발바닥행동의 옥순, 숙경, 규식, 임소, 정하, 준민, 미소, 재환, 재민, 아라, 선원 그리고 지금은 다른 일을 하게 된 혁에게 고맙다는 인사부터 건네야겠어요. '그다음을 사는 일'이 늘 고민스럽고 어려운 제가 그래도 이 글의 마지막 단락을 쓰고 있는 것은 전적으로 이 활동가들이 몸으로 쓰고 있는 탈시설의 역사를 믿고 의지하기 때문입니다. 그리고…… 저를 많이 당황케 했고, 부끄럽게 했고, 웃게 했고, 펑펑 울게도 했던, 상분, 정우, 범순, 경수, 영은, 진석, 윤주, 하상, 은정, 수진, 종강 님께, 저의 미숙한 듣기와 그보다 허술한 쓰기는 결국 당신들의 이야기를 통으로 옮겨내는 일을 성사시키지 못했다고, 무능한 기록자일수록 자기가 드러나는 법이라고, 그래서 이 기록 곳곳에 드러나는 '나'는 실패의 흔적이라고, 아니 차라리 다다를 수 없었던 사랑이라고, 오인과 어긋난 방식의 사랑이어서 지금 저는 엉뚱한 곳에서 편지를 쓰고 있다고, 다시, 당신들과 닿기를 원하는 마음으로, 그러므로 이것은 부끄러운 저의 참회록이자 '그다음을 사는 일'이라고, 그렇게 전해야겠어요.

근데 이모, 그거 아세요? 그때 이모가 잘못되지 않고 열 달을 채워서 태어나주셔서, 저한테도 복인 거?

2018년 6월

서중원

일러두기

맞춤법은 국립국어원을 따랐다. 하지만 비문인 경우에도 인터뷰이들의 입말을 최대한 보전할 필요가 있다고 판단될 때에는 이를 굳이 수정하지 않았음을 밝힌다. 또한 같은 이유로 은어 및 방언 사용, 발음 표기, 외래어 표기, 띄어쓰기 등에서도 융통성을 두었다.

1부

시설 밖에서
삶을 펼치다

이 부부가
사는 법

이상분, 유정우

상분 씨

"나, 나……"

"응, 상분 씨~ 어디야?"

"과앙- 광-화문. 나 지금…… 하, 학생들 때메 울었어…… "

언어장애가 있는 상분 씨는 곧잘 봉변을 당한다. 얼마 전에
도 지하철에서 웬 술 취한 사내 하나가 무턱대고 상분 씨를 끌
고 내리려 했단다. 너무 급작스럽다보니 왜 그러느냐는 항변
도, 주위 사람들에게 도와달라는 말도 안 나와 냅다 소리부터
질렀다고 한다. 꺄악-

처음에는 시큰둥하던 사람들도 점차 파열음의 데시벨이 높
아지자 주섬주섬 주위로 몰려들었다. 사내는 그 길로 줄행랑
을 쳐버렸다. 그렇지만 왠지 이상했다. 놀란 것은 상분 씨인
데, 어딘가 죄스럽고 창피해지고 만 것도 상분 씨였다. 긴장하
면 말이 더 엉켜버리는 상분 씨로서는 우르르 모여든 눈길과
발길들을 향해 안전 요원을 부르니 마느니 저 사람을 잡아달

라느니 조단조단 설명할 재간이 없었다. 이내 "뭐야?" 하고 대수롭지 않게 돌아서는 어떤 눈길들에는 '좀 이상한 여자잖아?' 하는 깔봄 같은 것도 묻어 있는 듯했다. 놀란 새가슴을 하고도 상분 씨는 그 사내와 마찬가지로 자꾸만 흠칫흠칫 쳐다보는 눈길들을 피해 얼른 자리를 떠야 했다. 싫었다. 그런 상황도 그런 자신도.

한번은 무슨 전단지를 나눠주는 곳으로 끌려갈 뻔하기도 했다. 사당역 근처 체험홈에 살 때다. 워낙 유동 인구가 많은 곳이다보니 인파 속에서 어떤 우악스런 손길에 질질 끌려갔는데, 품에 한 아름 전단지 묶음이 안겨지자 와락 겁이 나 고분고분 따르는 척 그대로 도망쳤다고…… 살던 동네라 골목길을 알고 있었던 게 다행이었다.

"어떤 할아버지는…… 막 욕해. 나한테…… 돌아다니지 말고 집에 있으래. 몇 번 그랬어."

물론 이 고난을 알아듣기까지, 나 역시도 꽤 많은 시간과 되물음이 필요했다. 실은 아직도 상분 씨가 인식하는 이 일들의 전후 사정은 구체적이지도, 그럴 만한 연관성도 없다. 허긴, 그러니까 봉변이지. 날벼락. 그러다보니 전화기 저쪽에서 대뜸 학생들 때문에 울었다는 상분 씨 소리에 걱정도 걱정이지만 버럭 분노가 먼저 치밀어오르는 거다. 누구야? 엉? 누가 우리 상분 씨한테…… 작업장 출근도 안 하는 토요일 오후, 모처럼 광화문에 나가 바람이나 쐬려던 차였을 것이다. 그런데 누구야? 노기로 무장한 채 헐레벌떡 뛰어나가니 예상 외로 상분씨 표정은 차분하고 맑다. 은은하게 미소까지 지어 보이며 나를 반긴다.

"괜찮아?"

"응. 근데 아까 울었어. 많이…… 학생들…… 아이고, 예뻐라……"

다시 글썽이는 그녀를 대면하고서야, 광화문 농성장 세월호 유가족들을 만났던 거구나, 깨닫는다. 하아…… 그러나 안도감만은 아니다. 달려오는 동안의 내 상스러운 추론과 익명의 적의가 다 가라앉고도, 대체 이 떨림은 어디서 오는가.

그녀의 감정에는 경계가 없다. 같이 기쁘고 같이 슬프고…… 하여, 어렵게 격문에 사발통문을 돌리지 않아도 분명하게 깨달아지는 것, 연대란 바로 이런 것이 아닌가! 대체 이런 이웃을 누가 세상에선 살 수 없다고 오지 시설에다 꽁꽁 청춘을 가두어놓았단 말인가.

은혜요양원, 춥고 시려웠던 나날들

"가……강원도…… 은혜원에선 추웠어…… 추웠어…… 나 결혼할 때도 추웠어……"

올해로 서른여덟 살. 훤칠한 연하의 남편마저 거느린(!) 미모의 유부녀 상분 씨. 지난 9월 서울 은평구 구산동에 자립 생활 거주 주택을 마련하고 신접살림 이사까지 무사히 마치면서 이제 여보란 듯 지역 주민이 되었다. 상분 씨에게 은평구는 고향 같은 곳이다. 어려서는 동생과 함께 근처 응암동에 있는 '소년의 집'에서 자랐고, 보육 시설에서의 정년이랄 수 있는 스무 살이 되면서 강원도 은혜요양원으로 옮겨졌다가 어렵게 자립을 결심했다. 그때가 2013년 2월 13일. 그러고 보니 은혜원에선 내내 추운 기억뿐이다. 분연히 떨치고 나오던 날마저도. 들여보낼 때도, 나가지 말라고 말릴 때도 사람들은 다 "상분이 너를 위한 거야"라고 말했다. 그토록 추웠던 나날들뿐이었는데 자신을 위한다고 하는 그 말이 물리도록 싫어서, 처음으로 옹골차게 고집이란 걸 부려보았던 것 같다. "나, 나……갈……래요!" 시설 전수조사*를 나왔던 인권활동가들과 함께 차근차근 자립 생활을 준비했다. 몇 번의 체험홈 기간을 거쳐 결혼 후 다시 은평구로 이사 오게 되기까지, 꼭 18년이다. 누군가에겐 지역 주민이 되는 일이 이토록 지난하고도 어렵다.

"와아~ 탤런트다, 탤런트! 텔레비전에 나오는 여배우 같아. 상분 씨~"

주책맞게 벌써부터 목이 메어버린 인터뷰어는 부러 말을 돌린다. 결혼 사진을 가리키며 감탄을 연발하자, 상분 씨는 부

---

* 정식 명칭은 '장애인 거주 시설 인권 실태 조사'이다.

끄러운 듯 한 손으로는 얼굴을 가리고, 다른 한 손으로는 사진 속 자신의 드러난 어깨선을 감싼다.

"빼빼로 먹는 날이야."

"11월 11일? 그날 결혼했어?"

"아니다. 쪼꼬렛 주는 날. 남자가 여자한테, 아니 여자가 남자한테 주는 날. 추웠어. 지금 생각해도 추워. 하하하."

2월 14일을 말하는 건가보다. 이런 건 다시 확인해야 한다. 은평 장애인자립생활센터에 가면 상분 씨의 자립 생활을 도왔던 이력을 알 수 있으니 일단 보류. 발달장애 중 경증에 속하는 상분 씨는 의사소통과 욕구 표현에 큰 문제는 없지만, 단하나, 숫자에 약하다. 벌써 몇 번을 물어보지만 어떨 땐 5년 전에 결혼했다고 하고, 또 어떨 땐 2년 전에 했다고도 하고, 번번이 대답이 갈린다. 그러나 한 사람의 연대기가 정확한 수치로 된 편년으로 구성된다고 해서 그 서사를 제대로 이해할 수 있는 것은 아니다. 숫자와 문자, 소위 도량형에 관련된 기호들은 그래 봐야 표준화 시스템이다. 보다 쉽게 상호 교환 가능한 의사소통 도구일 뿐. 따라서 기능성과 효율이라는 조바심을 덜어내면, 숫자와 문자라는 표준치 밖에서도 부단히 표현하려하는 그녀가 보인다. 어슴푸레하긴 하지만, 그녀에게 "춥다"는 것과 "2월"이라는 상황은 꽤 의미 있는 기점인 것 같다. 적어도 그녀의 인생이 새롭게 시작되는 마디인 것만은 분명하다. 그녀가 반복해서 설명하는 감각, 그리고 숫자가 아닌 말로 풀어서 설명하는 날짜. 그녀는 최선을 다해 그녀가 걸어온 자신의 서사를 표현하고 있었다. 이즈음에 이르면 더 이상 그녀의 언어장애는 한계가 아니다. 개성이다. 오히려 문자와 숫자만으로는 이 독특한 개성을 포괄할 수 없을 뿐이다.

"결혼식은 어디서 했어? 꽤 큰데? 아는 얼굴들도 보인다."

"교회에서. 다. 지금도 여기 다녀. 정하 쌤도 왔어. 여기, 내 동생."

"어머, 동생도 미인이다. 미모는 집안 내력이구나?"

"치아…… 은혜원 나와서 찾았어."

"응?"

"이빨…… 경찰서 가서…… 찾았어. 동생. 그래서 왔어."

느닷없이 얘기가 깊어지는 것 같은데 도통 알아들을 수가 없었다. 한참을 묻고 또 되물었다.

"미안해, 내가 잘 못 알아들었어, 다시 한 번만……"

"아냐, 갠차나. 그니까…… 여거……"

말은 괜찮다고 해도 하다하다 답답했는지 상분 씨가 벌떡 자리에서 일어났다. 급기야 몸으로 설명을 시작한다.

"치아…… 아니, 치과 기록을 가지고, 경찰서? 누구랑 갔는데? 활동가들이 도와서? 찾았어, 동생을? 언제? 은혜원에서 나와서…… 동생은 상주에…… 연락이 닿아서 결혼식에 왔다구? 아~~~ 이제 알았어, 상분 씨. 아, 그랬구나…… 참, 이 자매도 사연이 많네……"

내 추임새에 이제는 좀 알아들었는가보다 안심이 되는지 상분 씨는 씨익 웃으며 자리에 털썩 주저앉는다. 그래도 저 곡절을 이렇게 웃으며 말할 수 있어서 얼마나 다행인가……

성년이 되자 보육 시설인 '소년의 집'에 더 머무를 수 없게 된 상분 씨는 강원도 철원의 중증장애인 시설 '은혜요양원'으로 보내진다. '보내진다'는 술어밖에 쓸 수 없는 이유는, 그것이 상분 씨 자신의 선택이 아니었기 때문이다. 그러나 거역할 수도 없었다. 이를테면 스무 살의 상분 씨는 더 이상 어리지가 않아서 기관이나 보육 시설에서 감당할 최소 연령은 지났다고 판단되지만, 장애 때문에 스스로를 보호하며 살 수도 없고 보호자마저 없어 이 사회가 '성인'이라는 라벨에 부과하는 진짜 의미, 즉 '표준노동력 1'이라는 사회 구성원으로서 계산될 수가 없었던 것이다. 그렇다면 남은 삶은 사회가 아닌 곳, 즉 시설에서 또 다른 시설로 전전하는 것뿐이다. 누가 설명하지 않아도 상분 씨 스스로 그 어찌할 수 없는 갑갑함을 잘 알고 있었다. 헤어지는 날, 펑펑 우는 동생에게 울지 말라고 남들은 잘 알아듣지 못하는 발음으로 겨우 다독이는 것을 마지막으로, 상분 씨는 사실상 모든 것을 포기하고 은혜요양원으로 들어갔다.

"거기, 사람도 죽었어. 나 있을 때 (은혜원에서) 오래 살던 사람인데, 옥상에 올라가서 의자 놓고 뛰어내렸어. 나, 나도, 처음에 싫어서, 옥상 올라갔었어. 죽으려고. 그런데, 어지러웠

어. 아래 내려다보니까. 무서웠어. 그래서 도로 내려왔어. 하
하하."

"뭐가 그렇게 싫었어, 죽고 싶을 만큼?"

"거기서만 지내야 하잖아. 내 맘대로 못해. 하라는 대로만
해. 일도 했어. 빠앙- 빵도 만들었어. 그거 군인들, 군인들한
테, 군부대 날랐어. 하기 싫었는데. 돈? 몰라. 통장은 엄마들이
관리해. 아니다. 사무실 선생님들이. 나올 때 통장 있었어. 근
데 얼마인지 몰라. 같이 방 쓰던 애가 바짝. 아니, 바아짝. 응,
바르짝(발작)이 있었는데, 무서워. 막 묶어놓고 때리고 약 먹인
단 말야. 나중엔 정신 차리면 걔가 화가 나니까 다 때려 부쉈
어. 난 (걜 묶어놓는 관리자들도, 개도) 다 무서웠어. 눈물 많이 흘렸
어. 동생이 옷이랑 편지랑 보냈대. 나중에 들었어. 그런데 나는
그런 옷 받아본 적 없어. 거기선 추웠어."

한참을 듣다 알았다. 상분 씨에게 "춥다"는 "사랑해줘"라는
뜻이라는 걸. 그 추운 날들을 15년이나 어떻게 견딘 걸까……
응? 상분 씨. 사람들은 시설이 다 상분 씨를 위해서 있는 건 줄
알았는데, 여기 있으면 상분 씨가 추울까봐 거기에 가 있으라
고 한 건데, 정작 상분 씨는 그토록 시려웠구나. 그 추운 날들
을 어떻게 살았어? 응?

"정우가 노래해줬어. 보일러실에 기름 넣으러 와서 잠깐씩
얼굴 보고, 노래 불러줬어. 춤도 추고. 그럼 난 전화했어. 난 3
층에 살고 정우는 4층에 살았어. 밤이 되면 볼 수 없으니까 전

화를 했어. 3층에 세탁기 있는 데에 난로가 있는데, 거기 기름 넣으러 정우가 와서 노래 불러줬어. 정우가 날 살렸어."

정우 씨

"은혜원에는 상분 씨랑 같이 들어갔어요. 어…… 저는 거기서 선생님들 도와서 주로 일을 했어요. 힘들었죠. 월급? 아뇨. 전 직원이 아니잖아요. 그냥 돕는 거예요. 워낙 사람들이 많고, 그래서 해야 할 일도 많았어요. 예를 들면…… 시설 관리…… 문고리 고장 나면 고치고, 보일러실에 기름 떨어지면 사다 채우고…… 사실 그래서 상분 씨랑도 친해질 수 있었던 것 같아요. 여자는 3층에 살아서 잘 못 보는데, 거기 기름이 떨어지면 채우러 내려가서 기름 넣는 동안 상분 씨한테 노래 불러줬어요. 상분 씨가 잘한다고 해주니까 좋았죠. 잘 웃고. 네? 맞아요. 전 처음부터 상분 씨가 좋았어요. 노래는 뭐…… 이런 거요. 〈남행열차〉나 〈당신은 사랑받기 위해 태어난 사람〉. 전혀 다른 노래들이라구요? 아하하. 다 잘 불러요. 봐. 상분 씨도 그렇다잖아요. 근데, 누나…… 어…… 나도 반말해도 돼?요? 아…… 어색해……"

이것저것 따질 것 없이 바로 친구 먹자고 한 상분 씨와는 달리 정우 씨는 오래도록 격식과 예의를 한껏 갖추어주었다. 그러다 그것 때문에 오히려 자기 차례가 오면 자꾸 분위기가 딱딱해진다고 여겨졌는지, 이번 참에야말로 크게 결심을 한 모양이다. 한참을 머뭇거리다가 침까지 꿀떡 삼키고는 묻는다. 반말해도 돼?요? 아니 반말이 뭐 그리 어렵다고. 어차피 또래끼리인데…… 그래도 왠지 미안하고 딴에는 수줍기까지 한 제 안에 누이 둘이서 깔깔깔깔 웃어 제끼니 더 몸 둘 바를 몰라 한다. 농담도 잘하고 매사 긍정적이고 흥도 많아 놀기도 잘하는 끼 많은 정우 씨가 이게 웬일일까? 괜히 상분 씨한테 타박이나 하고야 마는 정우 씨다.

"상분 씨, 상분 씨가 너무 과감하게 나가서 그래. 내가 맞아. 그래도 우리 얘길 인터뷰하는 건데, 너무 그러면 안 되는 거 아냐?"

"그냥! 정우 너도! 반말해-"

상분 씨가 도와주는데도 끝내 정우 씨는 그 미안함과 수줍음을 다 털어내지 못하고 책상 위에 놓인 신문만 뚫어져라 쳐다본다.

"정우 씨 뭐 해? 나 안 보고?"

"그냥…… 자꾸 신문이 절 부르네요, 보고 싶다고……"

깔깔깔깔깔깔……

일심동체 부부라지만 개인 성향 차는 있으니까 아무래도 내가 덜 이무러워 그런가보다 싶으면서도, 마음 한 켠에선 정우 씨가 살아온 지난날이 꾸욱- 하고 얹힌다. 시설은 관리 효율이 극대화된 거주 공간이다. '자선'이나 '복지' 같은 온갖 좋은 말을 끌어다 붙인다 해도, 실상은 주로 사회 표준에 불필요하다거나 미달한다고 여겨지는 동일한 특성을 지닌 사람들을 한데 모아 최소의 인원으로 최대의 관리 통제를 산출하는 운영 방식이다. 따라서 시설에서는 집단 규율과 규칙에 길들여지는 것 말고는 개인의 자유로운 생활이란 애초 있을 수 없다. 정도의 차가 있기야 하겠지만 대개 시설 내부는 관료주의적인 위계가 확실하다. 그러다보니 그 내부인으로 대체 언제까지일지 모를 시간을 살면서 그나마 무난한 일상이라도 영위하기 위해서는 그러한 위계에 순응하는 편을 일찌감치 터득해야 한다. 사실 '예의'와 '질서'라는 이름의 통제는 비단 시설에서만이 아니라 기존 사회체제를 고수하기 위해 '도덕'과 '교육'이라는 명분으로 늘상 주입되는 것이기도 하지 않나.

그렇다. 상분 씨와는 달리 정우 씨의 내외는 오래 길들여진 눈치의 다른 이름 같기도 해서 마음이 짠했다. 은혜요양원에서만 해도 그렇다. 아무리 일손이 딸려도 그렇지 시설 생활자가 준직원처럼 동원돼 일해왔다는 것, 그 안에서 살아가려면 딱히 토를 달지 않고 일손을 돕는 누구보다 뛰어나고 착한 수용자가 되어야 했다는 것, 힘들었지만 자신에게 웃어 보이는 상분 씨에게 노래를 불러주는 것 말고는 하소연할 누군가도 독립할 다른 근거도 없는 사람이었다는 것. 그러나 이 모든 것을 아무에게도 피해 입히지 않고, 아무도 원망하지 않는 조로 조심조심 말하기 위해서 정우 씨는 계속 녹음기를 살폈고, "이런 말, 해도 돼요?"를 물었다. 한낱 이야기를 받아쓰는 글쟁이 나부랭이에게도 허락받을 권력이란 게 있는 것처럼 말이다.

그런 정우 씨가 술이 한잔 들어가자 그야말로 술술 이야기를 풀어낸다.

"어…… 은혜원에서 나와서 처음에는 용산에 있는 독립생활연대에서 하는 체험홈 생활을 했어요. 그거는 상분 씨보다 제가 먼저 나왔어요. 상분 씨는 아직 은혜원에 있고. 그런데 좀 힘들었어요. 은혜원에 있을 때, ○○이라고 친구가 있었는데. 걔 때문에 눈 오는 밤에 발가벗고 엎드려뻗쳐 한 적 있어요. 지갑을 훔쳤는데, 걸리니까 제가 시켰다고 했대요. 걔 때문에 벌 받았어요. 아무도 안 들어줬어요. 제 말은. 그런데 그 ○○이랑 같은 체험홈 생활을 하게 된 거예요. 싫었어요. 맨날 밖에 돌아다녔죠. 그러다, 용산이 그때 험했어요, 나쁜 사람들한테 맞기도 하고, 때리기도 하고. 싸움 잘해요, 저. 힘들어서 다시 시설에 가겠다고 했어요. 그래서 철원으로 내려갔는데 그때 상분 씨는 서울로, 체험홈에 나왔어요. 옥상에 올라가서 맨날 기다렸어요. 우리 상분 씨 언제 오나…… 상분 씨 언제 오나…… 전화는 했죠. 뭐라고 했냐고요? 상분 씨가?"

"너, 나와! 그냥 다시 나와! 그랬어."

"상분 씨가 안 오길래, 다시 시설에서 나가고 싶다고 얘기하고 체험홈으로 나왔어요. 용산. 그때는 ○○이 없었어요. 전보

다는 편했어요. 대신 상분 씨는 응암동에 살고, 전 맨날 삼각
지역에서 왔다 갔다 해야 하고. 데이트하면 너무 힘들었어요.
오래 못 보고. 그래서 결혼하자고 했죠. 결혼하고, 어…… 몇
년도인지는 모르겠어요. 결혼하고…… 신혼여행 부산으로 갔
다 와서, 사당동으로 이사했어요. 거기도 체험홈이에요. 자립
생활 주택자금 받아서 완전히 독립한 건 여기(구산동 집)가 처
음. 결혼 준비요? 그냥 주변(지역구별로 있는 장애인자립생활센터를
말하는 듯)에서 알아서 해주셨어요. 몰라요. 잘. 결혼식은 동부
이촌동에 그때 다니던 교회에서 다 해주셨고. 그래서 지금도
여기서 그 교회 빠지지 않고 다녀요. 연예인도 봤는데? 친절하
게 인사해줘요. 기분이 좋죠, 그럼."

　시설에서 나와 지금의 자립 생활에 접어들기까지 상분 씨
에 비해 정우 씨는 방황을 꽤 많이 했던 것 같다. 은혜요양원
에서는 상분 씨보다 먼저 나와 체험홈 생활을 시작했지만, 상
분 씨가 진득하니 한곳에 뿌리를 내리고 새로운 인간관계를
안정적으로 넓혀가면서 직업교육과 언어 치료 등을 병행하며
자립 생활의 인프라를 구축하고 있던 동안에, 정우 씨는 새로
운 사람에게든 새로운 환경에든 좀처럼 마음을 붙이지 못했
다. 언어장애가 심했던 상분 씨가 꾸준한 조음 훈련과 한글 익
히기 등을 통해서 긴장할 때를 빼고는 전보다 훨씬 원활한 언
어소통 능력과 문해력을 겸비해가고 있다는 것을 곁에서 지켜
보면서도, 정우 씨 자신은 무언가를 새롭게 배우려 하거나 막

연하게라도 사회생활에 대한 소망을 갖거나 하지 않았다. 오히려 단호했다.

"일은 아직, 하고 싶지 않아요. 은혜원에서 너무 많이 일해서. 아직은 하고 싶지 않아요. 상분 씨는 작업장 다니면서 비즈공예도 배우고 네일아트도 배우고, 병따개도 만들면서 일을 해요. 전, 노래하고 싶어요. 〈전국노래자랑〉에도 나갔어요. 은혜원에 있을 때 대표로 나갔는데. 예선에서 떨어졌어요. 하하. 그래도 노래는 하고 싶어요. 진성 선배님의 〈안동역에서〉 요새 열심히 부르고 있어요. 토요일마다 용산 살 때부터 하던 축구 모임도 계속 나가고 있고. 바빠요. 전쟁기념관이나 국립중앙박물관도 다녀요. 혼자서. 맨날 논다구요? 아니에요. 장애인 집회 있으면 빠지지 않고 다녀요. 시설에서 나오라고. 제가 (나와) 살아봐서 좋은 줄 알잖아요."

그러나 정우 씨에게 늘고 있는 것은 노래나 축구 실력도, 여가 생활에서 파생되는 인간관계의 돈독함도, 박물관 등지를 돌며 쌓이는 내면의 만족감도 아닌, 오로지 혼자 마시는 술뿐인 것 같아 적이 걱정스러워지기도 한다.

"누나, 저 술 그렇게 많이 마시는 거 아니에요. 아니야. 매일은 아니고, 좋아하기는 하죠. 아니, 좋아해! 아~ 어떡해~ 말이 잘 안 놓여요. 그냥 하던 대로 할게요? 하하하. 술은 마시고 싶어요. 은혜원에서는 술을 아예 못 마시게 했으니까요. 농장이 있었어요. 소도 키우고. 그 일도 했어야 했어요. 밖에서 일꾼

아저씨들이 오기도 했는데, 새참으로 술이랑 뭐 그런 걸 싸가지고 오셨어요. 밤에, 일 다 끝나고, 아저씨들은 나가고, 숙소에서 일하던 데로 쓰레기 같은 거 버리러 나가서 뒤져보면 남은 술이 있다고요. 그거 먹고. 그거 먹은 게 전부예요, 거기서는. 다 먹은 술병은, 소주팩 같은 건 구겨서 산등성이로 던져버렸어요. 하하. 안 들키게. 벌 받으니까. 지금은, 그냥, 네 맞아요. 그거예요. 마시고 싶을 때 마시는 자유를 누리고 싶어요. 많이 안 마실게요. 뭐라고만 하지 마세요. 네?"

마시고 싶을 때 마시는 자유를 누리고 싶다는 저 엄중하고도 지당한 말에, 더는 노파심에서 이는 잔소리 따위 못하겠다 싶기는 했다. 이윽고 정우 씨가 담배를 태우러 잠깐 자리를 비운 사이 상분 씨가 귀에 대고 살짝 비밀 하나를 말해준다.

"정우, 내비둬. 술 안 마시면…… 못 자. 잘 못 자…… 정우, 울어. 그래서 내가 막 깨워야 해. 그냥…… 내가…… 마시고 자라고 해."

흐릿한 안개막 너머

상분 씨 오른쪽 엉치 쪽에는 크게 덴 상처가 있다. 아마도 상분 씨 어머니는 상분 씨 동생을 낳다가 돌아가신 것 같고, 아버지 혼자 낙심과 황망 사이에서 생계와 육아를 감당하기가 점점 어려워지자 술에 의탁하는 나날이 많아지게 되신 것 같았는데, 대체 몇 살 때였는지 아버지가 왜 그랬는지 확실하진 않아도 상분 씨는 정확히 그날의 일이 기억난다고 했다. 술에 취한 아버지가 달군 불판을 가져와서 아직 아기인 자신의 엉덩이를 지졌다고. 그것이 상분 씨가 기억하는 부모에 대한 거의 유일하다시피한 대목이다.

부부가 되어 그 상처를 보듬던 날, 정우 씨는 처음으로 상분 씨가 몹시 부러웠다고 한다. 아빠, 엄마에 대해서라면 정우 씨는 아무 기억도 없기 때문이란다. 상분 씨가 아버지 얘기를 꺼낼 때마다, 정우 씨는 정우 씨대로 말 못할 다른 아픈 데가 생겼다. 상분 씨를 위로하면서 자신은 "그마저도 부럽다"는 얘길 차마 어떻게 꺼낼 수 있었겠는가. 그렇게 속에 꾸역꾸역 밀어넣어둔 부러움은 어느 날 밤 자다가 불시에 터져버리고 말았다.

"이게 기억인지 제가 꿈을 꾸면서 상상한 건지는 모르겠어요. 어렸을 때인데, 길 한가운데 내가 있고, 이쪽으로는 엄마가 가고 저쪽으로는 아빠가 가고 있어요. 나는, 우리 엄마, 아빠 얼굴을 모르지만, 그래서 태어나면서부터 '소년의 집'에 있었던 거나 마찬가지지만, 확실해요. 알 수 있었어요. 이쪽으로 가는 건 엄마고, 저쪽으로 가는 건 아빠고. 나는, 가운데서 아무 데도 가지 못하고, 그냥 울고 있어요. 계속 울어요. 너무 아프고, 너무 슬퍼요. 그때만 생각하면…… 그 꿈을 꾸면, 그렇지만 그건 정말 있었던 일 같아요. 그래서 그 꿈을 꾸면 그렇게 울다 깨요. 상분 씨가 깨워줘서 깨요. 깨어나서도 계속 울어요. 아…… 이런 얘기 힘들어요…… 하아…… "

태어나면서부터 '소년의 집'에 있었던 거나 마찬가지라는 정우 씨. 시설 운영 비리와 인권침해 문제가 왕왕 도마 위에 오르는 각박한 현실 속에서 마리아수녀회에서 운영하는 '소년의 집'은 그나마 모범적인 사회복지시설로 평판이 좋은 곳이다. 정우 씨 자신도 어렸을 때 보낸 '소년의 집'에서의 생활은 참 좋았다고 회고한다. 그럼에도 막상 정우 씨는 그 '소년의 집'에서 그다지 잘 지낸 것은 아니었던 모양이다. 정확하게 기억은 못하지만 정우 씨는 열 살 무렵 다른 시설로 옮겨갔고, 그곳에서 역시 몹시 위축되어 잘 생활하지 못했다고 한다.

사실 시설에서 다른 시설로 옮겨진다는 것은 단순히 사는 공간의 이동만을 의미하진 않는다. 여기에는 때론 징벌과 누락의 의미도 포함된다. 때문에 전원 조치는 옮겨 다니면 다닐수록 악화일로를 걷기 마련이다. 결국 시설에서조차 가장 우선적으로 보호받거나 배려받아야 하는 취약 계층일수록 우선적으로 배제되고 마는 아이러니가 생긴다. 설비나 운영 시스템이 여타의 시설들에 비해 월등히 좋은 곳이라 하더라도 기본적으로 시설이라는 프레임 자체가 관리 통제의 효율 중심으로 굴러갈 수밖에 없기 때문에, 관리하는 입장에서 볼 때 바로 그 효율이 현저히 떨어지는 입소자의 '부적응'이라는 사유는,

이 부부가 사는 법

더 세심한 케어가 아니라 더 엄숙한 시설로의 '누락'과 '배제'로 이어질 수밖에 없다. 정우 씨의 경우도 이에 해당한다. 옮겨진 곳에서는 그예 얼마 견디다 못해 밖을 떠돌기도 했고, 갈 데가 없어 다시 돌아오기도 했고, 또 다른 시설로 옮겨갔던 것 같기도 하고…… 그 시절의 기억은 들락날락 마냥 흐릿하다. 아니 흐릿한 것은 기억이 아니라 정우 씨 자신의 의지 같기도 하다. 부러 기억해내지 않으려는. 그 흐릿한 안개막을 거둬내고 거둬내고 거둬내다보면, 생애 첫 기억인 '소년의 집'을 너머 결국 저 꿈에 이르러서일까. 정우 씨는 거의 매일 알딸딸하게 취해 세상이 뱅글뱅글 돌아갈 즈음 술이 드리우는 흐릿한 안개막 하나를 안전장치 삼아 잠든다.

"누나, 그래도 제 인생이 누군가에게 전달이 된다면요, 상분 씨 만나서 행복했던 일, 결혼하고 이렇게 사는 일, 이런 것만 들어갔으면 좋겠어요. 슬픈 거 말고."

이 부부가 사는 법

하루는 정우 씨가 단골 고깃집이 있다고 꼭 거기를 들르자고 한다. 못 이기는 척 따라 들어가니 사장님이 꽤나 반가워하는 눈치다. 지난 9월에 이사 오고 석 달가량이 지나니 이제 동네에 오며가며 인사하고 다니는 살가운 이웃들이 좀 생긴 모양이다. 친구에게 친구를 소개하듯 정우 씨는 활짝 웃으며 뿌듯해했다. 그 모습이 보기 좋았다.

가끔씩 때아닌 오해나 봉변으로 세상의 악의를 경험하기도 하는 상분 씨와는 달리 정우 씨가 경험하고 있는 시설 밖 세상은 놀이터다. 때때로 혼자 남겨져 심심하달 뿐, 정우 씨에게 세상은 아직까지 크게 경계할 만한 사안이랄 게 없다. 비슷한 시기에 시설에서 나와 각자 다른 방식으로 자립의 길을 걸어가는 이 두 부부가 인지하는 세상은, 운도 운이지만 겉으로 드러나는 장애 정도와 젠더, 심지어 순전히 물리적인 신체에 따른 경험 차가 큰 편이다.

상분 씨가 왕왕 출퇴근길에 겪는 몰지각한 봉변들은, 성추행이나 하대처럼 이 사회시스템에서 여성이라면 누구나 한 번쯤 겪어보았음직한 종류의 것들에다 장애에 대한 뿌리 깊은 편견이 보태진 것들이다. 그에 비해 고도의 문해력이나 큰 숫자를 지각하는 것만 아니라면 겉으로 거의 장애가 드러나지 않는 정우 씨의 경우에는, 어딜 가든 무얼 하든 함부로 제지를 당한 적도 시비를 붙어본 적 없이 슬렁슬렁 잘 섞여 들어가 크게 불편할 것이 없었다. 이 두 부부의 자립 생활의 한 단면만으로도 우리 사회의 차별과 편견의 은근한 격차가 보이는 셈이다. 그러나 그런 정우 씨라고 마냥 좋기만 한 것은 또 아닌 것 같다.

"아이는 아직 계획에 없어요."

또 단호하다. 머쓱해진 정우 씨가 자리를 피한 사이 상분 씨가 귀띔해준다.

"정우가 그래. 자기 같은 장애 아이 나오면 싫을 것 같다고."

혹시 자신이 장애 때문에 버려졌을지 모른다는 생각을 오래도록 품어왔던 걸까. 그런 결론을 내서라도 어떻게든 꿈에서 본 '이쪽으로 걸어가는 엄마'와 '저쪽으로 걸어가는 아빠'를 정우 씨는 이해해보고자 혼자 끙끙대왔던 걸까.

"상분 씨는 괜찮아? 아이 좋아하잖아. 잘 놀아주던데⋯⋯"

"응. 갠차나. 정우가 먼저야. 아이는 많아. 또⋯⋯ 나⋯⋯ 아직 많이 배워야 해."

아이는 많다라⋯⋯

내가 낳지 않아도 함께 길러야 하는 아이는 이미 세상에 많다는 소리일까. 자신도 그런 아이 중 하나였다는 걸까. 아니면 궁극에는 정말 그런 사회가 되어야 한다는 염화미소의 지긋한 깨달음일까⋯⋯

상분 씨 곁에 있으면 늘 떨린다. 짧은 말로 함축하는 대신 은은하고 길게 지어 보이는 웃음의 느리고 미세한 파동이 세상살이에 무뎌질 대로 무뎌진 심장 부근의 뚝살을 건드리는 것만 같다. 중요한 것은 탄성이라는 듯이, 고통이란 안으로 머금었다가 웃음으로 튕겨 내보내야 한다는 듯이⋯⋯ 그런 상분 씨랑 함께 있는 한, 괜한 오지랖으로 듣기 싫어하는 잔소리까지 보태가며 정우 씨 걱정은 하지 않아도 될 것 같다. 그때, 자리를 피한 것이라 생각했던 정우 씨가 커피를 타서 쟁반에 받쳐들고 들어오며 씨익- 웃어 보인다. 이내 미안하고 또 고마워서 나도 씨익- 웃어 보인다.

"결혼하니까 뭐가 제일 좋아?"

"추운 거. 추운 게 좋아."

"추운 거 싫어했잖아?"

"인제 아냐. 정우가 안아줘. 따뜻해. 이불처럼……"

퍼뜩 뭔가 생각났는지 상분 씨는 스르륵 일어나 공책 한 권을 꺼내다 내 무릎 위에 펼쳐 보인다. 틈틈이 한글 공부를 꽤 열심히 하고 있다고는 들었지만, 거기엔 열심을 넘어서는 다른 울림이 있었다. 이렇게 살아왔구나, 또 이렇게 살고 있구나…… 고심 끝에 꼭꼭 눌러쓴 글씨의 하나 맺힐 것 없는 무구함으로 상분 씨는 말하고 있었다. 이 부부가, 사는 법을……

눈

이상분

지난밤에
눈이 소오복이 왔네
지붕이랑 길이랑 밭이랑
추워한다고

덮어주는 이불인가봐

그러기에

추운 겨울에만 나리지*

---

* 나중에 알게 되었는데, 이 시는 윤동주 시인의 것이었다. 아마도 상분 씨가 한글 공
부를 할 당시 마음에 드는 시를 베껴 적다가 노트에 자신의 이름으로 잘못 기재한 것
같은데, 필자가 워낙 시 장르에 과문해 무려 윤동주의 시인 줄도 몰랐던 데다가, 이
시가 주는 느낌 자체가 그동안 필자가 만나고 알게 된 상분 씨와 정확하게 일치해 그
러려니 하고 더는 묻지 않았던 것이 이런 오류를 낳았다. 이 원고는 처음에 문학 계
간지 《문학들》 46호 〈이야기'들'〉에 실렸으며, 《문학들》 독자 한 분이 어렵사리 연
락을 해 이 시가 본래 윤동주 시인의 것임을 알려주셨다. "상분 씨가 정말 이 시가 마
음에 들었나봐요. 아니 진짜 자기 마음이라고 여겼을 거예요. 아마도 윤동주 시인도
좋아하셨을 거 같아요. 전 그렇게 생각해요. 틀림없이…… 상분 씨한테…… 고맙다
고…… 전해주세요."

이 여자가
사는 법

무릎이 아픈 날

처음 만난 날부터 상분 씨는 계단을 오를 때면 조금씩 오른 다리를 절룩거렸다. 곧잘 길을 걷다가도 한번씩은 그 오른 다리를 접었다 폈다 하며 "접질렸어~" 하고 싱겁게 웃곤 했다.

"어휴~ 이사할 때, 고생했어. 걸레질했더니 이래. 비 왔어. 근데 상자, 거거 똥 묻은 상자(짐을 넣어 나르던 박스들이 깨끗하지 않았다는 뜻)를, 이사 아저씨들이 그냥 방바닥에 놔서, 계속 냄새나잖아. 어휴~ 엎드려서 닦았어. 며칠을. 냄새 때문에. 그다음부터 여기 아파."

상분 씨는 지난 9월에 신접살림집으로 이사하던 날의 기억이 별로 좋지 않은 모양이다. 오른 무릎이 시큰거리고 아플 때마다 매양 같은 소리다. 아마 그날 짐을 날라주던 이삿짐센터 직원들이 불친절했거나, 비가 오는 데다 최대한 속전속결로 일처리를 해야 하는 직원들을 상대로 말이 느린 상분 씨가 '이렇게 해달라, 저렇게 해달라' 제대로 의사 표명을 할 수 없었던 스트레스가 컸던 탓일 듯. 그래도 그렇지 이삿날 얼마나 오랫동안 엎드려서 걸레질을 했으면 그 후부터 계속 무릎이 아프다는 걸까?

한번은 모처럼 밖에서 만나 외식하던 중에 벌어진 일이다. 화장실 간다고 나갔다 온 상분 씨가 도로 자리에 앉지 않고 주섬주섬 옷을 챙겨 입었다. 알고 봤더니 볼일을 못 본 것이다. 그 건물 화장실에는 좌변기가 없었기 때문이다. 상분 씨의 무릎은 아예 쭈그려 앉는 자세 자체가 불가능한 상태였던 것. 이따금 공중화장실에서 마주치게 되는 풍경이 떠올랐다. 할머니들이 빈 칸이 있는데도 들어가지 않으시고 되도록이면 좌변기가 있는 칸, 가능하면 그 옆에 손잡이도 설치되어 있는 장애인용 칸이 나올 때까지 애써 기다리시던 풍경 말이다. 그때 잠시 그런 생각을 한 적이 있긴 하다. 일부 칸을 마치 특별한 상태의 사람들도 이용할 수 있는 공간으로 분리 구획하기보다는 차라리 모든 칸을 어떤 사람이라도 사용 가능하게 고안하는 것이 맞는 것 아닐까? 이른바 공중public화장실인데…… 그러나 그때는 그저 생각이었을 뿐, 내 앞에 닥친 일로 시급하지는 않았던 주제다. 그런데 그날, 상분 씨의 손을 잡고 인근의 다른 좌변기가 있는 화장실을 찾아 돌아다니면서, 심지어 무릎 때문에 빨리 뛰지도 걷지도 못하는 상분 씨의 그 다급한 표정을 보면서는, 공간을 '고안하'거나 공간을 '소유하는' 자가 공간을 '이용하는' 자를 단지 빈도와 효율에 근거해서 표준분포도의 정중앙으로만 한정한다면, 그 꼭짓점에서 또르륵 굴러떨어진 사람들은 결국 그 공간 자체에서 아예 굴러떨어지는 삶을 살게 되고 만다는 사실이 또렷하게 다가왔다. 정작 상분 씨는 그날의 일을 퍽 웃긴 해프닝 정도로만 생각하고 있지만 말이다.

"서중…… 오줌 누고 나니까 생각났어. 아까 치킨, 싸달라고 할 걸…… 남았는데…… 하하하."

상분 씨, 거절해도 갠찮아~

하여간 상분 씨에게 무릎은 꽤 성가신 문제가 되어버렸다. 정형외과도 다녀보고 주민센터에서 요가도 해보고 좋다는 파스도 붙여보고 찜질도 해봤지만 영 차도가 없어서 급기야 요새는 토요일마다 전문 마사지사에게 전신 마사지를 받고 있다. 교회에 아는 분이 사정을 듣고 소개시켜준 곳이라 하는데, 비용은 따로 이야기하고 있지 않은 것으로 보아 두 부부에게 부담은 없는 듯하다. 그래도 이런 도움들이 다 갚지 못할 빚처럼 여겨질 때도 있어 상분 씨는 적잖이 면구스러운가보다.

"저녁 먹었어. 라볶이. (마사지) 쌤이 만들어줬어. 근데 나, 라볶이 안 좋아해. 오늘은 먹었어. 고맙잖아. 마사지도 해주는데. 나 막 아파서 울어. 여기로(팔꿈치) 막 눌러. 등이랑 허리랑 다리. 진짜 아파. 선생님도 나 하면 힘들대. 내가 너무 안 좋아서. 그 쌤이 나 먹고 가라고 라볶이 만들어주잖아. '안 좋아해요, 안 먹어요.' 말 안했어. 먹었어. 갠차나."

자신을 챙겨주는 마음이 고마워서, 혹은 솔직한 속내를 드러내거나 거절하는 일이 호의에 대한 예의가 아닐까봐, 딴에는 엄청 무리를 하고 있는 것은 아닐까…… 혹, 이 인터뷰도……?

"갠차나~ 나, 발바닥 좋아해~"

그런 상분 씨라도 자립 생활을 하면서 딱 한 번 단호하게 자신의 의사를 드러낸 적이 있다.

"처음 활보 쌤은 나랑 안 맞았어. 쌤은 그냥 말하는 건데, 나한텐 소리 지르는 걸루 들렸어. 나 소리 지르는 거 싫어해. 시, 시설 ~ 시설서 (너무 그래서) 어후~ 무서워. 그렇게 들려서 나는 싫다고 했어. 경아 쌤(은평 장애인자립생활센터 담당 선생님)한테 말했어. 응, 경아 쌤한테는 다 말해. 그래서 지금 쌤이 왔어. 지금 쌤은 딸이랑 살아. 봤지, 그때? 고등학생이야. 나랑 친해. 반찬도 사러 가고, 같이 테레비도 보고, 공부도 해."

속칭 '활보'라고 줄여서 말하는 활동보조 서비스*는 장애인의 자립 생활을 지원하기 위한 것으로, 장애 유형이나 성별, 연령 등의 차이를 고려해 당사자에게 제공되는 다양한 일상생활 지원 서비스를 말한다. 어떤 사람들은 요리라던가 청소와 같은 단지 일상생활을 유지하기 위한 기술 정도의 지원만을 요구하는 반면, 어떤 사람들은 목욕과 같이 가장 내밀한 일과조차도 누군가의 조력 없이는 하기 어려운 생의 조건을 가지고 있기도 하다. 따라서 장애인의 자립 생활을 지원하는 지역 내 여러 장애인 자립센터에서는 다양한 장애 당사자들을 고루 아우를 수 있는 인력과 프로그램들을 구축할 필요가 있다. 단, 이 인력과 프로그램 운용의 기본은 어디까지나 장애 당사자의 자기결정권 행사를 바탕으로 진행되어야 한다는 것. 다시 말해 당사자가 자신의 고유한 생의 목표를 추구하도록 북돋고, 가능한 독립적으로 살 수 있

---

* 활동지원 서비스. 2018년부터는 이 서비스를 지원하는 활동보조인도 활동지원사로 명칭이 변경되었다.

도록 해야 한다는 점을 잊지 말아야 한다.

그러나 이러한 관계는 '개인'과 '개인'이 만나는 일의 특수성상 기계적으로 이루어지지 않는다. 여기서 '개인'들이라 함은 성격과 능력이 그 수만큼 천차만별인 사람들을 뜻한다. 따라서 장애 당사자와 활동보조인 사이는 저마다 독특한 인간관계를 형성하게 되는데, 문제는 종종 그것이 권력관계로 재편되기도 한다는 점이다. 그러려고 그렇게 형성되는 관계가 어디 흔하겠냐만, 아무래도 운신의 폭이 좁은 중증의 장애인일수록 이동이나 식사는 물론 배변, 목욕 등 지극히 사적이고 내밀한 일상의 부분까지도 타인에게 의탁해야 하기 때문에, 자칫 보조인에게 저자세를 취하게 되기 쉽다. 더구나 당사자가 과거 억압적이고 수동적인 시설 체험을 가지고 있을 경우엔 누군가에게 자신의 필요를 당당하게 요청하는 일 자체에 어려움을 호소하는 경우도 적지 않다. 이뿐인가. 호불호를 표현하는 일, 거절을 하거나 때에 따라서는 충분히 있을 수 있는 거절을 당하는 일에 대해서도 좀처럼 두려움을 떨쳐내지 못한다. 활동보조 서비스가 이용자의 자기결정권 행사를 기반으로 해 제공되는 것인 만큼, 이용자는 자신의 요구나 거절의 의사 표현에 당당하고 적극적일 수 있어야 하며, 제공자 측 역시 이용자를 위한다는 명분으로 이용자의 자기결정권 행사를 침해하는 불필요한 간섭이나 관리 행태가 없도록 늘 경계해야 한다. 그렇지 않으면 자립 생활은 사실상 시설 밖에서 이루어지는 또 다른 시설 생활로 변질되고 만다.

따라서 자립 생활에서 당사자들의 연대나 모임 여부는 중요한 변수다. 동료 상담 같은 프로그램이 상담자나 내담자 모두에게 꽤 좋은 성과를 내고 있는 이유 역시 마찬가지다. 공감의 공동체는 중요한 지지 기반이기 때문이다. 공감의 전제에서만 사람은 자신의 희로애락을 가감 없이 드러낼 수 있다. 자신의 희로애락을 가감 없이 드러낼 수 있다는 것은 무엇을 의미하는가? 아마도 안심할 수 있는 사람들 속에 있다는 뜻일 것이다. 솔직해도 되는 관계, 자신의 고민이나 문제 상황을 털어놓고 함께 해결책을 찾거나 서로 위로할 수 있는 관계의 깊이와 넓이는, 그 자체로 하나의 사회 안전망이다.

공감의 공동체

상분 씨는 바로 그 공감의 공동체가 매우 잘 형성되어 있는 경우다. 활동보조인 교체 문제만 해도 상분 씨가 고립되어 있는 사람이었다면 쉽게 꺼내들 수 없는 카드였다. 다행히도 은평 장애인자립생활센터는 상분 씨에게 자신의 희로애락을 솔직하게 털어놓아도 괜찮은 안전한 곳이었다. 또한 상분 씨는 사람 사이의 맞고 안 맞고의 차이가 잘잘못의 구별과는 다른 종류의 것임을 간파하고 있었다. 처음으로 매칭된 활동보조인의 성향이 자신과 맞지 않았다 뿐, 그것은 그 사람의 잘못도 상분 씨 자신의 문제도 아니라는 인식이 있었기 때문에 정당하게 교체를 요구할 수 있었던 것이다. 그 사람에 대한 거절로 비춰질까봐, 나쁜 사람이 되고 싶지 않아서, 또는 누군가에게 상처주고 싶지 않아서, 일단 참고 보는 경우가 허다한데 말이다. 이러한 인식은 전적으로 상분 씨의 다양하고 활발한 사회생활 덕으로 보인다.

먼저, 같은 시설에서 비슷한 시기 함께 탈시설을 결심해 이제는 각자 어엿한 지역사회의 일원으로 안착한 시설 친구들과의 꾸준한 교류는, 서로의 자립 생활을 비교해가며 정보를 교환하는 것은 물론 이심전심의 지지가 가능한 독보적인 유대 관계를 형성했다. 장애 당사자가 장애 당사자를 멘토링하는 동료 상담의 만족도도 꽤 높은 편이다. 상분 씨 귀띔으로는 동료 상담을 진행하는 선생님도 가정을 꾸려가고 계신 분이라 결혼 생활에 대한 조언까지 받을 수 있어서 너무 좋단다. 안 그래도 요새는 정우 씨가 이러저러한 모임 뒤풀이에서 술을 마시고 늦게 들어오는 경향이 있어 상분 씨의 잔소리가 늘어가던 참이었단다. 그래 선생님의 조언이 효과가 있었느냐고 물으니 대답은 의기양양 간단명료.

"정우 너, 들어와! 했어. 쌤이 화가 날 땐 화내래. 그래서 '지금 안 오면 오늘 들어오지 마!' 했어. 정우 왔어. 하하하."

작업장에서 만난 친구들과의 우애 역시 깊다. 한번은 다소 먼 동네에 사는 남자 동료가 상분 씨를 집까지 바래다준 적이 있다. 전날 퇴근길에 상분 씨가 봉변을 당한 일이 있었기 때문이다. 술에 취해 다짜고짜 막무가내인 사람이었다고 한다. 괜한 시비에 하필 상분 씨가 표적이 되었던 것. '장애' '여자' '혼자'라는 조건은 일상적인 출퇴근길을 수시로 두려움과 난감함 속으로 몰아넣는다. 작업장에서 그 일을 토로했더니 퇴근 무렵 그 친구가 먼저 같이 가자고 했단다. 자신은 한참 돌아가게 될 것을 감수하면서까지 말이다. 마찬가지로 상분 씨 역시 종종 인근에 사는 어린 동료의 출퇴근을 도와주고 있다. 보아하니 그쪽은 손윗사람인 상분 씨가 살뜰히 챙겨주는 게 그저 좋아서, 뻔히 아는 길도 모른다고 마냥 어리광인 것 같은데, 다 알면서도 상분 씨는 그냥 속아 넘어가주는 분위기다. 이제는 상분 씨의 트레이드마크가 된 "갠차나~"란 말과 함께.

놀라운 사실은 요즘 상분 씨에게는 그러한 공감의 공동체가 점차 확장되어가고 있다는 것이다.

약한 사람이 살면 다 살 수 있는 거 아니야?

2016년 겨울, 광화문 광장은 그야말로 기백 년 전 지어진 이름 자의 뜻 그대로였다. 너나 할 것 없이 사방으로 빛이光 되어化 드 나들던門 그곳. 누적 인원 천 만을 넘어선 인파가 매주 촛불을 들 고 광장을 메우던 그 자리엔 줄곧 상분 씨도 함께였다.

첫날 광화문 광장에서 상분 씨는 펑펑 울기부터 했다. 곳곳에 늘어선 분향소와 즐비한 영정들 때문이다.

"시설…… 시설보다 더 많이 죽었어…… 사람들…… 아까, 회 사 다니던 사람도 죽었어(유성기업 한광호 열사 분향소에 들른 이야기 를 하는 듯). 일하는데도 죽고(구의역 사고 희생자, 삼성 백혈병 산재 희 생자들)…… 학교 다니는 학생들도 죽었어(세월호 희생자)…… 집에 사는데도 죽고(장애등급제, 부양의무제 희생자들)……"

고작 이런 곳이 그토록 상분 씨가 나와 살기 바라던 사회였단 말인가.

그즈음 상분 씨는 부쩍 매의 눈을 하고 뉴스를 시청하기 시작 했다.

"재섭써(재수 없어)~"

깜짝 놀라 상분 씨의 흰자위를 쫓으니 텔레비전 화면으로 막 삼성 이재용 부회장의 얼굴이 지나가는 참이다.

"상분 씨도 그런 말을 써? 왜 그렇게 생각해?"

"박근혜, 박근혜 돈 줬잖아. 사람들한테 줘야 할 돈, 박근혜 줬어(삼성 반도체 노동자들에 대한 산재 책임 및 보상 회피)…… 어휴…… 박근혜도 나빠. 우리 돈 안 주고(복지 예산 삭감), 애들도 죽었어. 머리했대~(세월호 사건 당시 티미한 대통령의 행적)…… 아휴…… 나 맨날 울어. 광화문 가믄……"

짤막짤막한 말들이지만 이 나라 최고 자본과 최상 권력의 썩은 폐부를 찌르는 말들이 연이어 쏟아진다. 이 사회의 무엇이 문제인지 자신도 알고 있고, 자신 역시 분노하고 있다는 정확한 표식이 전에 없이 날카롭다. 무엇보다 당장 자신의 문제와 직결되는 정부의 복지 예산 삭감, 동결 조치라던가 장애등급제와 부양의무제에 대한 반대 의사는 핵심을 뚫는다.

"떼쓰는 거…… 아냐. 우리가…… 돈, 돈 하고 떼쓰는 것처럼 안 봤으면 좋겠어……"

"누구는 되는데 누구는 떠, 떨어지면, (수급권이나 등급이) 떨어진 사람은 죽어. 과앙-광화문에서 봤어. 아휴…… 불났는데 (중증장애인에게 24시간 활동보조 서비스가 지원되지 않아서 119) 신고하고도 죽었어. 아휴…… 그러니까 시설 가래, 니네는. 어떤 할아버지는 나한테, 도, 돌아다니지 말고 집에만 있으래. 그래서 화났어. 약한 사람이 살(수 있으)면 (그 사회는 누구나) 다 살 수 있는 거 아니야? 왜 없어지라고 그러지?"

"한번 들어가면, 거기(시설), 거기서만 살아야 해. 거서…… 무슨 일이 일어나도, 사, 사람들은 몰라…… 시서ㄹ-서 사람 죽고 그러는 거…… 다, 다 그래서 일어나는 거야…… 정말 나를, 나를 위한 거면…… 내, 내가 하고 싶은 대로 (살게) 해야지. 거기선, 원생이야. 그냥 원생. 평생…… 남자, 여자 아니고…… 말 잘 듣는, 유치원생. 나도 생각할 줄 알아. 나도 하고 싶은 거 있었어. 그래서 나, 나왔어."

그렇다. 상분 씨는 '진짜' 세상으로 나왔다. 시설에서 지역사회로 몸만 옮겨온 것이 아니다. 주거 환경에 따른 사는 습관만을 바꾼 것이 아니다. 자신의 일상에서, 그리고 광화문 광장에서, 이제 상분 씨는 전혀 다른 삶을 사는 다른 존재로 거듭났다.

언제까지나 직수굿이 말 잘 듣는 모범 원생일 수만은 없었다. 대신 상분 씨는 부당한 현실에 힘껏 저항하는 자유인이 되기로 했다. 그 자유가 거저 얻어질 리 만무하다는 것쯤은 이미 각오하고 있다. 맨 처음 탈시설을 결심했을 때부터 상분 씨는 '배우는 자'의 자리를 자처하지 않았는가. 중요한 것은 상분 씨가 무엇을 배우려고 하는가이다. 부자가 되는 법, 무시당하지 않는 법, 싸움에서 이기는 법, 그래서 종국엔 성공하는 법…… 이런 것들은 상분 씨의 관심사가 아니다. 고르게 잘 살 수 있는 법, 누구 하나 빠지지 않고 존중받는 법, 평화를 이루는 법, 이런 것들을 성공이라고 말하는 법! 광화문 광장을 바라보며 상분 씨는 지금 열심히 궁리학습 중이다. 그러니 에케 호모 Ecce Homo! 이 사람이다! 이 사람을 보라!*

이 남자가
사는 법

"어떻게 되시죠? 제가 정우 결혼식에 가서 제수씨 얼굴은 아는데…… 아, 인터뷰하신다고요? 우리 정우가 뭘 했나요? 아하하, 전 잘 모르겠어요. 탈시설이니 자립 생활이니 처음 듣는 말이에요. 그러고 보니 정우를 늘상 봐와서 그렇지, 우리 일상에서 장애인들을 자주 만나왔던 것 같진 않네요. 그분들이 다 시설에 있어 그런 거겠죠? 혹시 정우도 그랬던 건가요?

네, 전혀 몰랐어요. 그런 생각도 안 해봤네요. 모임 나오고 그럴 땐 여기 동네 새로 이사 온 주민이라고 생각했고, 결혼도 하고 그런다니까 가봤더니 이촌동 다니던 교회에서 하길래…… 그쪽 사람들하고도 교분이 두터운 것 같아서 쭈욱 여기(지역사회)서 살아온 거라고 생각했어요. 자연스러웠던 거죠. 우리가 정우를 만나고, 이렇게 인연을 이어오게 된 게요. 정우는 우리 축구 모임 전단지 붙인 거 보고 어느 날 찾아왔어요. 전 총무예요. 이 모임에 정우가 나오기 시작한 지 그래도 꽤 됐죠. 어이구, 벌써 몇 년 된 거네! 저희 축구 모임은 햇수로 치면 한 30년은 된 모임입니다. 저기 필드 뛰시는 분들 보세요. 다들 머리가 희끗희끗하시잖아요? 저분들이 원년 멤버세요. 거의 이 근방(삼각지)에서 화랑이나 표구사 하시는 분들이세요. 여기는 옛날부터 그런 동네였기 때문에, 맞아요, 토박이들이신 거죠. 그런 분들이 이끌어오시던 동네 축구인 거예요. 꾸준히. 거의 쉬는 일 없이, 일주일에 한 번씩은 안부 나누며 살아오신 분들이니까…… 참 단단한 모임인 건데…… 어, 지금 생각하니 신기하네요. 정우처럼 어린 친구가 그런 어르신들 곁에서 잘 적응했구나 싶어요. 새삼스럽네요. 하하하."

삼각지역 근처 삼광초등학교 운동장에선 토요일마다 인근 주민들의 축구 시합이 한창이다. 특이하게도 이곳엔 백발이 성성한 초로의 신사들이 제법 계신다. "야, 막아!" "이리로!" "패쓰, 패쓰" 여기저기서 산발적인 소리들이 운동장 이 끝에서 저 끝으로 축구공보다 빠르게 굴러다닌다. 경기 중에 슬금슬금 교문 쪽을 쳐다보는 사람들도 있고, 화답이라도 하듯이 짐을 챙겨 느긋하게 걸어들어오는 사람들도 몇 보이는 걸로 봐선, 아직 오기로 한 사람들이 다 모인 것은 아닌 듯. 조회대 쪽 스탠드 앞에는 벌써 근사한 냄새를 풍기고 있는 어묵탕이 한솥 끓어오르고 있다. 뭔가 산만한데 그마저도 제법 익숙하게 돌아가고 있는 풍경이랄까. 총무님의 말마따나 토박이들의 오래된 모임인 게 역력해지는 순간, 왼쪽 끝 골대 앞에 야광색 윗도리에 야광색 축구화를 깔맞춤으로 신고 있는 늘씬한 청년의 골격이 눈에 들어온다. 정우 씨다!

내 얘기는 언제 나와?

〈미디어오늘〉에 상분 씨의 촛불 집회 참여기가 실리자 정우 씨는 대뜸 시샘부터 했다.

"누나, 내 얘기는? 내 얘기는 언제 나와? 나도 촛불 집회 갔는데…… 나도 토요일마다 축구 끝나고 광화문 갔는데…… 뒤풀이도 안 가고 광화문 갔는데……요."

상분 씨 기사를 읽어주고 있는데 잘 듣기는커녕, 정우 씨 얼굴에는 내리깐 속눈썹 아래로 불그죽죽 서운함이 번졌다. 술 그만 마시라고 잔소리할 때 나타나는 딱 그 얼굴. 서, 운, 해, 요.

드라마 챙겨 보는 것 못지않게 꼬박꼬박 뉴스 프로그램을 챙겨 보는 상분 씨가 민감한 관계를 잘 이해하고 시사 문제에 밝은 것에 비해, 드라마보다는 예능을, 뉴스보다는 음악 프로그램을 선호하는 정우 씨의 해당 관심도는 당연히 반비례할 거라고 단정해버린 게 문제였다. 아무리 금슬 좋은 부부라 해도, 누군가 매사 상분 씨 편에 먼저 서버리니까, 상대적 박탈감 같은 게 느껴지는 모양이다. 정우 씨는 대놓고 투정했다.

"어…… 나도, 내 뜻이 있어서 촛불 집회 간 건데…… 상분 씨 데리러 간 거 아니고……"

그러고 보니 그간 정우 씨에 대해 너무 소홀했다. 겨우내 정우 씨 일상에는 크고 작은 변화들이 있어왔다. 인터뷰 초기만 해도 시설에서 너무 많이 일해서 아직은 직업을 갖고 싶지 않다고 딱 잘라 말하던 정우 씨는, 얼마 전 당당히 면접까지 봐서 은평 장애인자립생활센터에 자립지원팀 활동가로 정식 출근하고 있다.

마침 생일도 즈음이어서 겸사겸사 축하받고 싶어 했는데, 탄핵 정국에다 연말연시 특유의 어수선함 속에 따로 정우 씨를 위해 짬을 낼 겨를이 없었다. 그렇게 서운함은 진작부터 시나브로 쌓여오다가 설해목雪害木처럼 툭, 정우 씨를 부러뜨리고 만 것이다.

토요 축구회 에이스를 취재하기로 하다

그런 정우 씨를 달래기 위해서라도 정우 씨에게만 쏟아지는 스포트라이트, 그게 필요했다. 상분 씨의 다정한 짝으로서가 아니라, 노래를 잘하고 술을 잘 마시는 내 주변의 친구로서가 아니라, 유정우라는 한 사회적 인간의 삶은 어떤 모습인 걸까.

"음…… 나의 사회생활이라 하면…… 나는 용산 토요축구회 에이스. 은혜원에 있을 땐 강원도 대표였어요. 장애인 축구팀. 응. 나 진짜 잘해. 삼각지는 매주 토요일에 가……요. 용산에 살 때, 그러니까 은혜원 나와서 체험홈 시절부터 했던 거예요. 요새는 여기서도 해. 여기 은평구 축구는 일요일. 안 겹쳐요. 응. 두 군데 다 뛰어도 하나도 안 힘들어요. 잘하니까~ 하하."

요새는 출근도 하고 있으니 주말 내내 용산구와 은평구 한 군데씩 지역 축구 모임까지 하려면 여간 힘든 게 아닐 텐데도 축구 이야기가 나오자 눈빛이 초롱초롱해진다. 정말 좋아하는 운동인 거다.

"여기(은평구) 축구는 요 앞 고깃집 사장님이 소개시켜주셨어요. 여기는 시합이 매주 있는 건 아니라서, 교회 자주 빠지진 않아요. 시합 있으면 나는 시합 뛰고, 상분 씬 집에서 자고. 하하하.

내가 막 가르치기도 하고 그래요."

가수 뺨치는 노래 실력일지라도 주변에서 부추겨야 겨우 일어서지 먼저 나서서 마이크를 잡는 타입이 아닌 정우 씨건만, 축구 얘기에선 다른 면모가 보인다. 언뜻 자부심마저 스치는 순간, 정우 씨의 축구 모임 활동을 한번 따라가봐야겠단 생각이 들었다.

축구는 용산 체험홈 시절 정우 씨가 딱히 마음 붙일 곳이 없어 힘들어했던 무렵부터 하고 있었던 거다. 토요 축구 모임은 계산해보면 꽤 오래 지속된 관계인 것. 결혼 후 은평구로 이사 와서도 그 모임에 나가고 있으니, 축구가 좋은 것뿐만 아니라 분명 그 구성원들과의 유대 안에서 정우 씨가 느끼는 안정감이란 게 있을 것이다. 언뜻 비치는 자부심은 사실 실력보다 그 탄탄한 관계에 기반을 두고 있는 것이 아닐까. 질투가 '사랑받는 자로서 자신 없음'의 표현이라면, 이러한 자부는 바로 토요 축구 모임 안에서 사랑받는 자로서 정우 씨의 '자신 있음'이 드러나는 대목이 아닐까.

에이스 맞아! 우리 팀 에이스 맞아!

공이 하도 한산하게 왔다 갔다 해서 게임이 본격적으로 시작된 줄도 모르고 있었는데, 어느덧 전반전이 끝났다고 한다. 으레 하던 식이라는 듯 운동장을 가로질러 사람들이 하나둘 어묵탕 근처로 모여들었다. 얼결에 어묵꼬치 두어 개를 얻어먹게 됐다. 낮게 내려앉은 하늘에선 진눈깨비인지 비인지 차고 축축한 것들

이 흩날리기 시작한다. 이런 날씨에도 계속 진행하시나요, 물으려는 찰나,

"정우가 예의가 바르고 참 착해. 그럼, 어른들한테 잘하지. 차암- 착해. 아주 진국이야~"

"성실 하나는 알아줘야 해. 한 번도 안 빠지고 잘 나와. 골키퍼인데, 정우 안 오면 게임이 안 돼~"

"에이스 맞아! 우리 팀 에이스 맞아!"

"하하하. 우리랑 레벨이 안 맞아서 골키퍼 하는 거야. 하하하."

"쟤가 순둥이 같아도 골 연속으로 먹으면 막 분노 조절 못하고 그래요~ 하하하."

"정우가 잘생겼지, 인사성 밝지, 노래도 잘하지~ 우리 분위기 메이커야!"

약속이라도 한 듯 여기저기서 정우 씨 칭찬이 쏟아진다. 정작 정우 씨는 멀찍이 떨어져서 새악시처럼 눈을 내리깔고 있다. 부끄러운가……? 어르신들 사이에서 얌전한 정우 씨를 보고 있자니 짓궂게도 한번 골려주고 싶었는데 끝내 눈도 안 마주친다. 왜 또 저렇게 참하게 내외를 할까나……

기억을 더듬어보니 정우 씨가 이 어르신들 얘기를 한 적이 있는 것 같다. 분명히. 센터로 정식 출근하기 전, 정우 씨는 종종 그림을 나르거나 전시장에 설치하는 아르바이트를 하러 간다고 했다. 그리고 보니 이 축구 모임의 대다수 어르신들이 근방의 오래된 표구사나 갤러리를 운영하신다고 하지 않았던가. 이제야 아귀가 맞춰진다. 그림을 나르거나 전시장에 설치하는 일은 꽤 조심스럽고 나름 숙련된 기술을 필요로 하는 일이다. 그런 일에 정

우 씨가 어떻게 발탁이 되었을까 했는데, 정우 씨는 그냥 아는 분이 도와달라고 해서, 일당은 받을 때도 있고 그렇지 않을 때도 있고, 사주시는 밥을 먹고 온다고 했었다. 나로서는 그 대답들이 잘 연결이 되지 않았다. 그러니까 일하러 갔다가 일을 못하거나 안 하면 일당 대신 밥을 먹고 온다는 건가……

그러나 아귀가 맞춰지고 보니 어떤 상황이었던 건지 이제사 보인다. 자신들 업을 핑계로 정우 씨에게 작은 기회라도 되고자, 그마저도 안 되면 그저 밥 한술이라도 같이 뜨고자, 오래전부터 이분들은 정우 씨를 퍽 귀애해주고 있었던 것이다. 쏟아지던 칭찬은 빈말이 아니었던 것.

"정우 씨는 그렇게 아르바이트해서 돈 벌면 뭐 해?"

"어…… 우리 상분 씨 맛있는 거 사줘야죠~"

이런 정우 씨를 누가 갸륵해하지 않으랴.

이윽고 후반전이 시작됐다.

"그런 점은 있어요. 애가 너무 착해서 사람들 말을 곧이곧대로 듣는 거죠. 아이 같아요. 그래서 걱정도 되죠. 뭐랄까 눈치 같은 거. 왜 사회생활을 하면 눈치 같은 게 생기잖아요. 저건 인사치레로 하는 말이다 싶은 거. 그런 걸 잘 분간 못하는 거는 같아요. 여기 어르신들이 동네 토박이들이시니까 다들 교류가 깊으세요. 매일 일 끝나고 한잔씩 나누시기도 하고 그런데, 초기에, 정우가 매일 그 자리에 끼어서 술 얻어 마시는 재미가 좀 붙었나봐요. 처음은 그런가보다 하는데, 어느 정도가 지나면 어르신들 자리니까 스스로 삼갈 줄도 알고 그래야 하는데 그러질 않았어요. 나중에는 어르신들한테 담뱃값으로 1, 2천 원씩 꾸어가기도 하고.

그래서 제가 하루 불러다가 타일렀어요. 그러면 안 된다고. 그다음부터는 안 그러죠. 그런 걸…… 잘 몰랐던 거겠죠. 인사로 또 놀러 와, 그러면 그냥 또 가면 되나보다 이렇게만 생각했겠죠. 1, 2천 원 정도는 사람들이 쉽게 주니까 계속 달라고 해도 되는 건가보다 했겠죠. 이런 건 어려서부터 사회관계에서 터득하게 되는 거잖아요. 전혀 눈치 못 챘었는데, 정우가 시설에서만 살아왔다면 아무래도 그런 게 미진할 수 있죠.”

발목 부상으로 시합을 쉬고 있는 중이라던 총무님은 경기 뒤 치다꺼리하랴 졸졸 뒤따라 다니는 내 질문에 최대한 성의껏 응해주랴 경기 뛰는 날보다 오히려 더 힘든 주말을 맞고 있는 것 같았다. 그래도 일주일 전부터 정우 씨가 외부 사람이 구경 와도 되냐고 어찌나 정중히 물었던지 총무님은 정우 씨가 걱정하지 않도록 오늘 하루는 아예 친절로 무장을 하고 나온 사람 같았다. 40대 중후반쯤으로 보이는 그는 이 모임에서 정우 씨 바로 위의 선배 격인데, 어르신들은 정우 씨에게 맨 “잘한다 잘한다” “오냐 오냐” 하시는 편이다보니 자신은 주로 싫은 소리 담당이란다. 그러나 정우 씨를 위한다고 걱정돼서 하는 자신의 한두 마디에 행여 정우 씨가 상처받고 있는 것은 아닌지 내심 신경 쓰고 있었던 듯하다.

“정우한테 정말 미안했던 적도 있어요. 우리가 1년에 한 번씩 회원 단합 목적으로 놀러를 가요. 강원도나 이런 데. 주로 멀리 가죠. 우리도 일상에서 좀 벗어날 필요가 있으니까. 하하. 그런데 정우가, 가겠다는 말이 없었는데, 우리가 다 강원도 강릉에 가 있을 때예요. 또 밤에 갑자기 전화가 온 겁니다. 자기가 지금

춘천까지 전철을 타고 왔는데, 그다음부터는 어떻게 가야 할지 모르겠다고. 자기 데리러 올 수 없겠냐고요. 아, 정우가 우리랑 여기 오고 싶었구나. 근데 돈이나 뭐 그런 사정이 안 되니까 답을 못하고 있다가 당일에 자기가 올 수 있을 만큼, 그렇죠, 서울에서 전철 타고 올 수 있는 강원도는 춘천이니까, 나름 머릴 굴려서 거기까지 찾아온 거 같아요. 그런데 우린 다 이미 술에 취했고, 그러다보니 그 밤에 운전을 해서 춘천까지 정우를 데리러 가기가 참 그런 거예요. 그래서 너무 늦었다고 정우한테 그냥 서울로 다시 올라가라고 타일렀어요. 정우는 나름 애쓴 건데, 그 밤에 그 애를 돌려보낸 게 참 오래 미안하더라구요."

아, 그러고 보니 이 얘기도 들은 적 있다. 상분 씨에게.

"정우가 춘천에서 늦게 온 날 있어. 거기 말고 딴 데 갔어야 하는데, 못 갔어. 돈 없어서. 새벽에 왔어. 기다렸지. 화났지만, 그냥 이리 와서 자, 했어. 속상할 거 아냐."

당최 어떤 상황인지 감이 잡히지 않았던 깜깜한 이야기들은 종종 뒤늦게야 그것도 전혀 다른 맥락에서 훤하게 불이 들어오곤 한다. 분명한 것은, 총무님의 얘기에서나 상분 씨의 얘기에서나, 정우 씨는 한결같이 애틋한 사람임이 틀림없다는 사실. 정우 씨, 오래도록 사랑받고 있었구나……

"근데 정우가 촛불 집회도 나가요? 얼마 전부터 그 얘기 하데? 광화문 갔다 왔다고. 정우가 우리보다 나아요, 그런 면에선."

자신도 뜻이 있어서 광화문에 가는 거라고 투덜대던 정우 씨의 진심을 너무 늦게 알아봤다. 그러니까 이 하루의 만남은 그동안 깊게 이해하지 못했던 정우 씨의 알리바이와 같은 것일까……

뭔가 경기가 마음대로 풀리지 않는지 아까 전반전하고는 반대편의 골대에서 뭐라 뭐라 소리도 지르고 침도 뱉어가면서 야성을 발산하고 있는 정우 씨를 쳐다본다. 저런 면도 있었네, 싶으면서도 묘하게 안심이 된다. 사랑받는 자로서 '자신 있음'! 빨강에서 보라까지 제가 갖춘 색이란 색은 모두 펼쳐 보일 수 있는 곳에 자신 있게 우뚝 서 있는 정우 씨가 보였다.

오늘이라는
날짜는
다신 안 와

김범순

현관문을 열자 안쪽에서 담배 냄새가 은은하게 배어나온다. 그렇게 생각하고는 이내 웃는다. 비흡연자에게 담배 냄새가 어떻게 은은하게 느껴질 수 있단 말인가. 그런데 그랬다.

한눈에 들어오는 집 안의 곳곳이 정갈하다. 휠체어 장애인에게 알맞게 설치된 선반과 싱크대 높이. 그 위에 자질구레한 생활 집기들이며 기저귀와 같은 의료용품들이 수납이 편리하게 켜켜이 정리되어 있다. 베란다 쪽으론 이 겨울에도 무럭무럭 잎사귀들을 피워 올리고 있는 큰 화분들이 보인다. 하나같이 싱싱하다. 어느덧 고령에 접어든 나이 때문에 요새는 활동보조 대신 요양보호 서비스를 받고 있다고는 하지만, 집주인의 취향과 솜씨가 아니고서는 여간해선 이런 정갈함이 묻어나기 힘들다. 남이 해준 게 아니라 모든 게 내 필요에 따라 제자리를 갖추고 있는 느낌. 이렇게 잘 정돈이 되어 있는 공간에서는 어쩌면 담배 냄새조차 어딘가에 잘 정돈이 되어 있는 것은 아닐까 하는 생각마저 든다.

"어서 와, 이쁜 아가. 거, 작은 방에서 탁자 좀 가져다주라."

기분 좋게 부르시고 능숙하게 부리신다. 시키시는 대로 접이식 탁자를 가져다 방에 펼치자 그 위에 접대용 분홍색 탁자보를 씌우신다.

"너 와서 하는 거다~"

찡긋 웃으시며 탁자와 싱크대 사이의 좁은 공간을 전동휠체어로 몇 번 바지런히 움직이시더니 금방 커피도 끓여 내주신다.

"내 손님이니까 차 한잔 정도는 내가 끓여줘야지."

곡절 끝의 생이 드디어 편안하게 받아들여지는 노년이라는 연륜 때문인지 그녀의 공간과 그녀의 살림살이 안에서 덩달아 나도 그 일부인 양 편안해진다. 오늘 따라 담배 냄새조차 은은하게 느껴지는 건 아마 그 때문이리라.

"자, 그래 뭐부터 얘기해줄까?"

아무리 자유로워도
내 맘대로 할 수만은 없는 게 시설이야

내가 천애재활원에 입소한 건 88년 8월 28일이야.

거기 자립 작업장에다 내가 처음에 500만 원 투자를 했지. 옛날에 신일 선풍기라고 있어. 거 뒤에 들어가는 부품을 만들어서 내다 파는 일을 했는데, 어째 처음엔 좀 되나 싶더만 하다보니 잘 안 됐어. 그게 망하니까 거기서 있을 이유가 없잖아. 퇴소하려고 했는데, 원장이 말리더라구. 그냥 여기서 지내라고 하면서. 그래 28년을 살았지. 2014년에 나왔으니까. 빨리 계산해봐. 맞나? 28년? 응, 거진 그럴 거야. 천애재활원은 시설 중에선 그래도 자유로운 곳이야. 우린 출입도 자유롭고 그랬어. 나도 뭐 그땐 내가 나다니기가 싫어 가만있어서 그랬지, 어디 가려면 어렵고 그러진 않았어. 그렇지만 단체 생활이라 아무래도 불편스러웠지. 규율이 있잖아. 공동체니까 모든 행동이 지금처럼 혼자 사는 것하고는 달리 좀 조심스러운 데가 있어.

2014년 7월 7일에 나왔어. 우리 딸 생일이라 내가 기억해. 노들야학 태준이 통해서 자립 생활을 알게 됐어. 그전까지는 나는 몰랐지. 재활원에 틀어박혀 있으니까 뭐 알 방법도 없지만, 그런 데서 살다보면 그 세상이 전부니까 알 필요도 없어져 부러~ 그런데 노들야학 다니면서 나도 듣게 된 거야. 자립 생활이란 걸. 그래 그 당시 광진센터(광진 장애인자립생활센터) 박경미 팀장이 자립 절차를 알려준 거야. 간단하더라구. 그 간단한 걸 모르고 살았다니. 일단 주민센터에 가면 돼야~ 자립 서류가 있더라구. 참 나. 나는 그런 게 있는 줄도 몰랐어. 모르니까 28년을 시설에서 산 거지. 아니, 공무원들도 답답해. 그런 서류가 있으면 시설로 보내주던가. 시설에 있는 사람이 그런 서류가 있는지 어떻게 알고 찾아와 그걸 쓰겠냐고. 그 서류를 작성하고 신청하면 끝이야. 그런데 처음엔 내가 재활원 측에 동거인으로 되어 있어서 탈락이 됐어. 그래 동거인이 아니라 분가 신청, 분가 신청이 뭐냐면, 독립 세대로 이전하는 거야. 주소는 내내 거기로 되어 있지만. 그래서 다시 신청했더니 합격이 되더라구. 51번 대기자로. 많지~ 그럼~ 다른 사람들도 나처럼 알기만 하면(했다면 죄다 신청해서) 아마 (그때 나는) 더 많이 밀렸을걸? 처음 합격한 건 봄이야. 요 앞에 목련아파트가 된 거지, 분양이. 그런데 그게 안 나와서 계속 기다리다가 가을에 재신청을 했을 거야. 가을인가? 하여간에. 그랬더니 나온 게 지금 사는 주공아파트. 말하자면 두 개가 다 돼서 내가 고르기만 하면 되는 상황이 됐어. 처음엔 그냥 목련아파트로 계약을 했어. 거긴 1층이었거든. 그런데 막상 가보니까 입구에 이 휠체어가 안 들어가잖아. 현관문이 좁아서. 거긴 집 자체가 좀 작았어. 11평. 여긴 14평이야. 그러니 입주금도 차이가 있지. 거긴 180만 원인데 여긴 250만 원. 아무래도 좀 비싸지? 그렇지만 여긴 일단 휠체어가 드나들 면적이 나오잖아? 그래서 여기 와서 보고는 부랴부랴 목련아파트 거를 해약했지. 위약금? 그런 건 안 물었는데? 그냥 내가 안 간다고 하면 그다음 대기자한테 선택권이 넘어간 거 아닐까? 하여간 그래서 지금 사는 곳을 오게 된 거야. 아 좋지~ 그럼 좋지~ 아무리 자유로워도 내 맘대로 할 수만은 없는 게 시설이야. 처음에 나오니까 살림살이가 아무것도 없잖아. 우리 조카들이 냉장고하고 밥솥하

오늘이라는 날짜는 다신 안 와

고 전자레인지, 가스레인지 다 사서 들여다줬어. 맞아. 조카들이 잘해. 그러기가 쉽지 않은데. 나는 위로 오빠가 있고, 여동생이 셋이 있어. 오빠는 돌아가시고. 근데 동생들보다 조카들이 더 잘해. 하하하. 복이지. 심지어 조카사위는 저번에 오키나와 여행 갔을 때, 날 안고, 업고, 지고 다니더라구. 암만~ 요새 같은 세상에 자식도 잘하기 어려운 걸 조카가 잘하는 것도 흔치 않은 일인데, 조카사위까지 그러니 정말 고맙지. 그땐 전동 휠체어를 안 가지고 갔어. 수동으로 밀고 다녀야 했어. 아니면 오르막길 같은 데서는 아예 날 짊어지고 다니던가. 그런데도 아무 소리도 안 하고. 그럼. 내가 또 잘 놀아, 조카들이랑. 술도 쪼까 마시고 얘기도 들어주면서. 하하. 그런 조카, 조카사위들이니 더 못해줘서 안달이지, 뭐. 살림이야 조카네가 하나씩 다 장만해줘서 내 돈 들어간 건 별로 없어.

청와대가 안 부럽다!
천국도 안 부럽다!

나 혼자 사니까 천국이야. 청와대가 안 부럽다! 왜긴 왜야? 내 맘대로 하니까. 아니다. 요새 같아선 또 청와대가 감옥 저리 가라겠구나. 하하하.*

이래 봬도 인터뷰도 한 몸이야, 내가~ 자립하고 나서 KBS

신지혜 기자가 와서 했지. 인터뷰 영상도 있을걸? 내가 이렇게
말했네.

"나이 칠십이 되어서야 전환점을 맞았다. 그게 바로 자립이
다!"라고.

사고는 사실 전환점이라고 할 수 없어. 그 사고로 내가 이
렇게 됐으니까 남들은 그렇게 볼 수도 있겠지만, 난 그 사고가
아니라 내가 칠십이 다 되어서 새로 살아보겠다고 결심한 거,
그래, 시설에서 나와 살겠다고 자립을 한 게 내 인생의 전환점
이라고 생각해. 사고는 정말, 그 몇 초, 순식간이더라구. 내가
할 수 있는 게 아무것도 없었어. 그런 건 전환점이라고 부를
수 있는 게 아니야. 그냥 당하는 거지, 그런 일은. 눈 떠보니까
병원이었고. 움직일 수가 없는데 다 싫더라구. 미국에 있기도
싫고. 그래 나와버렸지. 영주권은 아직 있지만. 야야, 그러고
보니 언제 한번 미군 부대 가자. 미8군에 가서 내가 티본 스테
이크 사줄게. 미소랑 가자. 언제 시간 되니? 너희가 바쁘지 뭐.

★ 이 인터뷰는 때마침 2016년에서 2017년으로 넘어오는 겨울에 이루어졌다. 박근혜
정권의 부패와 실정이 만천하에 드러나면서 전대미문의 탄핵 정국이 되었던 그 겨
울은 광화문에서부터 청와대 일대까지 분노한 시민들의 촛불시위 행진이 매주 이어
지던 때였다. 청와대를 에워싸고 "물러가라!"를 외치던 시민들의 기세는, 민주주의
공화국의 주권자가 누구인지를 드러내는 모처럼만의 명징한 목소리이자 이임한 권
력을 오남용으로 점철한 파렴치한 대리자에 대한 징벌로서, 아직 경찰 공권력이 합
법적으로 비호하던 청와대를 오히려 고립시키는 역설을 낳았다. 그렇다. 당시 청와
대는 감옥이었다. 이에 빗대어 자신의 탈시설 이후 자유로운 삶을 재치 있게 표현한
김범순 님의 골계를 느낄 수 있는 대목이다.

나야 늘 남는 게 시간인데. 가만, 목요일, 금요일은 안 되고, 월요일은 병원 가고. 일요일은 교회 가야 하고. 아이고, 말하고 보니 나도 은근 일이 많네. 하하하. 뭐 필요한 거 있으면 나한테 말해. 내가 사다줄게. 그럼. 거긴 다 있어. 오리지날로.

3년 전만 해도 나는 지하철 탈 줄도 몰랐어. 장애인 콜택시 있는 줄도 몰랐고. 다 노들(야학)에 다닌 덕이야. 거기 통해서 광진센터에서 자립 과정을 알게 되고, 나중엔 동료 상담 자격증도 따고, 그거 가지고 은평센터(은평 장애인자립생활센터)까지 가서 내가 멘토도 하고 그랬다니깐? 그래, 이런 게 전환점이지.

시설은 단체 생활이라 힘들었어. 내가 가타부타 까다롭게 굴진 않아도, 내 의사 표현도 확실하고, 힘닿는 한 내 일 내가 알아서 하고, 어디 가서 주눅 들거나 어려울 건 없는 사람이야. 나는 당차. 어디서든. 시설에서도 뭐 어려울 건 없었어. 내가 뭐 그렇게 험한 데 있었던 것도 아니고. 그런데 막상 나와 보니 그렇게 좋을 수가 없는 거야. 순 내 의지대로만 사는 거잖아. 실수를 해도 실패를 해도 그렇게 좋을 수가 없는 거야.

사실 천애재활원에 살면서 결혼을 한 번 더 했어. 거기선 거기 사람들끼리 마음이 맞으면 결혼해서 같이 살기도 하고 그랬어. 결혼한 사람들은 따로 독립생활을 하지. 단체로 방을 쓰는 게 아니라. 나는 90년에, 이 사람이야.(결혼식 사진 보여줌) 거기 직원이었던 사람이야. 비장애인이야. 어때? 나 이때 40대인데 그래도 아직 봐줄 만은 했지? 지금은 아냐~ 안 이뻐. 이때는 괜찮았어. 그런대로. 하하하. 남편이랑은 천애재활원에서 같이 주방 일을 했어. 그 사람은 본래 주방 일을 보던 사람이었고, 나는 결혼하면서 주방 보조로 취직한 거지. 하하. 3년 6개월을 식사 담당을 했는데, 나중에는 지치더라구. 너무 지쳤어. 그래서 내가 못하겠다고. 남편은 2010년에 당뇨 합병증으로 먼저 갔어. 그 이후로 어떻게 해. 남편도 없는데 혼자 독립생활하며 살 순 없잖아. 다시 단체 생활로 돌아갔지. 우리 방엔 셋이 있었어. 들어보니까 어떤 시설에서는 출입은 물론이고 물건도 마음대로 못 사게 하고, 머리 모양도 마음대로 못하게 하고 뭐 그런다면서? 우리야 그러지는 않았지. 저 히터. 저거 내가 시설에 있을 때부터 갖고 있던 거야. 에어컨도. 저 장롱도. 저건 아주 비싼 거다. 봐봐. 통나무지? 튼튼해. 저런 거다 내가 소유할 수 있었어. 아, 내 돈 내 맘대로 쓰는 건데 뭘~ 그걸 허락을 받는 게 이상한 거지. 그렇지만 단체 생활은 언제나 남들을 배려를 해야지. 백프로 내 맘대로 살 순 없다고.

히야~ 난 나와서 천국도 안 부럽다! 요새 복지관도 다니고, 바쁘니까 좋아. 무기력하지 않아서 좋아. 시설에선 까라지는 게 있어. 의욕이 없어지지. 말하자면 지금 사는 데랑 한동네인 거잖아? 그런데도 거기선 이런 활동들을 알지도 못했어. 시설이 지역사회 안에 있으면 뭐해? 지역사회랑 사람들이랑 왕래를 안 하면 여전히 고립된 거지. 그러니 사람들이 무기력해질 수밖에. 뭘 알지도 못하고 알려고 하지도 않고.

그런 데다가 나는 왜 그렇게 그런 게 싫으냐. 시설에 손님 오면 사진 찍으러 나가는 게 그렇게 싫더라고 나는. 왜 선거철이나 연말 되면 막 오잖아. 사진 찍으러들. 하하하. 아휴, 그 꼴을…… 또 그렇다고 거기 살면서 파투를 크게 낼 수는 없으니까 나가기는 하는데, 대신 맨 뒷줄에 있지. 있는지 없는지도 모르게. 왜 그렇게 나는 그게 싫으냐. 하하하.

따지진 않았어. 나는 뭐가 맘에 안 들어도 남 흉보고 그러진 않아. 남 얘기 잘 안 해. 그런 건 내 안에서 그냥 흘려야 해. 사람이 사는 게 다 다른데 남 평가를 왜 해? 내 단점도 못 보고 말야. 누가 마음에 안 들면 그 사람을 욕할 게 아니라 나부터 들여다보는 거야. 나는 어떤가 하고. 남이 내 얘기 하는 것도, 심지어 그게 칭찬이라고 해도 아주 중요하게 생각하면 안 돼. 그런 건 흘려야 해. 안 그럼 교만해진다고. 젊어서 내가 그랬어.

딸애는…… 걔도 고생했어
어쩌다 내 곁으로 와서……

말 나온 김에 이건 나 젊었을 때 사진. 맞아. 모델 할 때. 그때 당시로는 내가 꽤 큰 키였지. 응. 외국인으로 오해받기도 했어. 이 사진은 제법 그렇게도 보이잖아? 썬그라쓰까지 끼니까. 이국적으로 생겼다고들 했었어. 그땐 다들 주변에서 예쁘다 예쁘다 해주니까 내가 교만했던 것 같아. 진짜로 내가 이쁜 줄 알고. 그러니까 미국도 갔지. 잘나간다고 생각한 거야. 그러다 사고가 나면서 내가 알게 된 것 같아. 아, 이게 별 게 아니구나. 젊음, 미모, 건강, 일 이런 게 별 게 아니구나…… 다 버리고 무작정 한국으로 돌아왔지. 죽고 싶어서 몇 번 칼로 그어대기도 하고 그랬어. 여기 봐봐. 턱 밑에. 아직도 상처 있지? 깊었어. 얼마나 작심을 하고 칼을 들이밀었던지. 어느 날은 보다 못한 우리 어머니가 어디 가서 핏덩이 하나를 데려오더라구. 내가 하도 죽는다 지랄을 하니까 아이 하나를 얻어온 거야. 고 꼬물거리는 걸 내 손으로 받아 키워보면 거뜩하면 죽겠다고 달려드는 내 맘도 달라지겠거니 하신 거지.

진짜 좀 나아지더라고. 우리 딸애를 키우면서는. 근데 너무 오냐오냐 키웠나봐. 아직도 저만 바라봐달라고 그래, 우리 딸애는.

아휴…… 내가 아주 걔만 생각하면……

이뻐? 걔가? 난 미워 죽겠어. 얼마 전에도 싸웠어. 하하.

응, 그 사진은 부산으로 놀러 갔을 때야. 내가 찍어줬지. 나 잘 찍지? 난 좀 이런 거 좋아하는 거 같애. 에이그~ 인자 이런 걸(사진) 전문적으로 배워서 뭣하냐? 더 잘하려고 욕심부리지 말고 이제는 그냥 지금 나한테 있는 걸 즐기며 사는 거야. 핸드폰 가지고 딸애 찍고 나무 찍고 하늘 찍고 사는 것도 족해. 그럼, 풀 한 포기도 나는 소중해. 내가 그 사고를 당하고 나니까 말야, 생명이 참 대단한 거더라구. 밑으로 기어다니는 것조차 소중해. 소중하지. 귀한 거야. 보이지 않던 게 보여. 그러니 감사하지.

옆에 있는 건 딸애 남자 친구야. 지금은 헤어졌어. 괜찮은 애였는데 결혼하자고 하니까 고 지지배가 안 한다고 했다나 봐. 나는 참 마음에 들었어. 몰라. 지 복을 지가 차는 걸 낸들 어떻게 해? 성질머리도 하여간에…… 어휴……

딸애는 인천에 살아. 학원 강사야. 잘나가. 그런데도 늘상 자기만 알아달래. 크면 나아지겠거니 했는데 더해, 어째서인지.

맞아. 딸애가 알아서 그런 것 같아. 자기가 데려온 아이라는 걸.

얼마 전에 말하더라구. 자기도 자라면서 그런 거 같다고 느끼고는 있었는데, 최근에 조카 누가 말해줘서 확실하게 알았다고.

울고불고 난리쳤지. 그러다 며칠 전에 찾아와서 엄마 미안해, 내가 잘못했어, 그러더라구. 나도 막 속상해서 뭐라 그랬네. 걔도 고생했어. 어쩌다 내 곁으로 와서. 나도 지랑 살아보겠다고 한다고는 했지만 다 해줄 수는 없는 거잖아.

정말 순식간이더라

요새 드는 생각은 말야. 사고 말이야. 그 시절은 정말 죽고 싶었거든. 근데 하느님이 이렇게 생각하신 것 같아. "널 데려가더라도 내 딸로 삼아놓고 데려갈 거다." 하하하. 그래서 그때 안 죽은 거 같아. 아니 못 죽은 거지. 감사해. 다 내려놓으니까 내가 편해. 이제사 드는 생각이야.

나 진짜 잘나갔어~ 그 시절에 월급을 몇 만 원씩 받았어. 그걸로 옷도 맞춰 입고, 그 시절에는 다 맞춰 입었어. 기성복이 아직 나오지 않을 때야. 있어도 질도 별로 안 좋았고. 나는 어렸을 때부터 내가 만들어 입기도 했는걸? 여름엔 민소매 있잖아? 또 옛날엔 여기 어깨 드러내놓고 다니면 안 됐다고. 풍기문란으로 걸려. 그래 민소매 옆에 망사로 덧대가지고 요새 유행하는 거 뭐냐? 응 시스룬지. 그렇게 해서 입고 다녔다니깐? 나 좀 멋쟁이였어. 그리고 머리가 길었다고. 허리까지 왔어. 그걸 키 큰 애가 땋아서 묶고 다니니 얼마나 눈에 띄었겠어. 하루는 누가 따라왔더라구. 일하는 집까지.

아이고. 내가 말 안 했나? 내가 어려서는 남의집살이도 했어. 아홉 살 때부터. 주인집에서 아주 잘해줬어. 내가 또 일도 잘했거든. 아침에 일어나서 쌀 씻어서 안쳐놓고 나면, 나는 수돗가에 나가서 빨래를 해. 그러다 밥 다 돼서 차려 들여가면, 남은 불 위에다 아까 조물조물해둔 빨랫거리들에서 삶아야 하는 것만 따로 빼와서 얹어놓는다구. 그러고 나도 들어가서 같이 밥 먹고. 밥 다 먹고 설거지까지 해놓으면 삶는 빨래도 다 끝나 있고. 아침 하면서 그날 일을 다 마치는 거야. 청소야 밥 먹고 좀 하면 되고. 그러고 점심, 저녁 먹을 때까지 나는 쉬는 거지. 주인집 언니가 공부하면 옆에서 같이 배우고 그랬어. 그래 내가 글자는 읽을 줄 알아. 근데 쓰는 건 어렵더라. 얘, 우리 나라 말은 왜 받침이 그렇게 어렵니? 맞아. 같은 발음인데도 어떤 건 디귿이고, 어떤 건 시옷을 쓰더라. 난 그런 걸 잘 모르겠더라구. 그래도 읽는 거야 하지.

주인집에서 내가 그리 일을 야무지게 하고 그러니까 많이 예뻐해줬어. 일은 요령이야. 하다보면 늘어. 그리고 뭐든 내가 즐기면서 하려고 해야지. 그래야 나도 좋고 보는 사람도 좋고 그래. 주인집에서 나한테 너 잘한다, 예쁘다 이런 지지도 많이 해줬어.

가만있어보자. 그래, 그 얘길 하다 이리 온 거지? 내가 남대문에서 시장 봐오다가 캐스팅이 됐다니깐. 배추 사가지고 옆에 끼고 오는데, 어떤 남자가 날 부르더라구. 며칠 전부터 날 찍어두고 있었대. 그래서 사는 집 앞까지 와 기다리고 있었다구 해. 그때는 전화도 없고 뭐 그런 시절이니까. 다 그러고들 만났어. 길에서 기다리며. 하하.

그래 알겠다고 하고 집에 와 주인집 아주머니한테 물어봤지. 나 오늘 시장 갔다 오다가 이래이래 했다. 모델 하란다. 그

오늘이라는 날짜는 다신 안 와

러니까 주인아주머니가 한번 해보래. 응, 내가 이쁨 받았다니깐? 주인집에서 날 응원해줬어. 그래 시작한 게 모델 일이야. 옛날에는 달력 사진이 하나야. 그 밑에 날짜만 떼었다고. 한복 입고 1년 내내 걸려 있는 그런 달력 사진도 내가 찍고 말야. 나 잘나갔어, 야~~~(웃음)

그 돈 부쳐서 시골에 있는 우리 집 가장 노릇도 했지. 그 시절을 기억하니까 동생들이 나한테 잘하는 거야. 그 조카들도 지 엄마가 잘하는 거 보고 나한테 하는 거고.

근데 그렇게 돈을 좀 버니까 교만해진 거야. 내가 진짜 마음만 먹으면 다 해낼 줄 알았던 거지. 그래서 그즈음에 만난 미군이랑 미국으로 들어간 거야. 미국에선 란제리샵에서 일을 했어. 자동차로 출퇴근을 했어. 얼마나 멋있어? 그 시절에 운전도 하고 말야. 더구나 자기 일 하는 여성. 그런데 어느 날 돌아오는 길에 그렇게 졸리더라구. 눈이 왔는데, 아…… 정말 순식간이더라. 내가 기억하는 건 잠깐 하는 사이 차가 미끄러지는데 알면서도 너무 놀라니까 몸이 말을 안 듣더라구. 브레이크를 밟지를 못해. …… 그리고 의식을 잃었는데, 눈을 떠보니 와싱턴 병원이더라고. 남편이 미군이니까 헬기로 호송해서 미군 병원에 뉘여놨더라구. 더는 미국에 있기 싫더라. 죽더라도 한국에 돌아가서 엄마 곁에 가서 죽겠다고 하고 왔어, 그냥.

법적으로는 그 사람의 미망인으로 되어 있지, 아직. 그 사람은 나 하고 싶은 대로 다 하게 해줬어. 내가 영주권을 아직 갖고 있는 건 그래서야. 3년에 한 번씩 그거 갱신하러 하와이도 가고 괌도 가고 그랬네. 미국 땅은 밟아야 하니까.

남자들이 뭘 할 줄 알아?
그렇게 살아오지를 않았는데?

미군 남편 만나기 전에 실은 내가 연애를 한 번 하긴 했어. 모델 일 조금 하면서 아직 남의집살이 할 때인데, 아무리 남의 집살이를 한다 해도 내 여가 시간은 필요하잖아? 내 할 일 다 끝나면, 그때 내 친구가 음악다방에서 일했는데 걔네 다방에 가서 음악 들으면서 놀고 그랬어. 거기서 만난 애야. 센뻬라고 있지? 우리 땐 그런 과자를 먹었는데 그거 만들던 애야. 애는 착했어. 좀스러워 그렇지. 하하. 하여간 그 애를 만났어. 만났다고 해도 우리 때야 어디 요새 같아? 마주 보고 차 마시고 얘기하는 정도지. 난 뭐 나 좋다니까 만나보고 있는 거였지 내가 좋고 그런 감정은 없었던 거 같아. 그러다 미군이 끼어든 거지. 재밌었어, 그 양반은. 신기하잖아, 일단. 그 어린 나이에. 그래서 내가 더는 안 되겠다 싶어서 그 애한테 말했지, 뭐. 나실은 미군 만나고 있다고. 그랬더니 그 새끼가 나한테 뭐라는 줄 알아?

자기는 과거는 상관 안 한대. 다 용서해줄 테니 다시 오래.

나 참…… 그래 내가 그 새끼한테 막 욕했네.

"야, 이 시펄 놈아, 내가 미군이랑 뭘 했다고 너한테 용서를 받냐? 그리고 뭘 했어도 너한테 용서를 왜 받아야 하냐? 이 새끼야."

아주 독하고 무섭게 악을 썼네. 안 그래도 싫었는데 그런 소리까지 하니까 더 싫은 거야. 안 그러니? 뭘 그게 날 그만큼 좋아해서 하는 소리야? 그런 놈들은 두고두고 우려먹을 놈이라니깐? 생각해봐. 아니 지가 왜 용서를 해? 내가 구하지도 않은 용서를? 더군다나 내가 헤어지자고 하는 마당에. 내가 그런 놈한테 가겠니? 그런 좀스런 남자 만나면 안 된다, 응? 그건 내가 상처 준 게 아냐. 내가 잘한 거야.

남편하고는 재밌었어. 일단 미국에 가게 된 게 좋았어. 우리 때는 미국에 가는 것만도 성공이라고 했어. 기회가 주어지니까. 뭐든 할 수 있는. 난 가서도 열심히 살았어. 그때는 자신감이 있었지. 여기서 모델도 하고 그랬으니까 사람들 앞에 나서는 게 무섭지 않았어. 그러다 사고가 난 거야. 내가 코가 얼마나 오똑했는데. 사고로 여기가 다 주저앉은 거야. 그 덕에 지금은 인물이 없어졌지…… 남편은 착한 사람이었어. 그러니까 날 보내줬지…… 그리고 보니 나 좋다던 남자들은 다 착했어. 다 잘해줬는데 내가 물린 거야. 하하하.

뭐? 연애하라구?

얘, 얘~ 내가 이 나이에 송장 칠 일 있나? 종살이야. 밥 해줘야 하고. 뒤치다꺼리해줘야 하고. 같이 하기는~~ 남자들이 뭘 할 줄 알아? 그렇게 살아오지를 않았는데? 그냥 여자가 하게 되지. 아이고, 안 그래도 몇 년째 나만 바라보고 목매는 남자 하나 있긴 있다. 내가 지나가면 저기서 그림자처럼 나타나 서성이는. 근데 아냐. 우리나라에서 남녀 사이는 나이대를 불문하고 여자 쪽이 손해야.

난 미소 걔 결혼 안 할 줄 알았다. 근데 해서 놀랐어. 뭐? 연애를 그렇게 오래 했어? 넌 (결혼) 안 하니? 안 해도 돼~ 별거 없어~ 너 편하면 돼~ 내 인생 사는 거지 남 보여주려 살아? 아니잖아? 하하하.

내가 자립 생활 전도사야!

천애재활원은 어떻게 알게 됐냐고? 사연이 길어. 실은 내가 막냇동생하고 싸웠어. 그래서 홧김에 렌터카를 불러서 몰래 집을 나와 친구 집에 있다가 미8군에 들어갔어. 내가 영주권 자니까 여기서 무슨 일이 생기면 미8군에 가서 상담 요청하면 돼. 그때 내가 생애 처음으로 거짓말을 해봤네. 살려고. 하하. 가족 몰래 나왔다고 할 순 없으니까, 룸메이트랑 전셋집을 얻어 살고 있었는데 그 친구가 돈을 가지고 도망갔다고 했어. 보다시피 나는 몸도 이렇고 어디 가서 쉽게 일을 구하거나 살 수

오늘이라는 날짜는 다신 안 와

도 없는데 어떻게 하냐고. 갈 데가 없다고 호소를 한 거지. 그랬더니 거기서 두 가지를 물어보더라고. 필리핀을 가던가, 한국에 있던가. 한국에 있겠다고 했어. 그랬더니 그다음은 그럼 시설을 소개해줄 테니 마음에 드는 곳으로 선택하라는 거야.

제일 처음 가봤던 데가 강서재활원이라고 있어. 나 음성 꽃동네도 가봤다? 근데 가보니 아니야. 순 언론에서 좋은 데라고, 선한 곳이라고, 선전만 해놓은 거지. 난 딱 봐도 알겠던데 뭘. 자유가 없어. 크기만 컸지. 그렇게 몇 군데를 돌아다니다가 마지막으로 보여준 데가 천애재활원이었어. 그때는 여기가 다 배밭이었거든. 불암산 밑에. 황량하다면 황량한 풍경인데 나는 그게 좋더라구. 대문도 없고 담도 없는 게. 담이 없는 게 제일 좋더라. 경비나 수위가 없는 게 좋아. 입출입이 자유롭단 뜻이잖아? 딱 봐도.

있지~ 이런 소리 해도 되나? 우리 같이 있던 시설 생활인들 중에는 특히 중증장애인들이 밖에 나가 동냥해와서 술도 먹고 그랬다? 나갈 수는 있지만 어디 써주는 데가 없으니 그 사람들이 술밖에 더 찾겠어? 내가 뭐라는 소리는 아니야. 나는 그러지 않았다고 해서 내가 그 사람들 탓할 권리가 있는 건 아니지. 처지를 이해하면 그 행동이 보여.

천애재활원은 하여간 특이한 시설이긴 해. 가족 단위가 많았어. 나처럼 거기서 살다가 마음에 드는 사람이 생기면 그 안에서 결혼하고 가족을 이루고 많이 살았어. 지금도 무슨 행사 있으면 내가 놀러 가. 거기서 살 때 그래도 잘 지냈으니까 가능한 일이지. 귤 한 박스나 사과 사 들고 가. 살던 데니까. 그리고 그 사람들도 나처럼 자립해서 살고 있는 사람이 건강하고 행복하게 오가는 모습을 봐야 자기도 자립한다고 할 거 아냐. 하하하. 내가 자립 생활 전도사야!(웃음)

나누다보면 준 것보다 더 많이 돌려받아

애, 택밴가보다. 조카가 뭐 보낸다고 했거든. 너 잠깐 나가서 택배 좀 받아주라.

뜯어줘봐. 박스는 정리하지 말고 그대로 저기 베란다에 둬. 그러면 내일 요양보호사가 와서 정리할 거야. 아냐. 괜찮아. 그게 그 사람 일인 걸? 내가 못 움직이니까 그 사람을 필요로 하는 건데. 내 필요 때문에 그 사람은 자기 일을 하는 거고. 그런 거 말하는 거 어려워하는 사람도 있어? 어머, 왜? 난 한 번도 그렇게 생각해본 적 없어. 난 아냐.

나는 활동보조가 아니라 요양보호사가 와. 내 나이가 있잖아. 장애가 아니라 노령 지원을 받는 거지. 어머? 이게 그렇게 좋은 거야? 색깔도 괜찮니? 아니 뭘 그렇게 만져쌌냐? 하하. 그렇게 좋은 거야? 조카가 겨울이라고 패딩 한 벌 보내준다고 했어. 어디 입어보자. 잘 어울리니? 좋다. 촉감도. 애, 이게 그렇게 좋은 거야? 너네 세대는 브랜드인지 뭔지 빠삭하구나. 어디 저 지갑도 한번 봐줘. 그것도 이 조카가 사준 건데. 난 뭐 모르지. 눈도 어둡고. 응? 그것도 명품이야? 하하하…… 난 그런 건지도 모르고 가지고 다녔네. 그러고 보면 우리 딸애는 짠순이야. 나한테 만 원짜리 모자, 이런 것만 사줘. 하하하. 허긴 이 조카는 잘 벌기는 해. 그치만 잘 벌어도 잘 쓰는 건 또 어려운 일이잖아. 고맙지, 하여간. 이 이모를 잊지 않아주는 게 말야.

애, 아가~ 너 술 좀 하니? 나 술 담그는 거 좋아한다? 여기 봐봐. 이거는 작년에 담근 포도주고. 저건 더덕. 저건 좀 오래된 거다. 담에 저거 한잔 마실까? 너한텐 다래주가 있어? 그것도 개다래주? 그게 어디 좋다고 들었는데? 맞아. 항암 효과가 있댔어. 그래 한번 짊어지고 와봐라. 하하. 우리 어려서는 그런 거 많이 먹었지. 워낙 먹을 게 귀하던 때니까. 산에 한번 올라가면 한 가마니씩은 산열매를 따가지고 왔어.

너 김 좀 가지고 갈래? 아까 교회 사람이랑 오는데 반찬을 좀 사서 나눠 가졌어. 나 혼자 어디 많이 먹니? 그래두 혼자 입에 들어갈 만큼만 사느니 좀 넉넉하게 사서 곁에 있는 사람이랑 나눠 먹으면 다 좋은 일 아냐. 장사한테도 좋고, 나누는 나한테도 좋고, 나눠 가져가는 사람한테도 좋고. 그랬더니 그 사람이 저 김을 주더라고. 그거 아니? 난 아직도 신기한 게, 나누다보면, 내가 준 거보다 더 많이 돌려받는다? 세상일이 그래. 다 그런 거야. 나한테 마침 김이 있어. 저거는 너 먹으라고 나

한테 온 건가부다. 가져가. 그래야 나중에 내가 더 많이 돌려

받지. 하하하.

김범순이라는
아포리즘

김범순 님 댁에 가면 늘 뭔가를 얻어왔다. 처음 인사드리러 미소 활동가랑 방문했을 땐 굴국밥을 시켜주셨다. 굴국밥도 배달이 되는구나, 하고 마치 1970년대 '낙도 어린이 서울 방문' 행사처럼 어리버리 휘둥그레 하던 사이, 냉장고에서 다른 반찬도 꺼내 덜어주시면서 "식는다, 어서 먹어!" 채근하시는 통에, 코를 박고 정신없이 퍼먹었던 기억이 있다. 후식으로 깎아주신 강화도 순무는 어찌나 쩝쩝거리고 먹었던지 나올 땐 각자 한 봉지씩 들려 보내셨을 정도.

"넌 순전히 우리 미소 땜에 얻어가는 거다~"

내가 잘해서가 아님을 기억하라는 듯 신참에게 결코 호락호락하지 않은 쎈 언니 포스를 여지없이 풍기셨지만, 웬걸? 지켜보니 워낙 퍼주는 걸 좋아하신다. 암만 봐도 천성이 활달하고 사랑이 많으신 분이다. 쉬쉬 들리는 얘기로는 혜화독립진료소*에

---

* 혜화독립진료소는 장애인 건강권 실현을 위해 2009년부터 '한방 의료활동 들풀' '노들장애인야학' '장애와인권발바닥행동' 세 단체가 의기투합해 격주 일요일 대학로 노들장애인야학 건물에서 운영하고 있는 무료 독립진료소이다.

정기적으로 간식 후원도 하신다고.

왕년의 모델다운 미적 감각 또한 출중하셔서 핸드폰으로 찍은 소소한 일상의 풍경들은 가히 수준급이었다. 그러나 그 사진들보다 더 오래 마음을 끌었던 것은, 매번 돌아오며 필경 잠언록이라도 하나 만들어야겠다고 생각했을 만큼, 청산유수처럼 흘러가던 인생사 속 범순 님의 깨달음이었다.

허나 아무리 재현의 서사가 그야말로 청산유수처럼 흐른다 해도 범순 님의 강물엔 돌기가 많았다. 어느 여울목은 아예 다가갈 수조차 없었다. 가령 사고 직후의 정황이나 어쩔 수 없이 그 시점과 연동이 되고 마는 딸과의 인연은 단순히 궁금하다고 계속 캐물을 수 있는 화제가 아니었다. 삼가 두렵고 떨리는 마음으로, 그 대목에 이르면, 그저 보여주시는 만큼만 들었다. 그럴 수밖에 없었다. 그것이 채록자의 무능이라면 무능이고, 태만이라면 태만일 테지만, 예의라면 예의이기도 한 거라 생각했다.

운이 좋게도 고작 그 정도의 수고만으로도, 나는 그 강가를 소요하며 보석만큼이나 예쁜 조약돌들을 잔뜩 모을 수 있었던 것 같다. 꼭 '탈시설'이란 주제가 아니더라도 말씀들은 하나같이 재미나고 반짝반짝 빛이 났다. 그것은 시간이 궁글리고 궁글린 범순 님 인생의 파편들이었다. 그렇게 모은 '김범순'이라는 아포리즘은 마지막 인사말에서 절정을 이루었다.

"화려했어도 다 부질없다~ 오늘이라는 날짜는 다신 안 와. 그러니까 그저 오늘을 사는 거야. 흘러간 시간은 버려둬야지. 물을 위로 보내려면 그게 돼간디? 흘러간 걸 붙들면 계속 척만 져. 인간은 망하든 흥하든 전진이야. 오는 해를 맞이해야지 가는 세월을 붙들면 안 돼. 그래, 그리고 잘 가라~"

아직은 내가 몸으로 다 이해하지 못한 말. 그러나 그렇게 흘러가는 거라고, 어떤 오늘이든지, 그저 다시는 안 오는 오늘을 사는 거라고… 흐름 위에 보금자리 친, 오…… 흐름 위에 보금자리 친, 나의 혼魂……*

★ 공초空超 오상순의 시 〈방랑의 마음〉 중.

나의
투쟁기

신경수

좀 바꿔주세요

신경수

동사무소 복지과에 전화 했더니 바로
활동보조인 바꿔달라는 거야
내가 언어장애 있어서
못 알아 듣겠다고
몇 마디 하지도 않았는데
좀 더 들어보려고 노력도 안 하고
대표님하고 나하고
동사무소 가서 따지고 왔어
어느 날 인터넷
상담 전화가 왔는데
그쪽에서 바로
내 목소리 듣더니
옆에 있는 사람 바꿔달라고 그러는 거야

근데 내가 안 바꿔줬어

매장에 직접 가서 따졌지

뇌병변 1급 중증장애인인 경수 씨는 이런 사람이다. 한마디로 멋지다. 장애가 자신이 문제인 것이 아니라 실은 "당신들이 문제"인 것이라고 일갈하는 경수 씨는, 자신을 경멸이나 기껏해야 동정의 자리에 머무르게 하는 세상의 시선에 애초부터 도전적이다. 그런데 이 사람, 보통 익살꾼이 아니다. 의도한 것이든 아니면 타고난 감각에 의한 것이든, 그가 주는 웃음은 대개 아이러니를 전략으로 하는데, 약하고 불완전한 존재로 고정된 자신의 자리를 슬쩍 이탈하는 이 웃음엔 분명 의표를 찌르는 데가 있다. 진지한 얘기를 되게 가볍게 하고, 웃긴 얘기인데 가만히 생각해보면 슬프고, 복잡한 거 같은데 명쾌하게 정리하는 그의 논법은, 잘 들어보면 마치 마당극 한판이 걸지게 벌어지는 듯하다. 별명도 하회탈이라나……

그를 처음 만난 것은 2017년 4월 21일 마포대교 행진에서였다.

4월 21일은 무슨 날인가. 아무 날도 아니다. 그 전날 하루, 4월 20일 '장애인의날'에만 잠시 존재를 확인받을 뿐인 장애인들에게, 4월 21일은 도로 자신이 아무것도 아닌 날이 된다. 그래서 이들은 4월 20일을 장애인의날이 아닌 '장애 차별 철폐의 날'로 부른다. 그렇기에 4월 21일은 아무것도 아닌 날이 아니라 계속 싸워야만 하는 오늘이다. 해서 이날, '차별 철폐'를 부르짖으며 국회의사당을 향해 행진하는 이들이 대체 어디가 위협적이었는지는 도통 모르겠으나, '도로교통'과 '시민 안전'을 이유로 그 행진 대열을 철저하게 에워싸고 있던 전경들의 방패막은 꽤 길고 견고했다. 장애인을 보호하는 방패막이 아니라 장애인을 막는 방패막이라니…… 불과 하루 전만 해도 뉴스에서는 '장애인, 함께 살아가야 할 이웃' 어쩌고 하더니…… 사회는 딱 사회가 허용하는 만큼만 행동하거나 주장하라고 한다. 장애인에게 행진은 허용되지 않은 행동 양식이다. 시민을 위협하는 일이란다. 이 어이없음을 향해 가차 없이 돌진하는 한 남자가 있었으니, 그가 바로 경수 씨. 저쪽은 철갑을 두른 여러 명의 몸피인데, 이쪽은 그래 봐야 혈혈단신. 그것도 팔걸이 하나가 이미 부서진 헐거운 휠체어 위에 수시로 경직되는 몸이 흘러내리지 않도록 허리를 꽁꽁 동여맨 맨다리의 전사다.

"안 아파요?"

"%&KS*@#4…"

그가 뭐라고 하는 것 같긴 했는데 결국 못 알아듣고 찢어졌다.

집에 돌아오다 생각하니 아주 맹하기 짝이 없는 질문이었던 것 같아 민망했다. 당연히 아프지 않았겠는가. 그걸 "안 아파요?" 하고 묻다니…… 하여간 맹탕 같은 질문도 만회할 겸 그 사람의 그날 이후가 궁금해 찾아가기로 했다. 그런데 또 인터뷰 첫날부터가 코미디였다. 약속 시간을 두어 시간가량 미뤄야 할 일이 생겼는데, 사생활 영역이라고 내게 절대 개인 전화번호를 알려주지 않은 도도한(?) 그이 때문에, 당일 연락이 닿지 않아 발을 동동 굴러야 했다. 드디어 곡절 끝에 만난 자리. 안 그래도 해맑게 웃는 그는 가뜩이나 잘 알아듣지 못해 자꾸 엉뚱한 말만 해대는 인터뷰어가 웃긴 것인지, 시종일관 파안대소의 진짜 하회탈 같은 얼굴을 하고 있다. 아, 어쩐지 재밌다, 이 사람!

안 씻어도 내 자유

나는 핸드폰이 없어졌어요. 핸드폰 없어도 일반 전화로 소통하고 있어요. 집 전화번호 안 알려준 건, 여기(민들레야학)에 거의 있으니까 그냥 여기 번호로. 하하. 집 전화번호랑 여기 전화번호가 연동된 건 아니에요.

마치 경수 씨가 민들레장애인야학 대표인 것처럼 여기 대표번호만 알려줘서 오늘 오전에 연락 안 되는 바람에 얼마나 마음을 졸였다구요, 내가?

하하하. 그건 아니고. 내가 민들레야학을 하고 있어서 거의 여기 있으니까…… 어쨌든 별 사고 없이 만났잖아요? 헤~(능청) 자, 이거 선물이에요.《민들레 잎을 떼고》는 야학 문집이에요. 1년에 한 번씩 묶는데, 다른 한 권은 지금 없네요. 다음에. 네, 직접 내가 다 쓴 거예요. 이 글씨는(안에 내용) 엎드려서 쓴 거, 이거(표지)는 책상 위에서 쓴 거. 그래서 이게(표지) 더 잘 쓴 거예요.

여자 친구요? 여기 책에(은아 씨 가리킴). 많이 좋아해요. 저를요.

으응? 은아 씨는 이승기 좋아한다고 나오는데요, 여기?(웃음)

휴우- 아니, 내가 어깨가 넓어요. 매력 포인트. 네, 저 좀 어깨에 자부심 있어요. 헤~ 은아가 이거 때문에 좋아한다고 생각해요. 헤헤~(웃음) 연애한 지 얼마 안 됐어요. 일이 있어서 헤어지고 또 만났어요. 한 번 헤어졌다가. 일이 있었어요. 둘 사이에 갈등.

경수 씨가 은아 씨 말 안 들었죠, 뭐?

그건 맞는데, 헤어진 이유는 아니에요.(웃음) 은아 예뻐요.

굉장히. 은아하고는 집 전화로 통화하거나 야학에서 만나요.
매일.

6월의 데이트

김은아

첫 데이트 하던 날
이 남자
쓰레기 냄새가 나
가까이 가면
더 냄새가 나
그걸 말 못하고
가까이 가고 싶은데
가까이 가지 못해서
죽는 줄 알았네
나랑 데이트를 하러 왔는데
샤워도 안하고 오나
이 남자

네, 첫 데이트 때 이랬어요. 일부러 그런 거예요. 저는 시설
에 있을 때, 아휴, 날 업고 가서, 강제로 씻겼어요, 강제로~(정

말 싫은 얼굴) 목욕할 때 강제로 씻겨요. 강제로! 시설에서는 억지로 갖다 씻겨요. 짐도 남의 건 함부로 안 건들잖아요? 하물며 내 몸인데. 나는 그게 싫었어요. 그게 너무 싫어서 자립 생활하면서 히피처럼, 안 씻어도 내 자유야, 이러면서 살았어요. 근데 은아가 이런 시를 남겼어요.(웃음) 나는 (은아에 대해) 이런 시를 썼는데.

그녀는

신경수

그녀는 김치전이다
비오고 우울한 날마다
그녀 생각이 난다

그녀는 술이다
내 경직된 근육을 풀
어주고 화가날 때
위로를 해준다

우리 집 냉장고에 소주처럼
그녀를 집에 두고 싶다

그녀는 동지다

집회에 가면

나는 몸으로

그녀는 입으로

잘 싸운다

그녀는 케익이다

입맞출 때마다

달콤한 맛이 난다

그녀는 사랑이다

장애인도 사람이다

나를 인간으로 만든 사람이다

그녀는 나의 사람이다

나는 한사랑마을(경기도 광주)에 1988년 12월 26일 입소했어
요. 시설 원장님이 데려갔어요. 병원으로 와서. 나는 어린이 병
원에 있었거든요. 서울시립어린이병원. 네, 계속 병원에 있었
어요. 한사랑마을엔 열 살 때 (들어갔어요). 처음엔 침대에 날 묶
어놓았어요. 한 방에 열 명이 살았는데, 모두 묶어놓았어요. 나
랑 비슷한 열 살 열한 살 어린이들이었고, 다들 심한 지체장애
가 있었어요. 발달장애와 지체장애가 함께 있는 애들도 있고.

열 명을 돌보는데 선생님이 두 명인가 세 명인가 그랬어요. 지금은 바뀌었어요. 네, 한사랑마을은 지금도 있는 시설이에요. 경기도 광주에. 근데 지금은 원장이 바뀌었어요. 거기가 어린이재단 건데, 인권 감시* 나가면서 바뀐 거예요. 어떻게 바뀌었냐구요? 제일 달라진 건, 처음엔 시설에서 나간다는 건 꿈도 못 꿨는데 인권 감시 나가면서 자립하고 싶은 사람이 있으면 자립을 지원해주는 걸로 바뀌었어요. 인권 감시가 뭐냐면, 국가인권위에서 매달 전국 단위 모든 시설로 나가는 거 있어요. 제가 자립 이후에 한사랑마을에 찾아갔다가 조사단과 만난 적이 있어요. 아주 딱 걸린 거죠. 하하하하…… 시설 직원들이 막 우리 폭행하고 그랬어요. 억울했죠. 우리는 벌을 주면 밥을 안 줬어요. 세끼 다. 나는요…… 화장실이 멀리 있는데, (어린 데다, 당연히 자다 깨서 화장실까지 이동하기가 어려우니까) 밤에 소변 지리면 바로 때렸어요. 한사랑마을에 가게 된 건, 88년. 그전까지는 서울시립어린이병원에 있었고. 세 살 때 할머니가 경찰서(파출소)에 버리고 갔다고 해요. 시설에서 아주 나온 건 2009년. 스물아홉 살 때. 발바닥 정하 누나가 이미 한사랑마을 사람, 여자 두 명의 탈시설을 도왔어요. 그거 보고 내가 정하 누나한테 자립하고 싶다고 얘기하고, 여기 민들레야학 대표님을 만났어요. 박……연 대표님. 바악, 지……ㄹ 연…… 아니,

---

* 장애인 거주 시설 인권 실태 조사.

연필……(메모지에 '길' 자를 크게 쓴다) 길. 연. 대표님 없었으면 아무것도 못했어요. 탈시설 자립 이후 시나모(시설에서 나온 사람들의 모임)를 대표님 권유로 시작하게 되었어요. 2016년에 발족했고, 전 거기서 '깃발'을 담당하고 있습니다.(웃음) 처음에는 조직부장이었어요. 올해까지 열 명 가입했으니까 꽤 잘한 거죠.(웃음) 근데 시나모는 각각 역할이 있어요. 대표나 리더가 따로 없고 평등하게 운영되고 있어요.

20년 만에 못 먹는 음식을 알게 되다

꼭 사야할 것

신경수

바구니에

야채를 넣고

과일 넣고

참치 넣고

이만 원치

계산대에 가보니

오만 원치

과일 빼고

야채 빼고

참치는 놔두고

밥은 먹어야지

참치, 고추장, 참기름은

떨어지면 안 돼

참치, 고추장, 참기름. 이거 비벼 먹는 거 좋아해요. 자취생 음식의 진리잖아요.

여기다 마요네즈도 섞어 먹으면 더 맛있는 거 알아요? 고추장 대신 참치, 마요네즈, 간장 넣어도 맛있어요……

(씨익 웃는다) 알아요~ 2009년부터 자취를 한 거잖아요? 9년 차. 요리 잘해요.

저는 민들레야학에 오고 나서야 먹고 싶은 거 먹게 되었고, 그제서야 어떤 음식을 먹으면 탈이 나는지도 알게 되었어요. 케이크는 먹으면 바로 설사해요. 짬뽕 매운 건 먹어본 적 없는데 나와서 먹어봤고. 카레도 시설에선 어쩌다 한 번 먹어봤는데 나와선 실컷 해 먹고 있어요.(웃음) 음식은 거의 만들어 먹어요. 직접. 제육볶음 잘해요. 제육볶음은 시설에선 못 먹어본 음식인데 나와서 먹어보고는 반해서, 지금은 제일 잘하는 음식이 됐어요. 물론 재료 손질이나 칼질은 활동보조가 하죠.(웃음) 전 입맛을 담당하고 있어요.(웃음) 그게 제일 중요한 거예요. 맛보는 거. 제가 입맛이 좀 까다로워요. 바로 요리 잘하게 된 배경이에요.(웃음) 웃지 마요. 이래 봬도 저 쌀 사다 먹는 남자예요.

으잉? 이게 뭐 자랑이에요? 농사 직접 짓지 않는 이상
우리 다 쌀 사다 먹지?

아니, 좀 들어봐요. 2012년. 쌀을 받아다 먹는데. 동사무소에 나누미쌀 있잖아요. 그거. 근데 맛이 없어서. 그래서 지금은 수급 나오면 쌀 사다 먹어요. 그때는 500만 원에 40만 원 월세 살 때라. 수급이 65만 원인데 관리비 15만 원 내면 10만 원 가지고 살라는 건데, 쌀을 사 먹을 수가 없었죠. 그냥 동사무소 그 쌀 받아다 먹는 건데.

뭐라구요?(이 부분도 한참을 다시 설명해줘서 겨우
알아듣게 됨) 미안해요. 내가 잘 못 알아들어서. 지금
혹시 속으로 투덜대는 거 아녀라? 거참 되게 못 알아
듣네, 하고……(웃음) 저 봐. 맞나부다. 막 웃는 거 보

니까. 딱 들킨 거죠? 그렇게 생각하고 있었죠?(경수

씨, 파안대소)

아니에요. 나도 인터뷰해봐서 알아요. 서울 노들센터에서 인터뷰하러 왔었어요. 2009년에. 수급비 때문에 기사 났었어요. 그때 65만 원 받던 때인데. 그때는 적금도 넣을 수가 없었어요. 적금이 뭐야, 아예 살기가 어려웠는데…… 지금은 95만 원 받아요. 집세는 15만 원 나가고. 지금 사는 LH 임대주택은 그때 살기가 너무 어려워서 주택 지원금 받아서 들어갔는데, 그 돈만으로는 전세 얻기가 어려운 거예요. 그래서 나머지 모자란 부분을 반 월세 식으로 돌려서 15만 원씩 내고 있어요. 그때에 비하면 살 만하죠. 수급도 오르고 집세는 덜 나가고. 그래서 쌀은 나누미쌀 안 먹고 사다 먹어요. 난 쌀 맛을 구분한다니까요! 중요해요.(웃음)

다리로 싸우는 근거

나는 시설에 있을 때 너무 지겨웠어요. 왜냐면, 자유 없고, 마음대로 할 수 없고, 어디 나가면 허락받아야 나갈 수 있으니까…… 시설에서 나온 이유가 이거예요. 근데 처음 탈시설 직후, 아까 말한 500만 원에 40만 원 방 살 때요. 그때는 죽고 싶다고 생각했어요. 65만 원 수급 받아서 관리비, 월세, 인터넷 내면 5만 원 가지고 어떻게 살아요? 그때 같이 살던 친구가 있었는데, 이 친구가 동거인으로 되어 있어서…… 사실은 같이 살다 나갔다, 다시 들어와 살다 그랬는데. 독거 인정을 못 받다가 2012년에 독거 인정받아서 지금 자립 주택에 지원금 받아서 들어가게 된 거예요.

맞아요. 정부가 자립을 지원하는 철학이 있으면 탈시설 직후 가장 많은 지원을 해줘야 하는데, 그렇지가 않으니까 가장 전폭적인 지원이 필요한 제일 처음이 당사자들한텐 제일 힘들어요. 지원이 없어요. 맨날 심사 받아야 하고. 기다려야 하고.

그래서 저는 싸워야 한다고 생각해요. 그러지 않으면 몰라요, 사람들은. 스스로 생각하기에도 난 잘 싸워요.(웃음)

자랑이 아니라……(웃음) 아, 진짜……(웃음) 실은…… 다리 수술 했어요. 다리에 신경이 없어요. 시설에 있을 때 개한테 물렸어요. 왼쪽 다리에 신경이 없어서 고통을 못 느껴요. 내가 이 다리로 전경들 방패 막 들이받는 건, 별로 안 아파서.(웃음) 내가 다리로 싸우는 근거예요.(웃음)

참 2013년부터는 장애인 독거를 두 명이어도 인정하는 걸로 바뀌었어요. 그렇게 되면 뭐가 달라지냐 하면 두 명이어도 활동보조 서비스 시간 배당이 되고 수급도 지원이 돼요. 이런 거 잘 알아야죠. 그래야 더 잘 싸울 수 있으니까.(웃음)

지금 하고 싶은 게 두 개가 있어요. 하나는 시설 폐쇄 운동. 또 하나는…… 우리가 지금까지도 열심히 싸워왔지만 그래도 안 되는 게 있었어요. 뭔지 아세요? 수급 지원 최소 150만 원 선. 그리고 주택은요, 사실 국가가 무료로 제공해줘야 한다고 봐요. 이건 기본권인데. 국가가 나서서 해야지. (가뜩이나 노동시장에서도 배척되는) 장애인 당사자가 아니라.

맞아요. 근데 주택은 비장애인에게도 기본권의 문제예요. 누구에게나 기본권의 문제겠죠.

네, 장애인이나 비장애인이나 같이 보장받아야 한다고 생각해요. 민주노총, 진보운동이 연대해서.

생일 축하 노래 대신 투쟁가를

방학을 없애야 해

신경수

방학해도 집회 나가야 해

그래서 없애야 해

집에 있으면 뭐해?

활동 많이 해야지

시간 놓치면 안 돼

시간이 아까워

왜냐면

내년에 검정고시 보니까

검정고시는 아직 합격 안 했어요. 너무 어려워요. 지금 고등학교 올해 4월에 시험 봤어요. 너무 어려워요. 공부해야 하는데, 너무 안 돼요. 싸우러 다니느라 바빠서. 마포대교 점거하고 대구시청 점거하고.

야학 수업은요? 뭐 공부하고 있어요?

나는 지금이 좋아요. 수업 안 듣잖아요.(웃음) 5월 25일에 검정고시 발표 나오면 그때 가서 수업 뭐 들을지 결정할 거예요. 검정고시는 국, 영, 수, 과, 사, 한국사, 도덕. 이렇게 보는데. 나는 영어 못해요. 수학은 좀 하긴 하는데. 계속 글 쓸 생각은 있는데…… 지금은 쉬고 있어요. 투쟁에 집중하려구요.

할 일이 몇 개 있어요. 하나는 시나모. 다른 하나는 인권 활동(장애인 권익 옹호 투쟁). 전장협* 소속 투쟁 결집. 그거 있잖아요. 명절 고속버스터미널 투쟁** 같은 거. 작년에도 갔어요. 전경들이랑 심하게 싸워서 병원 가야 했어요. 작년엔, 한 번도 안 쉬고 매일 (집회) 나갔어요. 이제는 몸 생각하고 활동해야 한다고 생각은 하고 있어요. 안 쉬고 하다 활동 중단한 친구도 있어요.

작년에는 그래도 인천 위주 활동을 했는데. 2016년에 인천시청이 시비 중단을 선언했거든요. 이게 당장 제일 시급하게 된 거죠. 그거 반대하는 항의 집회를 해서. 결국엔 싸워서 이겼어요. 올해는 전국 단위 투쟁을 다니고 있어요. 대구나 서울에서 지원 요청하면 거절할 수가 없어요. 남의 일 아니고. 다 시설 문제지. 그게. 남의 일이라고 생각 안 해요. 시나모 깃발 만든 이유가 그것 때문이에요. 시설 문제 알리고 싶어서. 시나모에서 책을 낼 계획이에요. 시에다 지원금 요청을 했어요. 발바닥에서 하려는 것과 비슷해요. 자립 선배들 인터뷰를 하는 거죠. 시설과 집에서 나온 얘기를 듣는 거. 이런 책이 나와야 해요. 그래야 시설에서 보고 밖으로 나올 수 있어요. 《나를 위

---

* 전국장애인야학협의회.
** 전국장애인차별철폐연대(전장연)에서 주관하는 전국 규모의 장애인 집회로, 장애인의 장거리 이동권 확보를 위해 저상 고속버스의 도입을 촉구하는 시위. 비장애인의 편리를 위한 2층. 그것도 침대형 고속버스의 도입은 반갑게 논의되면서도, "나도 고속버스를 타고 고향에 가고 싶다"는 장애인들의 외침은 묵살되어왔던 현실을 돌아볼 필요가 있다.

한다고 말하지 마》* 나는 그거 읽고 시설 운영자들 생각을 바꿔야 한다고 생각했어요. 당사자뿐만 아니라. 시설에서도 이용자하고 같이 나가고 들어오고 하는 서비스, 바우처 카드**로 일대일 서비스로 만들어야 한다고 봐요. 그러면 시설 문제, 폭력 같은 거 줄어들걸요?

2009년에 계양구 사회복지과 가서 시설 문제로 따진 적 있어요. 해바라기 시설. 대표님이 항의하러 들어갔는데 복지과장이 (시설) 폐쇄는 안 된다고 해서 무기한 농성 들어갔어요. 처음엔 뭣 모르고 따라갔다가. 네, 그길로 무기한 농성에……(웃음) 한 2~3일은 무서워하다가. 뭐 그렇게 적응하는 거죠.(웃음)

희한하게 2010년부터 생일 때 투쟁을 가요. 3월 16일. 그래서 그날은 생일 축하 노래가 아니라 투쟁가를 들어요. 계속 그래요. 활동가 대회. 광화문 농성. 올해는 전장연(전국장애인차별

★ 《나를 위한다고 말하지 마》, 이지홍 외, 삶창, 2013. 인권활동가, 르포작가 등이 모여 탈시설 장애인 당사자의 삶을 기록한 최초의 책. 지금보다 장애인과 함께 살 수 있는 사회적 기반이 아예 전무하다시피 했던 시절, 감히 '시설 밖으로'의 삶을 꿈꾸었던 탈시설 1세대 장애인들의 시설 '탈출기'라 할 수 있다. 이 1세대들의 '탈출기'를 지도 삼아, 탈시설 후 지역사회 안에서 각자의 고유하고 개성적인 자립 생활을 일궈나가는 이후 세대 탈시설 당사자 이야기인 이 인터뷰가 기획될 수 있었다 해도 과언이 아니다.

★★ 바우처는 어떤 상품을 구매할 수 있는 증서를 의미한다. 사회 서비스 바우처 제도는 노인, 장애인, 산모, 아동 등 사회 서비스를 필요로 하는 사람들에게 일종의 이용권을 발급하여 서비스를 받을 수 있도록 하는 제도이다.

철폐연대) 세미나. 그것도 2박 3일.(웃음) 나의 정치적 성향 때문에 힘들어했던 활보도 있었어요. 대구나 강원도, 부산 집회에 가려면 활보들이랑 시간 맞춰 가야 하는데, 사실 그게 힘들어요. 활동보조 서비스는 내가 직접 시간표를 짜서 메일로 센터에 보내요. 그러면 센터에서 계양구청에 보내죠. 구청에선 시로 보내고. 한 달에 481시간 받는데, 10프로에 해당하는 48시간가량은 무슨 일이 벌어질지 모르니까 유동적으로 쓸 수 있게 남겨놓고 시간표를 짜요. 긴급하게 써야 할지도 몰라서. 말은 이렇게 간단하게 해도 시간표 짜는 게 제일 어렵고 애매해요. 내 뜻대로만 돌아가는 게 아니니까.

이 인터뷰 사실 고민했어요. 발바닥행동에서 다 알고 있는데, "나 꼭 그런 거 해야 돼?" 뭐 이렇게 대놓고 얘기는 안 했지만.(웃음) 바로 오케이 하긴 했어요. "돈 줄 거지?" 물어보고.(웃음) 민들레야학에서 글 쓴 거 모은 《민들레 잎을 떼고》는 민들레 사람들만 알고 있어서 믿고(안심하고) 썼는데, 발바닥 인터뷰는 좀 고민됐어요. 맞아요. 내 얘기가 익명의 무수한 독자들한테 무작위로 알려질 수 있다는 게 부담스러웠어요. 그런데 이런 책이 '역사'를 만드는 책이라고 생각해요. 그래서 처음에만 조금 고민하다가 바로 오케이 했어요.(웃음)

나의 투쟁 일기

시설 친구들에게

안녕! 시설 애들 잘 지내지? 나도 잘 지내.

원장님 부탁할게요. 애들 제발 때리지 마세요. 지금 애들 몇 명 나왔잖아요. 더 나올 수 있도록 도와주세요. 민수(가명)야, 너는 잘 지내니? 요즘에는 식당 음식 잘 나오니? 너도 나오고 싶지? 나와. 같이 살자. 나는 계산동에 있는 체험홈에 살고 있어. 돈 가지고 나와야 해. 오백만 원 가지고 나와야 해. 식당 밥맛이 없지? 그래서 나와야지. 우리 같이 살면 마음대로 먹고, 집에 늦게 들어가고 늦게 자고 다 같이 놀고 하자.

지은(가명) 누나 잘 지내요? 아직도 맞고 있는 거 아냐? 직원한테 때리지 말라고 말해. 인권침해야. 고소해. 내 전화번호 가르쳐줄게. 조금만 기다려. 내가 간다.

신경수 씀

(개인 사정으로 부치지 못함)

**시설에 직접 가서 탈시설 당사자로서 시설 친구들을
설득한 적 있어요?**

24일에 갈 거예요. 가기 전에 아라 만나서 인권침해에 대해 알아보려구요. 나도 시설에서 맞고 살았어요. 그런데도 비장애인들은 모르니까. 처음에 탈시설 했을 때, 지나가다보면 비장애인들이 와서 그래요. "너는 시설 들어가라." "왜 나와서 (나) 못 가게 하냐." 그런 비장애인들의 생각 자체를 깨야 한다고 생각해요. 시설…… 나도 대구 희망원 거기서처럼 똑같이 있었어요. 묶어놓고, 감금하고, 약 먹이고, 잠자는 주사 놓고, 며칠 강제로 재우고. 수용 시설이 거의 그럴 거예요. 한사랑마을도 이런 일 때문에 사람 많이 죽었어요. 부모님 있는데도 알려주지 않아요. 죽었는데도요. 부모님들은 모르고 계속 돈을 부쳐. 그것 때문에 인권위에서 조사도 나온 거예요.

제가 아는 사람이 여섯 살이었는데. 2014년에 한사랑마을 방문했는데, 그 친구가 없는 거예요. 죽었대. 숨. 숨 안 쉬고 갑자기 죽었대요. 내가 그 친구랑 같은 방에 있었어요. 나만 모르고 있고…… 모처럼 한사랑마을에 피자 사가지고 갔는데 그 친구가 없어가지고…… 진짜 깜짝 놀랐어요. 아무도 얘기를 안 해줘요. 나 나오고 얼마 안 있다 그렇게 된 거 같아요. 그 친구도 엄마, 아빠 있어요. 부모님도 깜짝 놀랐겠죠. 나는 한사랑마을 사람들한테 문제 있으면 전화 달라고 했어요. 근데 (그 애 죽었을 때) 나한테 전화 안 했어요. 애가 죽었는데~ 나 진짜 깜짝 놀랐어요. 내가 그렇게 (맞으면서) 살아왔기 때문에 그 애 죽음이 수상하다고 생각하는 거예요. 감금하고, 폭행하고, 주사

나의 투쟁기

놓고, 그렇게…… 제가 이유 없이 지어낸 생각은 아니에요. 딴 시설에서는요, 부모님이 있는 사람들도 다 죽어요. 모르게. 땅 파서 묻어요. 이거 봤어요. 〈그것이 알고 싶다〉 같은 데서. 그니까 이거, 시설은 문제가 있어요. 시설 문제를 알려야 한다고 결심을 굳힌 이유예요.

나는 발바닥에 멍 들었어요. 누워 있을 때 여기(발바닥) 들어서 때려요. 보통 오줌 쌌다고…… 바로 때려요. 억지로 탈의실(데려)간대요. 싫다고 하면 또 (때려요)…… 한 120대 맞아봤어요. 파리채로. 어쩔 땐 50대 맞고. 딴 데 안 때리고 멍든 데 또 때려요.

그건 의도성이 있는 거잖아요? 그것도 고약한. 명확한 가학 행위인 거예요. 멍든 데를 또 때린다는 건 상대에게 잘못을 깨닫게 한다는 의미보다는 상대가 고통을 느끼길 바라서 그러는 거잖아요? 절대 처벌 행위라고 볼 수 없어요.

그러니까요~ 나 그때 죽는 줄 알았어요.

그런 상황에서 반항할 용기를 어떻게 냈나요?

내가 혼자서 반항한 거라기보다는…… 인권위가 만들어진

게 언제지? 아, 2001년 11월 25일. 그때 장애인차별금지법이
제정되면서예요. 2001년부터 안 맞았어요.

　나는…… 집에서 찾아봤는데…… 인터넷으로…… 지금 시
설 문제가 뭔지 아세요? 폭력. 죽이고 때리고…… 해바라기 시
설이 대표적이에요. 앞으로 폭력이 허용 안 되게 나라가 바뀌
어야 해요. 어떻게? 시설 지원이 아니라 자립 생활 지원을 강
화하는 걸로요. 시설 폭력을 막는 방법은 무조건 시설 수용 반
대하는 것뿐이에요. 돈 없다고 하지 말고 시설 예산을 가지고
자립 지원을 하면 돼요. 자립센터들 지원하면 훨 나을 거예요.
국가가 나설 의지가 있어야 해요. 무조건 안 된다고만 하지 말
고. 시설 예산을 가지고 장애인 자립을 지원해야 하는데……
백프로 그렇게 해야 해요. 제가 시설 예산 보고 깜짝 놀랐어
요. 거의 900조예요.* 어마어마해요, 수치가. 이걸 가지고 자
립 생활 지원금 해야지, 시설에다 지원하는 건, 이건 문제 있
어요. 지금 사회가 민주주의 아니에요? 불가촉천민들 부락 따
로 있는 조선시대 아니잖아요? 다양한 사람들이 섞여서 자기
목소리를 내고 살아야 민주주의 사회죠. 이 사회의 구성원으

＊　실제 정부의 시설 예산은 약 5천억 원인 것으로 추정된다. 물론 이도 큰 규모의 예산
　이다. 이뿐인가. 장애인 자립 지원 예산에 비한다면 시설 유지에 들어가는 정부 지원
　금은 비교할 수 없을 정도다. 그렇기 때문에 거의 900조라는 경수 씨의 언술은 단순
　한 오인이나 과장이 아니라 아마 당사자인 경수 씨가 체감하는 돈의 단위 차가 900
　조라는 천문학적 수치만큼이나 크다는 뜻일 것이다.

로 장애인을 인정해야 해요.

나도 한 번 잡혀갔어요. 서울역 지하철 이동권 집회 갔다가.(2013년) 처음엔 아무것도 모르고 나갔는데, 그때는 무서웠어요. 아마도 그때 서울 청와대 앞에서도 집회가 있었는데, 거기 갔다가 서울역으로 이동했는데 그만…… 그날 잡혀갔어요. 경찰이 막 앞으로 몰려오는데, 와아~ 저쪽에서 우르르…… 제가 깜짝 놀라서 막 거품이 나오는 거예요. 대표님이 없었으면 큰일 날 뻔했어요. 같이 잡혀갔거든요.(웃음) 대표님은 나를 투쟁의 길로 이끈 선배예요. 그때 생각이 나네요.(웃음)

제가 잡은 경수 씨 인터뷰의 컨셉이 바로 '나의 투쟁의 길'입니다. 가장 진지하고 신나는 대목이에요. 투쟁의 기억을 좀 말해주세요.

나의 투쟁의 기억이라면…… 계양구청 앞에서 벌인 무기한 농성. 우선은 그게 떠올라요. 나 깜짝 놀랐어요. 무기한 농성하는 줄 모르고 따라갔는데, 가보니 무기한 농성장.(웃음) 4월이었어요. 애매한 달이죠. 완전히 따뜻한 것도 아니고 아주 추운 것도 아니고. 그래도 한밤중엔 겨울이에요, 겨울.

그다음엔 도로 행진한 거. 그것도 그게 뭔지 모르고 따라갔는데. 첫 도로교통법 위반의 추억이에요.(폭소) 2011년. 바닥에 내려서 기어서 갔어요. 서울 광화문에서 종각 행진. 활동보조인 24시간 강화 요구 건이었어요. 그게…… 김주영 동지*……
내 필요라기보다는…… 내가 김주영 씨랑 같이 투쟁한 게 있
는데…… 이 사건을 알고……(잠시 침묵) 너무 억울해요! 너무
억울해요! 우리가 광화문에서 지금까지 서명받고 그러는 게
그때부터예요. 아침부터 새벽 2시까지 경찰들과 싸웠어요. 광
화문역 한쪽에 우리가 직접 텐트 지었어요. 경찰이 다시 텐트
뺏고. 몇 번 싸웠어요. 아으- 처음 서울만 60명 넘었어요. 그래
서 우리가, 활동가들한테 다 모이라고 전화했어요. 전국 단위
에서 모여서 450명이 됐어요. 그때는 아주 고생했어요. 그때
가 8월. 왜 하필 8월이야?(웃음) 8월 10일부터 시작했어요. 제
일 더울 때. 휴가를 광화문에서 보냈어요. 하필 올해 또 민들
레야학이 지키는 날이 8월 10일이에요.(웃음)

올해도 영락없이 고생하겠네요?

---

* 고 김주영 활동가는 활동보조인이 퇴근한 새벽 2시, 갑자기 발생한 화재로 119에 신
고하고도 미처 다섯 걸음을 빠져나오지 못해 질식사했다. 장애등급제폐지와 24시
간 활동보조제를 주장하던 김주영 활동가는 결국 그 두 가지 제도에 의해, 즉 악법이
존속하고 마땅히 갖춰져야 할 법이 미비한 탓에 목숨을 잃은 것이다. 이 일을 계기로
광화문 지하보도에는 장애등급제와 부양의무제 폐지, 24시간 활동보조 서비스 확대
를 주장하는 장애인권 천막 농성이 시작되었다. 인터뷰가 종료된 후 몇 개월이 지나
반가운 소식이 날아왔다. 이 농성이 2017년 9월 5일 마무리된다는 소식이었다. 문재
인 정권이 부양의무제와 장애등급제를 점진적이긴 하나 폐지하겠다는 뜻을 밝혔기
때문이다. 2012년 8월 21일 농성이 시작된 이래 1,842일 만의 일이다.

장애인이 죽었는데, 덥고 차 다니는 불편 정도가, 뭐가 고생이에요? 얼른 장애등급제를 폐지해야죠. 그래야 사람이 안 죽지. 등급제가 고생이에요, 장애인들한테는.

사람에게 무슨
등급이에요?

아침 일찍 전화벨이 울린다. 경수 씨 집 전화번호. 활동보조나 민들레야학의 도움을 거치지 않고 꼭 경수 씨 본인이 전화를 한다. 내가 알아들을 때까지 천천히 몇 번이고 반복하며 용무를 전하는 그의 목소리에는 주눅도 그렇다고 재촉도 없다. 이 끈기!

"아, 우리 인터뷰하기로 한 날 비 많이 온다고 일기예보 뜬다구요? 비 오는 날에는 전동휠체어 다닐 수 없으니까 집에서 인터뷰하자구요?"

서당 개 3년 눈치란 이런 것인가. 이번엔 제대로 알아들었는가보다. 경수 씨가 웬일로 짧게 "네!" 하고 대답하며 웃는다. 그러나 주소와 찾아가는 길은 좀체 알아듣기가 힘들다. 이쯤에서 쿨하게 활동보조인에게 수화기를 토스하는 경수 씨. 곁에 있는 활동보조인과 손발이 척척 맞는 느낌이다.

그러나 9년차 자립 생활자이자 열혈 장애인 권익 옹호 당사자 활동가인 경수 씨 역시, 한때는 활동보조인에게 화장실 가고 싶다는 말을 꺼내기 어려워 방광에 병이 생기기까지 했다.

"그때는 남자 활동보조인이 많이 없었을 때예요. 여자분들이 주로 오셨는데…… 좀 그렇잖아요? 여자 활보님들이 오면 가급

적 요의를 느끼지 않도록 아예 물을 안 먹고 버텨보기도 하고 그 랬는데……"

몸은 그 자체로 매우 첨예한 정치적인 장소다. 성과 젠더, 건강과 병, 장애와 비장애, 아이와 어른, 그 밖의 수많은 정체성과 권력의 범주가 이 몸 안을 가로지르며 현현하기 때문이다. 그냥 물체가 아니라는 뜻이다. 경수 씨가 시설에서 그토록 싫어했던 일 중 하나가 강제로 씻김을 당하는 일이었다고 구술할 때의 눈빛은, 시설에서 나와 살면서 국가로부터 합당한 활동보조 서비스를 받는 도중에도 엇비슷한 감정으로 발한다. 장애가 있다 해서, 그것도 일상의 내밀한 부분까지 활동보조를 받아야 한다 해서, 행위가 이루어지는 순간 그 몸이 그저 물체인 것은 아니다. 그러므로 어떤 의미에서 경수 씨의 병은, 경수 씨 개인의 예민함이나 부끄러움 탓이 아니라, 시설에서와 마찬가지로 국가의 복지 서비스 정책에서마저도 장애인의 몸을 그저 물체로 간주해 벌어진 구조적 문제랄 수 있다.

등급 심사가 자동으로 갱신될 만큼 최중증으로 분류되어 있는 경수 씨는 현행 복지 서비스 제도의 최우선 혜택자에 속하지만, 결코 이 제도에 만족하지 않는다. 애초 등급 심사라는 것 자체가 장애인의 몸을 단순한 물성으로만 환원한 사고 아닌가. 경수 씨가 고 김주영 동지의 죽음을 말할 때 잠시 말을 잊고 울먹였던 것은, 시설에서든 시설 밖에서든 장애인의 몸이 존재가 아니라 물체로 여겨지는 현실을 누구보다 잘 알고 있기 때문이었을 것이다.

"사람에게 무슨 등급이에요?"

올해 생일에도 생일 축하 노래 대신 함께 투쟁가를 부르고, 올 휴가철에도 피서 대신 광화문 농성장을 지키게 될 경수 씨에게, 생각해보니 나는 끝까지 맹한 질문이나 해댔다.

"올해도 영락없이 고생하겠네요?"

"장애인이 죽었는데, 덥고 차 다니는 불편 정도가, 뭐가 고생이에요? 얼른 장애등급제를 폐지해야죠. 그래야 사람이 안 죽지. 등급제가 고생이에요, 장애인들한테는."

그의 말이 점점 또렷하고 명확하게 들려온다.

후일담

나는 최 영 은,
사람답게 살고 싶은
인간일 뿐입니다

최영은

안녕하십니까. 저는 최영은이라고 합니다.

얼마 전에 켄 로치 감독의 〈나, 다니엘 블레이크〉란 영화를 봤습니다. 영화에서 가장 인상적이었던 장면은 다니엘 블레이크가 관공서에서 나와 벽에 크게 자신의 이름을 쓰는 장면이었습니다.

"나는 병자가 아니다. 나는 아픈 사람이 아니다. 나는 일을 못하는 사람이 아니다. 나는 그냥 다니엘 블레이크. 한 사람이다"라고 그는 이야기했습니다.

사람이라면 누구에게나 당연하게 보장되어야 하는 사회복지. 그것을 누리기 위해서 많은 서류나 조건들이 필요한 것 같진 않습니다.

사람으로 제대로 산다는 것은 무엇일까요? 그러기 위해 무엇이 필요한 걸까요? 그런 기본적인 질문만 함께 고민하고 대화할 수 있다면, 정부가 국민들과 대화하고 의논할 태도만 가질 수 있다면 충분하지 않을까요? 저는, 불쌍한 사람도 아니고 말이 안 통하는 사람도 아닙니다.

저는 최 영 은, 사람답게 살고 싶은 인간일 뿐입니다.[*]

꽃동네,
생각조차 마음대로 할 수 없는 곳

꽃동네에서는 2015년 3월 13일에 나왔어요. 자유와 생각을 마음대로 할 수 있게 자립을 선택했어요. 자유라는 말은 이해가 가는데, 생각을 맘대로 할 수 있게란 말이 이해가 잘 안 간다구요? 그래요, 다들 행동은 마음대로 못해도 생각은 자유롭게 마음대로 펼칠 수 있는 거라고 생각하니까요. 그렇지만 시설은 생각도 마음대로 할 수 없는 곳이에요. 일상적 생각이요. 일상적으로 하는 생각들마저 순전한 내 의지랄까 뭐 그런 걸 품을 수 없도록 해요. 뭔가를 하고 싶어도 하고 싶다고 말하는 순간 안 된다는 대답이 되돌아오리란 걸 이미 (경험상) 알고 있고, 그렇기 때문에 아예 체념부터 하게 되는…… 아니요, 저는 거기 있던 사람들이랑 친하지 않았어요. 시설 종사자들과는…… 제가 정을 주지 않았어요. 거기 팀장과 가끔 카톡으로

---

[*] 2017년 2월 15일, 서대문구 국민연금공단 충정로 사옥 사회보장위원회 앞에서 지원금 삭감을 골자로 하는 사회보장기본법의 즉각 개정을 주장하며 영화 〈나, 다니엘 블레이크〉(2016)의 한 장면을 재현한 장애인권 단체의 기습 시위에서 최영은 씨가 한 발언.

연락은 하고 지내지만.

꽃동네에서의 생활은 감옥살이 같았어요. 마음대로 먹고 일어나고 그럴 수 없잖아요. 특히 새벽에 미사 가야 하는 거, 그거 굉장히 싫었어요. 안 가면 안 되고…… 그런 거 선택할 수 없는 게, 싫었어요.

내가 먹고 싶을 때 먹고 자고 싶을 때 자고 일어나고 싶을 때 일어나고 그러는 게 보통은 당연한 자유인데, 심지어 종교까지 강요당하면…… 설령 그런 불만이 들어도 수용 시설에서 사는 한은 어쩔 수 없으니까, 내 불만을 관철시키는 것보다는 차라리 체념하는 쪽으로 살아가게 돼요. 일상적 생각을 마음대로 하고 싶었다는 건 더는 그렇게 살고 싶지 않았다는 의미예요.

꽃동네에서 나와서 처음엔 힘들었어요. 익숙한 생활도 아니고, 그렇다고 가족하고도 딱히 연락을 안 하고 있어서…… 그때는 휠체어도 전동이 아니어서 이동도 수동(휠체어)으로 해야 했는데 누가 도와주질 않으니까 많이 힘들었어요. 활동보조 시간이 처음에 다섯 시간이나 여섯 시간이었으니까, 제가 지내기에는 많이 부족했죠. 제 활보는 퇴근하고, 옆에 룸메이트 활보가 제 몫까지 식사 챙겨주고 그랬어요. 고마웠는데, 미안하기도 했죠. 힘들었어요.

꽃동네에서 괜히 나왔다 싶은 마음 안 들었냐구요? 후회는 안 했어요. 시간이 약이니까. 참았어요. 그리고 시설에서 협조를 안 해줘서 나가야겠다는 욕망이 커서 나온 건데요, 뭘.

꽃동네에 한번 가보고 싶은 생각은 있어요. 그리워서는 아
니고. 제가 어렸을 때 같이 살았던 동생을 만나서 자립할 거냐
고 물어보고 싶어요. 오다은이라고. 다섯 살 차이예요. 96년생.

다은이 이름에도 '은' 자가 들어가서 그런가 저랑은 자매같
이 들리나요? 영은, 다은……(웃음) 저는 꽃부리 영 자를 써요.
예뻐요? 이름부터가 꽃이라구요? 이런 게 부러워요? 아~ 허
긴 저도 처음에 중원 씨 이름 듣고는 남자인 줄 알았어요.(웃
음) 인터뷰하러 남자가 오는 줄 알고 좀 부담도 되고 긴장했어
요.(웃음)

가족, 시설 이전의 기억

제 친동생의 이름은 조은이에요. 최조은.

어머니와 아버지는 따로 살고 계세요. 제가 꽃동네 들어갈
때부터 두 분은 헤어지셨어요. 여동생은 지금 (두 분 모두에게서)
자립해서 직장 다녀요. 안양에서. 가끔 (저한테 놀러) 오고 그래
요. 여동생은 꽃동네 있을 때에도 가정 체험을 통해 가끔씩 만
났어요. 시설에서 나와서 처음 만나게 된 것은 아니에요. 가정
체험은요, 그걸 통해서 비장애인 아기들은 입양이 되기도 해
요. 그렇지만 장애인들은……

다섯 살 이전 기억, 그러니까 시설 입소 전 기억은…… 엄마가 업고 다니고, 큰이모네 집에 있다가…… 그랬던 게 기억나요. 그러다 다섯 살, 시설에 들어가야 했을 때 기억으로 건너뛰죠. 그때는 아버지 혼자서 저를 케어하는 것조차 힘든 상황이었어요. 그때 마음은…… 아무것도 기대하지 않고…… 사실 다섯 살이면 뭣도 모르고…… 나중에 들기론 아버지가 꽃동네에 업고 가서 포대기에 싼 채로 놓고 가셨다고 합니다.

올해로 스물여섯 살이 됐으니까, 다섯 살 때부터 꼭 20년 그 안에서 살았죠. 가족들과 함께 살던 때보다 꽃동네 사람들과 살았던 시간이 더 길고, 사실 그 20년이 지금까지의 인생 대부분인데…… 사춘기 때는 가족들 원망도 하고 그랬어요. 그래봐야 별 수 없으니까 일부러 생각 안 하기도 했고요.

아빠는 지금 의왕에서 살고 계세요. 여기(혜화동 평원재) 나와서 사는 거, 제가 일부러 말씀 안 드렸어요. 최근에야 문자로만 (알려드렸죠)……

남자 친구, 나를 웃게 하는 사람

남자 친구 있어요. 남자 친구 얘기하니까 웃기부터 한다구요?(웃음) 어머니한테는 소개해드렸죠. 남자 친구는 되게 결혼하고 싶어 해요. 어머닌 그저 이 한마디. "집 장만하고 결혼해

최영은

135

라."(웃음)

남자 친구는 이상우. 서른다섯 살이에요.

나이 차이가 있는 편이죠. 아홉 살 차이니. 그런데 오빠가 워낙 동안이라 그렇게 차이 나 보이지 않는다고들 해요. 여기 카톡 플필(프로필) 사진. 그렇죠?(동안이죠?) 닮았다구요?(웃음)

남자 친구랑은 같이 꽃동네에서 살다가 같은 시기에 탈시설 한 건 맞는데, 그 안에 있을 때부터 알았던 건 아니에요. 서로 몰랐다가 희망의 집에 온 후부터 사귀기로 했어요.

꽃동네가 엄청 커요. 그 안에선 막 차 타고 이동해야 할 정도니까. 그렇게 큰 데다가 그 안에서 다들 생활공간이 달라, 같이 꽃동네에 있었다고 해도 안에서는 서로 모르는 경우가 많아요. 시설을 나온 사람들끼리 하는 모임들이 있어요. 꽃동네파, 무슨 파 이런 식으로 계모임처럼 정기적으로 만나기도 하고. 그래서 우리 커플처럼 (시설에서) 나와서 이런 모임들을 통해 비슷한 경험과 처지를 공유하면서 맺어지게 된 커플들이 종종 있다고 해요. 물론 고백은 남자 친구가 먼저 했어요. 저를 몹시 좋아했다고 했어요.

모르겠어요. 제가 꽃동네에서부터 인기가 있었는지는. 시설에서는 원장 수녀가 반대할 수도 있어서……(연애는 처음이란 의미)

데이트는 집에서 하거나 가끔 영화관 가요. 일요일에는 2층 사는 오빠가 내려와서 제 방에서 데이트합니다. 가장 최근에

본 영화는 〈특별수사〉. 재밌어요. 남친이랑 보는데 무슨 영화인들 (안 재밌겠어요?)(웃음) 뽀뽀요? 아, 양쪽 활보 포함해서 거의 넷이 같이 다니게 되니까~ 그래도 해요. 할 수 있어요. 몰래.(박장대소)

남친은 취향도 비슷하고 비슷한 경험도 하고. 아무래도 같이 (꽃동네에서) 나와서 공감대가 크죠.

시설에서의 반항

시설에서 외롭고 당황스러운 마음의 나를 다독여줬던 사람은 아무래도 또래 친구들이었던 것 같아요. 거의 장애 아동. 서로 간에 하는 '몸의 표현'이 있어요. 그렇게 소통했어요.

거기서는 서로 슬플 때 보듬어줬던 것 같아요. 이렇게……
(얼굴을 대고 부비는 모습을 시범 보여줌)

아니에요. 저 모범생 아니었어요.(웃음) 사춘기 때 맨날 나간다고 하고, 보조기 신기 싫어서 떼도 썼었죠. 보조기가 뭐냐구요? 신발같이 생긴, 발 교정하는 거 있어요. 안으로 모아서 걷지 말라고 끈을 밖으로 걸었어요. 당연히 아프죠, 그렇게 하면. 보통 거기 활동보조인*이 신겨줬어요. 친했냐구요? 그렇게 생각할 수도 있겠군요. 제 신체에 밀착된 사람이라고 보면…… 하지만 나올 때 서운하지 않았어요. 전혀. 시설 사람들한테는 깊은 정을 주지 않았어요.

지금은 보조기 안 해요. 하기 싫어서요. 제가 어렸을 때 W 자로 앉아서 보조기를 했던 거예요. 지금도 그렇긴 한데 지금은 전동휠체어에 앉거나 침대 생활을 해서 보조기가 필요가 없어요. 대신 지금은 W 자로 앉는 다리를 매일 물리치료 받고 있어요. 물리치료사가 와요. 그런데 시설에 살 때는 일곱 살 때 워커 주면서 혼자 잡고 걸으라고 했어요. 아, 워커는요, 군화 말하는 거는 아니고. 장애인 보행보조기예요. 꽃동네에선 무조건 그거 잡고 걸으라고 해서…… 어쩔 수 없이 그냥 걷기도 했어요. 많이 넘어지긴 했지만.

아쉬운 건…… 20대 초반 때 술을 못 배웠어요.

술은 배워서 먹는 게 아니라구요? 술도 뽀뽀처럼 몰래?(웃음)

허긴 술은 여기 평원재**로 나와서 조금씩 조금씩 마시기 시작했어요. 혼자서. KGB부터.(웃음)

술을 마시면 해방감이 들어 좋아요. 시설에서는 먹지 못했으니까요. 꽃동네파 모임에서도 마시고.

시설 생활은…… 가끔은 여행하고 다양한 프로그램을 하는 건 좋았어요. 다만 시간이 딱딱 정해져서 생활하는 게…… 정

해진 시간에 정해진 일과를 수행해야 하는 시스템은 관리나 심하게 말하면 사육에 가까운 거죠. 저도 그게 싫었어요. 아, 그래요?《나를 위한다고 말하지 마》그 책 제목이 원래는《초대》였대요? 맞아요. 자립 생활을 하면서 비로소 내 공간이 생기고, 또 내가 내 의지대로 계획해서 쓸 수 있는 여유가 생기면 친한 사람들을 초대하고 싶어져요. 시설에서는 초대의 자유도 없고…… 머리도 항상 짧게 자르라고 하고…… 전 거의 단발로 살았어요. 10대 때 잠깐 파마하고 길러보긴 했지만요. 사춘기 반항으로다.(웃음) 그러다 다시 잘랐어요. 왜 도로 (단발로) 돌아갔냐구요? 이런 식의 반항은 별 소용이 없구나 했어요. 쏟아지는 머리라도 (다시) 단발로.

★★ '평평한 들판의 집' 평원재는 고故 이종각 평원재단 이사장이 서울 종로구 명륜동에 마련한 민간 주택으로, 탈시설 장애인들의 자립 생활을 지원하고 있다. 이 이사장은 지난 2008년 석암재단에서 나온 장애인들이 탈시설 자립 생활을 요구하며 마로니에 공원에서 노숙 농성을 할 당시, 이 평원재를 무상으로 제공하여 이들의 소중한 첫 보금자리를 지원했다. "탈시설 장애인이 안정적인 주거를 마련할 때까지 누구의 통제도 받지 않고 자치적으로 생활할 수 있는 공간, 평원재가 바로 그 징검다리가 되었으면 좋겠다"는 이 이사장의 신념대로, 이후 평원재는 장애인 자립 생활의 든든한 버팀목이 되었다. 이 이사장은 자립 생활 주택 제도가 미비한 지방에서 탈시설한 장애인들이 서울에서 자립할 수 있도록 평원재를 제공했다. 서울시 자립 생활 주택은 서울에서 1년 이상 거주한 사람만을 대상으로 하기 때문이다. 덕분에 지역 탈시설 장애인들도 평원재에서 지내며 자립 생활을 준비할 수 있었다. 이 이사장은 재정적 지원도 아끼지 않았다. 장애인 야학은 물론 장애인 인권 단체의 재정이나 필요한 물품을 말없이 지원하며 생의 마지막까지 그 자신이 장애인 자립 생활의 징검다리이기를 자처했다. 사람들은 그를 '키다리 아저씨' '탈시설 장애인과 배우지 못한 장애인의 벗'으로 기억하며 애도하고 있다.

지금은 염색을 하고 싶어요. 노란색으로 약하게. 재연 언니가 노란색으로 머리끝에만 했더라고요. 사실 염색 안 해도 괜찮긴 해요.(웃음)

탈시설, 상상조차 못한 삶

시설에서 나와 산 지 그래도 벌써 1년이 지났어요. 그 1년의 느낌이라면…… 솔직히 아직도 꿈인지 생시인지 구분이 안 가요.

불과 1년 사이 생활이 확 바뀐 거죠. 탈시설을 결심한 순간부터, 물론 어려움도 있었지만, 전에는 상상도 해보지 않았던 삶을 살고 있는 거니까, 스스로도 자꾸 신기한 생각이 들기도 하고 그래요. 제일 크게 달라진 점이 있다면…… 음…… 수동(휠체어) 타다가 전동(휠체어) 신청한 거요.

활보 시간(활동보조 서비스 받는 시간)은 아침 아홉 시에서 밤 열 시까지예요. 제가 (심사관들한테) 연기를 잘해서 시간을 넉넉히 받았어요.(웃음)

지난번 인터뷰 때 제가 핸드폰에다 한 자 한 자 적어 대답하던 게 중원 씨한테 그렇게 인상적이었나요? 문장이 참 좋다는 생각을 했다구요? 글 잘 쓴다는 얘기는 들었어요. 꽃동네 있을 때 교육은 통동리에 있는 기숙사형 학교에서 받았어요. 기숙사에 학습 교사가 배치되어 있는 것은 아니에요. 생활 교사들만 있어요. 그런데도 글은 어떻게 깨우쳤냐 하면, 실은 어렸을 때 한글을 익혔어요. 시설에 다섯 살에 들어갔는데 입소 전에 이미 익혔어요, 스스로. 벽에 붙이는 글자판 같은 거, 부모님이 그런 거 붙여두면 제가 보고 익혔어요. 숫자는 그 당시에 10까지는 알았던 것 같아요. 영특한 아이라구요? 하하.

계속 (저한테) 카톡 들어오는 거 신경 쓰이죠?(웃음)

인기가 많은 건 아니구요. 단톡방이라 그래요. 권익 옹호 단톡방, 전장연(전국장애인차별철폐연대), 장차연(장애인차별철폐연대), 평원재 단톡방…… 지금 살고 있는 대학로 평원재에는, 여자 두 명, 남자 두 명이 살아요. 룸메는 다섯 살 차이고, 아홉 살 차이 나는 남자 하나가 바로 제 남자 친구 상우 오빠입니다.

꼼꼼한 성격 같다구요? 문장 끝까지 안 쓰고 골자만 적어 줘도 되는데, 마침표까지 찍어서 완결된 문장을 보여주고 있어서요? 오타 나도 맥락상 무슨 얘기인지 알겠는데 일일이 다 수정해서 보여주고 그런다구요? 아니, 그냥 성격이에요.(웃음) 출판사 원고 수정, 교정, 교열 일 해도 될 것 같아요?(웃음) 맞아요. 저 오탈자 잘 골라내요. 꽃동네 있을 때 동생들 숙제도 가끔 봐줘서 그래요. 선생님들이 하도 문장법 바르게 써라, 하시고…… 띄어쓰기 문장부호 바르게 써라…… 교육을 그렇게 받았어요.

그렇다고 제가 모범생이었던 것만은 아니에요. 술도 잘 마셔요. C 맥주를 좋아해요. C의 탄산이 좋아요. A도 가끔. K요? K 상표는 아직 못 마셔봤어요. 그래요, 담에 음주 인터뷰 한번 해요.(웃음)

시설은 병기 형 덕분에 나왔어요. 병기 형이 자리를 잘 잡았어요. 병기 형이 잘 살고 있는 건 이음여행* 통해서 알았어요. 음…… 그렇지만…… 병기 형의 삶이 확신을 준다 해도 탈시설은 확실히 결심이 어려운 일이었어요. 내적인 갈등과 두려움이 물론 있었죠. 그저 시간이 약이라고 생각해 일단 부딪쳐본 거예요. 그렇지만 막상 나와서는 다시 시설로 돌아갈까 하는 생각도 들었어요. 실제로 탈시설 했다가 다시 시설로 돌아가는 사람도 있대요. 얼핏 듣기로는 우정 씨라는 분이 시설로 재입소했다고 합니다. 저도 사실 자립 생활 초기 때 제일 힘들었어요. 활보 시간은 배정이 안 되지, 자꾸 기다리라고만 하지, 전동휠체어도 나중에서야 나왔지, 뭐 혼자서 할 수 있는 게 있어야지요. 진짜 그때는 힘들었어요.

★ 2009년 탈시설장애인네트워크모임 '이음' 주도로 시작된 탈시설 당사자들의 여행 모임이다. 시설에서 나와 지역사회에서 자립 생활을 하는 장애인과 여전히 시설에서 사는 장애인이 만나 서로 시설 생활의 어려움을 이야기하고 각자의 경험을 공유하여 구체적으로 자립을 모색하는 자리가 되어왔다. 이음여행 참여 문의: http://www.eumil.or.kr(이음 장애인자립생활센터)

혼자 외출하고 싶어요

지금은 많이 나아졌지만, 그래도 더 바라는 게 있다면, 저 스스로 외출하고 싶어요. 저 혼자서도 다닐 수 있는 시내 구조, 건물 구조였으면 좋겠어요.

시설 같은 경우는, 거의 산속이고 내리막이에요. 꽃동네를 폐쇄하고 더 많은 사람들이 나왔으면 좋겠어요. 꽃동네만 해도 너무 커서…… 그런 시설들은 혼자서 다닐 수 없기도 하고…… 그렇지만 시설 밖도 그렇다는 건(장애인 혼자 다닐 수 없는 건) 문제 있어요.

노들 일은 좀 힘들어요. 더운 날씨에도 툭하면 (집회) 나오라고 하고.(웃음) 그래도 이런 일은 해야 한다고 생각해요. 문제 있는 시설 폐쇄해야 해요. 여러 이유로 사람들 자립 자격 탈락시키고, 다른 시설로 보내버리고, 그런 데는…… 진짜……(폐쇄해야 해요.)

제 활보들이 모두 감이당 사람들이에요. 수유너머에서 고미숙 선생님이랑 공부하던 사람들이 남산에 감이당으로 옮겨가 공부하는데, 특이하게도 제 활동보조인들이 다 거기 출신이에요. 저도 거기 가서 공부하라구요? 하하. 노들야학도 하는데요, 뭘…… 소문 듣기로는 감이당에서는 글 못 써오면 욕을 바가지로 먹고 흉이란 흉은 다 본다고 하는데…… 신○○ 언니가 욕 많이 먹고 있는 것 같던데요?(웃음) 거긴 위로 같은 거 안 한대요. 니가 알아서 해라 이거지.(웃음) 말하자면 상처는 주는 게 아니라 받는 거다 이런 거 같아요. 듣는 사람이 어떻게 하느냐에 따라 갈린다는…… 욕먹어서 오래 살겠다……(웃음) 듣고 보니 그렇네요. 네, 간장 종지에 뜨거운 국을 담지는 않죠. 아무리 상처가 주는 게 아니라 받는 거라 하더라도 사람의 그릇이 다 다른데, 상처는 주는 내 탓이 아니라 받는 네 몫이라며 굳이 차가운 말들을 날릴 필요가 있을까라…… 그 말도 일리는 있네요. 그렇지만 이미 그 정도는 합의가 된 사람들이 모여 있는 거겠죠. 그 또한 마음공부라는 게.

고미숙 선생님은 공부하러 온 사람들 사주부터 봐주신대요. 어떤 기질인가. 어떻게 맞추어나가는 게 도움이 되는가 등등을. 제 활보 한 명이 저도 봐줬어요. 전 을목이래요. 갑목甲木과 을목乙木이 있는데, 갑목은 쭉쭉 뻗어나가는 나무라면 을목은 두루두루 모으고 휘감아 올라가는 나무래요. 꼬맹이(다른 요일 활보)가 가끔 봐줘요. 스물셋인데…… 처음엔 진짜 통통해서 귀여웠는데.(웃음) 아니요. 살 빠지면 보통 더 예뻐진다고 하는데, 그 친구는……(단호) 아니.(웃음)

노들장애인야학에서 듣는 수업은 우선은 수학 수업이 있어요. 지금 배우는 거는 분수의 크기. 곱셈보다 더 어렵다고 생각했는데 막상 해보니까 훨씬 쉽더라구요. 목요일에는 영화 수업이 있고. 금요일에는 댄스. 일주일을 보내면서 가장 기다리는 시간은 아무래도 남친 만나는 시간이죠. 제일 기다려져요. 매일 저녁 시간에 만나요. 앞으로 결혼은 최대한 빨리 잡아서 할 계획입니다. 결혼하면 주거 지원은…… 평원재는 나와야 할 텐데…… 저도 잘 모르겠습니다. LH 공사 주거 지원 신청하면 되나?

결혼하더라도 활동보조 서비스는 각자 받는 것 같아요. 탄진, 애경 부부 보니까 활보 서비스를 따로 받더라구요. 현재는 제가 평원재 1층에 살고 오빠가 2층에 살아서 번갈아 서로 방에 초대해서 데이트를 해요. 밖에 나가는 거 아니면 그렇게 평원재 안에서 우리 둘이 방 안에 있고 활보들은 거실에 있어요. 결혼 후에도 그런 시스템 아니겠어요? 사생활은 보호된다고 생각합니다.

최근 나간 집회는 시청에서였어요. 서울시가 탈시설 계획을 엉터리로 했나봐요.

그리고 보통은 대학로 거리 다니면서 편의 시설이 안 된 곳 가서 경사로를 설치해달라고 하고. 이런 조사는 당사자들 개인이 하는 거예요. 아닙니다. 국가기관의 협조 공문 같은 건 들어오진 않아요. 제대로 지어진 건물인지 아닌지 인가 내는 조사할 때, 실질적으로 국가기관이 장애 단체에 협조 공문 같은 거 보내서 당사자들에게 그 건물을 둘러보게 하고 장애인 편의에 맞게 설계한 것인지 판단받게 하면 좋기는 하겠네요. 그런데 우리에게 그런 협조를 부탁하는 공문이 오는 것 같지는 않습니다. 네, 경사로 설치 요구 같은 건 개인이 하는 거예요.

나는 최영은, 사람답게 살고 싶은 인간일 뿐입니다

어제는 대학로의 한 화장품 매장에 갔어요. 경사로 설치 건의하러. 직원은 자신이 주인이 아니라는 이유로 떠넘기고…… 장애인 편의를 위해서 굳이 업체가 신경 써야 하겠는가. 뭐 그런 심보인 것 같았어요. 만일 당신들이 오겠다면 우리가, 그래 봐야 그 우리는 사측이 부리는 직원들이겠지만, 손으로 들어서 옮겨주겠다. 뭐 이런 대답을…… 전동휠체어가 꽤 무거운데……

안 그래도 인근 성균관대 학생회랑, 노들에서 대학로 상가 설문지 조사를 했어요. 근데 잘 안 바뀌네요.

제 경우엔 전동휠체어를 꽃동네 나와서 신청해 받은 거지만, 꽃동네에서도 몇 분들은 전동휠체어를 타셨어요. 네, 개인이 구입하는 거예요.

시설이 장애인들을 위해 지어진 곳이라고 하면서도 전동휠체어 수가 얼마 없다는 건, 그것부터가 모순이라고 생각해요.

전동휠체어 사고 난 적은 없어요. 그렇지만 처음엔 운전이 매우 어려웠어요.

저한테는 전동휠체어가 사회 속으로 저벅저벅 걸어들어갈 수 있는 지체인 셈이니까. 그럼에도 아까 화장품 매장 같은 가게들은, 제가 그 지체로 무장하고도 자유롭게 드나들 수 있는 공간의 문턱이 여전히 높다는 겁니다. 여기 다이소는 들어갈 수 있도록 경사로가 있지만 2층은 계단이어서 활동보조가 물건을 갖다줘야 하는 어려움이 있죠. 어쩌면 그 경사로도 장애인들을 위해 설치한 게 아닐 수도 있어요. 장애인을 고려했다면 내부 계단도 어떤 조치가 있었어야죠. 단지 짐을 들이기 편하게 설치해놓은 정도가 아닐까 의심도 들어요. 그 짐보다 장애인에 대한 고려가 없다면, 아직 갈 길이 먼 사회라는 뜻이겠죠.

왜 고깃덩어리 취급을
받아야 합니까?

처음 만난 날 영은 씨가 건넨 명함에는 "노들 장애인자립생활센터 장애인 권익 옹호 활동가 최영은"이라고 적혀있었다. 전동 휠체어가 횅하니 비어 보일 만큼 깡마르고 홀쭉한 몸, 스물다섯 살이라고 하지만 열다섯이라고 해도 믿길 만큼 앳된 얼굴은, 명함의 직함 탓인지 어딘가 결기 있어 보였다.

뇌병변으로 거의 전신의 경련과 근육의 뒤틀림을 감내해야 하는 영은 씨에게 말로 질문을 하고 답변을 얻어내는 일은 결코 쉬운 일이 아니었다. 그러나 불가능한 일도 아니었기에 질문지 대신 굳이 면 대 면 인터뷰를 고집했다.

질문지 인터뷰의 장점은 묻는 바에 대해 보다 정확한 답변을 들을 수 있다는 데 있다. 아무래도 인터뷰이에게 답변을 정련할 수 있는 시차를 두기 때문에, 인터뷰어 입장에서는 질문을 던질 때의 목적, 즉 듣고 싶었던 모범 답변에 가까운 답을 들을 수 있는 확률이 크다. 반면 면 대 면의 경우에는 더러 산만해질 수 있는 변수들에 쉽게 노출된다. 대신 뜻밖의 수확들이 존재한다. 과한 표현일지는 모르나 질문지가 인터뷰이에게서 내가 원하는 답을 추려내기 쉬운 보다 약탈적인 방법에 가깝다면, 면 대 면은 자칫 목적을 잃은 만남에 머물 수는 있지만 분명 한 인간을 알아가는 묘미, 또는 재미랄 것이 있달까.

그러나 영은 씨는 좀처럼 곁을 주지 않았다. 어쩌면 당연한 걸까? 스무 해를 살아온 꽃동네 사람들에게도 부러 정을 주지 않았다는 영은 씨다. 탈시설 인터뷰이니 탈시설에 대한 체험과 철학에 대해 또박또박 장애인 권익 옹호 활동가다운 모범 답변을 핸드폰 액정 화면에 찍어 보여주는 것 외에, 그렇다고 꼭 모범생인 것만은 아니었다고 말하는 영은 씨의 그 의외의 면모는, 잘 감이 잡히지 않았다. 단 하나, 남자 친구인 상우 씨 얘기할 때만 빼고.

언젠가 국회 간담회에서 우연히 상우 씨를 만난 적이 있다. 안녕하세요, 영은 씨 인터뷰하는 아무개입니…… 말이 끝나기도 전에 영은 씨 이름만 듣고도 상우 씨는 해사하게 웃어 보였다. 거의 자동 조건 반사 같은 느낌이었다. 그런데 똑같이 영은 씨도 그랬다. 유독 상우 씨 이름만 거론되면 그 결기 있는 얼굴이 금새 화아~ 하고 풀어졌다. 예뻤다. 그 예쁨이 실은 내가 본 영은 씨의 전부에 가깝다할 수 있다.

그러나 영은 씨는 곧 세상에 그 결기 있는 모습으로 두각을 나타내기 시작한다.

2016년, 박근혜 정부 체제 아래 모든 복지 예산이 삭감되고, 역사가 거꾸로 흘러가고 있다는 한탄이 영은 씨와 같은 장애인들에게는 한낱 진부한 레토릭이 아니라 당장 생존의 문제와 직결될 만큼 암담해질 무렵부터, 영은 씨는 여기저기 집회 현장에서 예의 그 단정한 문장들로 구성된 발언문을 읽어 내려갔다. 음성변환기의 기계음이 대신하는 영은 씨의 목소리는, 그러나 절절했고, 뭇사람들의 발걸음을 멈추게 하고, 시선을 고정시키며, 이내 자는 양심을 흔들어 깨우는 압도할 만한 힘이 있었다.

"저는 장애인 3대 적폐 구호를 들었을 때 가슴이 너무 아팠고, 가족이 있는 저에게 닥칠 부양의무제가 걸리면 난 어떻게 하지? 생각도 많이 했습니다. 그리고 2년에 한 번씩 장애등급제 재심사를 하러 심사관이 오면 제 등급을 떨어뜨리고 송국현 동지처럼 불타 죽든 얼어 죽을까봐 걱정까지 할 정도로 불안해하며 심사를 받았습니다. 저는 활동보조가 없으면 생활이 어렵습니다. 시설에 다시 입소하기도 싫고, 집구석에 처박히기도 싫습니다. 장애인도 가난한 사람들도 지역사회에서 비장애인과 더불어 살아가는 세상을 바꿔야 합니다."

"얼마 전 부모님을 만나러 지방에 가려 했지만 전동휠체어가 탑승할 수 있는 버스가 없어 어쩔 수 없이 수동휠체어를 버스에 싣고 다녀왔습니다. 수동휠체어는 누군가의 도움이 없으면 이동할 수 없어 자유를 침해당했습니다. 전동휠체어는 단순히 보장구가 아닌 내 다리와 같은 것으로 전동휠체어를 거부하는 것은 나를 거부하는 것이라고 생각합니다. 누워 가는 버스도 생기는 사회에 살고 있습니다. 이제는 장애인이 탈 수 있는 시외, 고속버스를 도입해야 합니다."

"시설에서 자립을 하기 위해 제가 제일 먼저 했던 것은 장애등급을 다시 받기 위해 연금공단 공무원을 만나는 것이었습니다. 제가 뭘 잘못한 것도 아닌데 그 사람 앞에서 쩔쩔매던 게 생각이 나요. 그 사람이 제 등급을 떨어뜨릴까봐 두려웠기 때문입니다. 제대로 등급을 못 받으면 시설에서 나와 살 수가 없었습니다. 누구나 누리는 자립하는 삶을 살기 위해 저는 활동보조 분의 지원이 필요합니다. 당연한 권리 앞에서 왜 저는 매번 죄인이 된 것 같은 기분이 들까요? 우리들의 자립이 아닌 효율성이나 사업 성과에만 급급한 제도, 거기에 찌든 사람들이 문제가 아닌가요? 장애등급제는 행정 편의만을 생각한 나쁜 제도입니다.

저는 왜 이렇게 저한테 등급을 매기는지 도무지 이해가 되지 않습니다. 저는 소, 돼지가 아닌 사람인데 소, 돼지처럼 등급을 매겨놓고 '당신은 1급이니 이런 혜택을 받아야 해!' 합니다. 이런 어처구니가 없는 장애등급제 때문에 한시도 긴장조차 풀 수도 없습니다. 왜 고깃덩어리도 아닌데 고깃덩어리 취급을 받아야 합니까? 문재인 대통령은 후보자 시절 우리에게 약속을 했습니다. 장애등급제 폐지와 부양의무제 폐지를요. 그 약속을 이제는 지키십시오."

"자유와 생각을 마음대로 할 수 있게" 국내 굴지의 복지시설인 꽃동네에서 자립한 영은 씨.

전동휠체어도 없고, 활동보조 시간도 필요한 시간만큼 배정되지 않았던 자립 초기, 힘들어도 그저 '시간이 약이다' 생각하고 참았다는 20대 중반의 아가씨. 예전부터 자신을 "몹시 좋아했다"는 남자 친구와 시설이 아닌 사회 속에서 누린 자립 1년 동안의 생활이 "꿈인지 생시인지 모를" 정도라며, 구어체보다는 주로 문어체에 가까운 문장들로 오탈자 수정에 마침표까지 찍어 보여주는 깐깐한(?) 편집자. 장애등급 심사에서 "연기를 잘해서" 그나마 넉넉한 활동보조 시간을 할당받았다는 농담 속에, 자신

을 고깃덩어리 취급하는 장애등급제와 가족들과의 연마저 끊어
버리게 하는 부양의무제의 폐단을 지적하는, 우리의 무딘 심장
을 순식간에 쑤시고 들어올 날카로운 언어의 단도를 감춘 전사.
장애인 권익 옹호 활동가 최영은이다.

세상에는
세잎클로버가
더 많아요

김진석

진석 님은 참 말수가 적었다. 그저 조용히 알듯 모를 듯한 미소만 띠운 채 살포시 다문 입술은 질문에 매번 신중하게 움직였고, 그때마다 그 안에선 무척이나 고심 끝에 골라낸 듯한 한마디 한마디가 정직하게 흘러나왔다. 어떤 자극이 있기 전까지는 굳이 자신을 먼저 드러내지 않는 사람. 꼭 나서야만 하는 순간 필요한 딱 하나의 획만 긋고는 물러나 도로 자리에 앉는 사람.

처음엔 좀 수줍음이 많은 분이신가보다 했다. 목소리도 작고, 줄곧 눈도 내리깔고 이야기하셨다. 그러나 어떤 질문에도 단 한 번을 허투루 응하지 않으셨다. 잘 기억이 안 난다거나, 심지어 모르겠다는 대답조차 곰곰이 생각한 끝에 단호하게, 그러나 말해줄 것이 이것밖에 없어 미안한 듯 정중하게 흘러나왔다. 그러한 태도는 수줍음 많은 이의 자신 없음이 아니라 오히려 엄격함의 방증이라 해야 맞을 것이다. 시간이 흐를수록 그에게서 단단한 내공을 느끼게 된 것이 그저 내 쪽의 터무니없는 짐작은 아닐 것이란 뜻이다.

내성적인 사람은 사실 무서운 사람일지 모른다. 자신의 잠재력을 쉽게 표출하지 않는다는 점에서 아주 가까운 이들조차 그들의 진짜 세계를 모른다. 어쩌면 본인 스스로도 그것이 무엇인지 혹은 자신이 어떤 사람인지 미처 다 알아차리지 못할 수도 있다.

"글을 써보시는 건 어때요?"

연신 손사래부터 치던 그였지만, 인터뷰가 중반 즈음 이르렀을 때 진석 님은 계속 이야기를 하다보니 생각도 감정도 또렷해진다고 하면서, 기록의 중요성을 어렴풋이나마 알게 되었다고 희미하게 웃어 보였다. 기록자에게 이만한 기쁨이 또 있을까. 그가 메일을 보내왔다. 인터뷰가 끝나면 몇 줄씩 그날의 내용을 정리해둔 모양이었다. 포말처럼 왔다 갔다 수차례 썼다 지웠다를 반복했을 그 A4 한 장 남짓의 글에는 희한하게도 옛 구비문학 속 만연체 같은 리듬이 넘실거렸다. 신기했다. 내가 풀고 있는 녹취록의 말들보다, 그러니까 그가 실제 하는 말보다 그가 쓴 글이 훨씬 그의 구술에 가깝다고 느껴졌으니 말이다.

타인을 거친 말은 실은 대화다. 구술 기록의 실체는 사실 거기에 있다. 그에 반해 그가 정리해 보낸 글은 '타인을 거치지 않은 말'에 가까웠다. 누군가의 질문에 대한 대답이 아니라, 권유에 대한 동의가 아니라, 오로지 자신이, 자신의 시간을, 진주알 묶듯 골라 엮어낸, 어쩌면 자신이 자신에게 보내는 선물과 같을 그런 말. 중요한 것은 순서다. 타인을 거친 말을 통해 종국엔 타인을 거치지 않은 말로 나아가는 순서. 보통은 반대로 생각하기 쉽다. 타인을 거치지 않은 말을 고립으로 생각한다면 말이다. 그러나 여기서 타인을 거치지 않은 말은 발견에 가깝다. 그것도 자기 자신에 의한. 그것은 어느 정도 객관화를 통해(타인을 거친 말, 대화) 자신을 다시 들여다보기 시작했음을 의미하는 지점이다. 그럴 때 언어가 생동한다. 그가 메일로 전해준 글이 그가 내게 했던 말보다도 훨씬 그 자신의 구술에 가깝다고 느껴졌던 것은 바로 그 때문이다. 무엇으로도 환원되지 않는 그 자신의 언어. 머지않아 그는 그 언어로 자신의 옷을, 자신의 집을, 자신의 세상을, 나아가 우주를 짓게 될 것이다. 우주를!

나는 이미 말했다. 그러니 내성적인 사람은 무서운 사람일지 모른다고.

석암재단에서 시작된 30년 세월

지금으로부터 30년 전인 1986년도, 그러니까는 내 나이가 만 20살이 되던 해에, 그때 당시 사회복지 법인 강서재활원 시설에 입소를 하면서 나의 시설 생활이 시작이 되었다. 시설에 들어가기 전에는 엄마의 보살림 속에서 20년 동안 살아오다가, 내 몸뚱아리가 점점 커지고, 엄마가 나를 더 이상 키우기가 힘에 부치기도 하고, 소아마비 장애를 갖고 있는 막내자식이 하루가 다르게 나이가 점점 많아지는 것을 느끼기도 하고, 장애를 갖고 있는 자식의 장래가 걱정되기도 하고, 몸뚱아리가 커져버린 나를 케어하기가 너무 힘이 들기도 하고, 내가 부모 형제하고 말도 안 하고 말썽부리고 고집만 피우다보니까는, 나의 앞날과 장래를 위해서 장애인 시설에 보내기로 결심을 하셨다.

저는 석암재단(현 프리웰)에 있었어요. 거기 들어간 건 1986년 7월 23일 수요일. 그때가 스무 살이었는데, 큰아버지와 엄마가 보낸 거예요. 원래는 부산에서 살다가 열여덟 살에 누나가 서울 화곡동에 집을 사서 1984년 5월에 이사했어요. 어머님이 장래 걱정으로 '삼육재활원'에 저를 보냈는데, 거기서 제가 공부도 하고 기술을 배우길 바라셨어요. 근데 그때 제가 한창 말 안 듣고 고집을 부리니, 어머니가 석암재단을 알아보신 거죠. 사실 엄마는 절 시설에 안 보내려고 했어요. 근데 당시 내가 반항기라 감당이 안 돼 보냈던 겁니다. 부산 살 때도 큰아버지가 알아봐가지고 부산에 있는 모 시설에 보내려고 했는데, 엄마가 가보시고는 그런 데 못 보낸다고 반대하셨대요. 이제 와서야 드는 생각인데, 혹 거기가 '형제복지원'이었던 건

세상에는 세잎클로버가 더 많아요

아닌가 싶어요.

내가 성장을 해오면서 부모님이 하는 말에 의하면, 내가 세상에 처음 태어나고 두 살 되던 해에, 갑자기 열이 나고 하면서 약도 많이 먹여보기도 하고 세브란스병원에도 가서 검사도 받고 하면서 나의 병을 고쳐볼려고 많이 노력을 하셨지만, 결국 의사가 얘는 앞으로 평생 소아마비 장애를 갖고 살아야 한다는 진단을 받고 오늘날까지 소아마비 장애인으로 살아왔다. ……
엄마는 나를 일반 국민학교에 입학을 시키셨다. 그리고 6년 동안 나를 업고 다니면서 등하교를 시켜서 공부를 시키셨다. 그래서 오늘날 내가 이렇게 글을 읽고 쓸 줄 알게 되었다.

제가 한글을 깨우친 것은 순전히 엄마 덕입니다. 초등학교 때 엄마가 절 업고 등하교를 시키셨어요. 6년 내내. 엄마는 제가 남들한테 빠지지 않게 공부하길 바라셨어요. 시설도 가서 기술을 배우거나 공부하길 바라셨는데, 사실 시설이란 데가 일하는 상황은 돼도 공부할 상황은 안 돼요. 비록 반항기를 거치기는 했어도 저 역시 시설에서부터 계속 공부하고 싶은 마음은 있었어요. 하지만 그러기가 어려웠습니다. 시설은 겉으로는 이용자들의 요구 사항을 들어줄 것처럼 하지만 실질적으로는 아니에요. 절대 그렇지 않습니다. 특히 원생들이 바깥 출입하는 것을 싫어했어요. 이미지 하락을 우려해서. 근데 그건 가장 기본적인 자유 아닙니까. 그 정도니 다른 건……

시설이라는 곳에 처음으로 입소를 해서 생활을 할 때에, 적응하기가 힘들었다. 창문으로 뛰어내리려고 시도도 해보고, 밥도 안 먹고, 버티어보기도 하였다.

석암재단이 처음엔 강서구 신월3동에 있었어요. 이름도 그래서 강서재활원이었어요. 주로 지체장애인들이 있었어요. 처음 거기 들어가 몇 달간은 통 적응을 못했죠. 집에서 엄마 보살핌을 받다 시설 생활을 하려니 적응 기간이 필요했어요. 1~2년 세월 흐르며 차차 적응해나간 겁니다. 그사이 강서재활원은 새 건물을 지었어요. 그런데 주민 반대로 양천구 신정7동으로 이사를 해야 했어요. 옛 안기부 건물. 당연히 시설이 너무 안 좋았죠. 처음엔 큰 방 하나에 30~40명이 같이 생활하고 그랬거든요. 거기가 지금은 프리웰재단 보호 작업장으로 쓰이는 데예요.

인지능력의 차이는 대우의 차이

왜 시설에서 나올 결심을 했냐 하면, 2008년에 김포 베데스

　　　세상에는 세잎클로버가 더 많아요

다 투쟁(석암 비리 투쟁)* 이후 변화가 생기기 시작했거든요. 원장이 바뀌고, 사람들한테 다 250만 원이 든 통장을 주고. 그 돈은 당시 거기 생활인들한테는 아주 큰돈이었어요. 그걸로 전동스쿠터나 TV, 비디오도 사고 그랬으니까.

…… 어쨌든지 간에 시설에서 오랫동안 반복적으로 생활을 하면서 나이만 자꾸만 먹어가는 내 자신이 한심하다는 생각이 들었지만…… 드디어 2008년 이후부터 석암재단에 알 수 없는 변화가 일어나기 시작했다. 왜냐하면 그동안 내가 알지도 못했던 장애연금이 들어 있는 통장을 주는 것이었다. 통장을 보니 250만 원이라는 돈이 들어 있었다. 갑자기 모르고 있던 250

---

* 2008년, 석암재단 산하 3개 시설 중 하나였던 김포 베데스다 요양원의 재단 비리가 세상에 알려졌다. 입소자들의 인권침해는 물론, 장애들인의 수급을 재단이 가로채 사적으로 유용해오던, 전형적인 시설 운영 비리였다. 각종 시설의 실태와 운영 비리 문제는 그간 숱하게 반복되어왔으나, 그럼에도 이러한 문제는 시설이라는 전체 구조의 문제로 조명되기보다 그저 일개 나쁜 시설의 문제로 축소되었다. 이에 김포 베데스다 요양원에 거주하던 중증장애인 여덟 명은 큰 결심을 하기에 이른다. 석암재단의 비리가 일개 시설의 일탈 범죄가 아니라, 장애인을 시설에 분리하는 사회구조에서 파생된 문제라는 것을 천명하기 위해, 재단 비리가 터져나온 김에 아예 시설에서 나와 대학로 마로니에 공원에서 무기한 노숙 농성을 시작한 것이다. 장애인도 지역사회에서 어울려 살아갈 수 있는 정책을 마련하라고 외치며 풍찬노숙의 무기한 농성을 결행한 끝에 이들은 2009년 서울시로부터 "탈시설 정책 수립"을 약속받았다. 한편 석암재단에는 공익 이사가 파견되었고, '프리웰'로 명칭을 바꾸어 거주인에 대한 탈시설 지원 계획을 수립함으로써 서서히 재단과 시설의 해체 수순을 밟아나가는 중이다.

만 원이라는 큰돈이 들어오니까는, 내 자신이 무척이
나 당황스러웠다.

　김포 본원 사정은 잘 모르지만 내가 있던 보호 작업장에선
그래도 일을 해서 월급을 타니까 적은 돈이지만 1년 동안 모
으면 카세트 라디오 같은 건 살 수 있었어요. 좋아하는 음악
은…… 옛날부터 〈가요무대〉나 〈전국노래자랑〉 보고 그랬
으니까. 그런 거 좋아해요. 70, 80년대 노래. 올드 팝송, 트로
트…… 그때 산 카세트 라디오는 고장이 났고, 형한테 영어 공
부한다고 미니 카세트 사달라고 했었어요. 근데 혼자 하는 공
부가 쉽지가 않죠. 네, 그래요. 하하.

　석암재단에 있을 때, 양천구로 이사해서 살다가 나중에 김
포로 또 이사를 하거든요. 그래서 신정동은 보호 작업장으로
쓰게 됩니다. 저는 보호 작업장에 있었어요. 일을 했으니까
요. 뭐, 내가 원했다기보다는…… 나를 거기로 데려갔다고 하
는 게 맞는 거죠. 거기선 (시설이 하라는 대로) 무작정 따라다니다
보니까. 양천구에 살 때 큰 방에 같은 생활이용자 중 인지능력
뛰어난 이가 방장을 했어요. 난 방장은 하지 않았는데. 하여간
그것도 권력이라고 방장이 유세가 대단했어요. 한번은 케이블
TV를 보고 싶은데 방장이 자기 보고 싶은 걸 보려고 못 보게
하더라구요. 뭐 그런 식이죠. 시설은 굉장히 차별적인 구조입
니다. 같은 장애인이라 해도 인지능력의 차는 대우의 차를 의

미합니다. 일단 아까도 말했지만 시설은 한 번 들어오면 아예 못 나가게 하는 데인 걸요. 인지능력이 좀 있는 사람을 제외하고는 입출입이 철저히 통제됩니다. 밖에서 들어오는 가족 면회나 가능한 정도이지요.

석암재단이 5년째 되는 해에 내가 입소했는데, 마리아수녀회에서 하는 '갱생원'이란 데에서 사람을 이쪽으로 많이 보내왔어요. 그런데 그 사람들은 많이들 도망가기도 했습니다. 그러니 밤마다 점호하면서 인원을 확인하고 그랬죠. 10년 지나니까 그냥 있는 사람만 관리하게 되었지만, 처음엔 꼭 군대나 수용소처럼 그랬어요.

보호 작업장은 월급이 차별적이었어요. 인지능력에 따라 다르게 받았어요. 작업장 일은 주로 열쇠나 자물쇠를 만드는 일이었는데, 아주 힘듭니다. 보루방. 보루방이 뭐냐 하면, 드릴 같은 거예요. 그 기계로 열쇠 구멍 뚫는 일을 해요. 그러면 먼지, 쇳가루가 대단하거든요. 전 주로 광내는 작업을 했는데, 작업 후에는 얼굴과 옷이 온통 먼지로 뒤덮입니다. 아침 8시 30분부터 저녁 6시까지 일했고, 야간 근무가 떨어지면 9시까지도 일했어요. 그렇게 일하고도 월급은 보통들 5천 원에서 만 원 정도 받았어요. 점차 1년에 만 원씩 올랐는데, 20년 지나서 9만 원 받았으니까 월급이 적다고 불만들이 많았죠. 그래도 그 돈으로 2~3만 원씩 적금도 붓고, 7만 원가량 용돈으로 쓰고, 뭐 그렇게 살았습니다. 전문 인력이라…… 아예 공장이에요, 보호 작업장은. 공장장이 있었는데, 그 사람이 분업을 지시했어요. 40명이었는데, 나중엔 20~30명으로 줄어들었죠.

2015년 탈시설 할 때까지 일했어요. 2013~2014년에 시설 체험홈에 있었는데, 그러니까 이미 석암재단에서 프리웰로 바뀌어서 탈시설이 점진적으로 추진되던 때지요. 그래도 시설 체험홈*은 시설 직원들이 관리하는 데라서…… 시설보다는 약간 자유롭게…… 아무래도 이런 체험홈 이용자는 자립 생활을 염두에 두고 하는 생활이다보니 뭐든 직접 해야 합니다. 때론 직원들이 도와주기도 하는데, 주로 지켜보는 쪽이에요. 그러니까 저는 시설에서 체험홈, 자립 생활 3단계를 거친

---

* 정식 명칭은 '자립 생활 체험홈'이다.

장애인 거주 시설 이용 장애인 가운데 지역사회로의 이주를 희망하고 생활이 적절하다고 판단되는 자에 대하여 일상생활 및 사회 활동 등에 대한 체험 기회를 제공하는 제도이다. 이를 위해 장애인이 지역사회에서의 자립 생활을 실제로 체험할 수 있는 지역사회 내의 주거 공간을 일정 기간 제공하고, 자립 생활 기술 훈련도 실시한다.(한국학중앙연구원의 향토문화전자대전 참조) 즉, 장애인이 시설이 아니라 가정과 같은 주거환경에 거주하며 자립 생활에 필요한 각종 서비스를 받을 수 있도록 지원하는 곳이다.

현재 체험홈은 기존에 시설 사업을 해오던 법인과 장애인자립생활센터에서 운영할 수 있게 명시되어 있다. 서울시는 법인(시설)이 운영하는 체험홈만을 자립 생활 체험홈이라 칭하고, 장애인자립생활센터와 같이 기존 민간에서 운영하는 체험홈은 '자립 생활 가정'과 묶어 '자립 생활 주택'이라고 통칭하고 있다. 김진석 님이 체험한 체험홈은 구 석암재단에서 운영하던 체험홈으로, 공익 이사가 파견되어 프리웰로 명칭이 바뀐 후 본격적으로 시설 거주자들에 대한 탈시설을 추진하면서 활성화된 프로그램이다. 그러나 시설 법인에서 운영하는 체험홈은 기존의 시설 생활보다야 자유로워도 여전히 시설 직원들이 입소자들을 관리하는 식으로 운영되는 소규모 시설이랄 수 있다. 따라서 시설 체험홈 기간을 거친 당사자들은 체험홈이 아니라 자립 생활 주택이 필요하다고 입을 모은다.

세상에는 세잎클로버가 더 많아요

깁니다. 그 세 가지의 큰 차이점이라 하면, 글쎄요, 뭐가 있을까요…… 그러니까 자유의 정도? 강도? 차이가 있죠. 예를 들면, 아까 시설은 입출입이 철저히 통제되었다고 했잖아요? 자립 생활을 시작한 후로 가장 큰 차이는 원하는 곳에 갈 수 있고, 원하는 것을 할 수 있다는 거니까, 체험홈은 그 중간 단계, 혹은 준비 단계라고 하는 게 좋겠네요.

서로 교류 없이는 안 됩니다!

탈시설 한 후 가장 좋은 것 중 하나는 지하철을 원 없이 탈 수 있게 된 것입니다. 물론 모든 역에 엘리베이터가 생긴 이후로 가능해진 거죠. 전에는 저 같은 휠체어 장애인들은 그 계단 많은 지하철을 탄다는 건 엄두도 못 냈어요. (체험홈 생활을 시작한) 2015년에 마침 신도림역에 엘리베이터가 신설이 되어서 전 지하철을 탈 수 있었습니다. 그렇게 지하철을 타고 세상 밖으로 자유롭게 돌아다닐 수 있었다고 해도, 사실 저는 그때 체험홈 시절만 해도, 광화문에서 서명받는 줄 몰랐습니다. 자립 생활 주택으로 완전히 나오면서 센터 통해서 이런저런 정보들을 알게 된 거죠. 그래서 교류는 참 중요하다고 생각합니다. 시설에서 살아온 사람들은 고립된 인생을 살아온 거예요. 시설의 위치부터가 그럴 수밖에 없습니다. 김포 석암재단 본원은 말입니다, 여자 직원들이 퇴근할 때 이용자들이 함께 바래다줄 정도였어요. 비포장도로에 가로등 하나 없던 그 동네에선 누가 죽어도 모를 정도였습니다.

세상과 단절되어 살아가던 사람이 세상 밖으로 나와도, 서로 교류 없이는 안 됩니다!

탈시설 반대 안 한 고마운 가족

부산에서 유년 시절을 보내고, 서울 외가집에서 살고 있던 누나가 은행에서 일을 하면서 은행 대출을 받아서 화곡동에 집을 마련을 하였다. 그래서 내가 18살 때인 1984년 5월 30일 날에, 서울로 이사를 와, 부모님이랑 형이랑 누나랑 함께, 그동안 어려운 집안 형편 때문에 흩어져 살았던 식구가 다 같이 살게 되었다. 화곡동으로 이사를 와서 2년 동안 살다가……

네, 전 누나도 있고 형도 있어요. 누나가 매달 용돈을 좀 보태주죠. 연락은 뭐…… 가끔…… 하하…… 시설에 있을 때 가끔 형하고 조카들이 온 기억이 있어요. 그렇지만 아무래도 같이 뒤섞여 살지 않다보니까. 그런 거, 잠깐 얼굴 본 거 말고는 조카들하고의 기억이 별로 없네요. 조카들이 오면 낯설어요.

형한텐 아들이 하나 있고, 누나한테는 아들, 딸 남매가 있어요. 어머니도 살아 계시죠. 그치만…… 엄마한테 가면 어리광을 부리게 되니까…… 엄마가 싫어하는 것 같아요…… 결혼을 해야 하는데…… 상상은 많이 하죠. 결혼을 해서 가정을 꾸리고 사는 것. 그게 진짜 자립 생활이지…… 이렇게……

엄마하고는…… 어렸을 때부터 왠지…… 엄마, 아빠! 이런 소릴 한 번도 안 해가지고…… 형, 누나! 소리도 안 하고. 부끄러움이 많은 성향인지…… 모르겠어요.(대답 회피) 어릴 때부터 가족들하고 같이 모여 산 시간이 별로 없어요. 집이 어려워서 뿔뿔이 흩어져 살았어요. 형하고 누나는 숭인동 외갓집에서 살고, 엄마 아빠는 큰집에서 일해주면서…… 큰집은 부산에서 영양 식초 만드는 일을 했어요. 공장. 네, 거기서 일하시면서 저를 데려다 키우셨죠. 그러니까 제 인생의 연표를 그려보자면…… 부산엔 열한 살 때인 1977년에 내려가 살았어요. 1984년 5월 말에 그러니까 열여덟 살 때 서울에 올라와서 삼육재활원에 외숙모랑 엄마랑 면접을 보러 갔었어요. 면접에서 공부를 할 거냐, 기술을 배울 거냐 묻는데 내가 아무 대답도 안 했어요. 하하하…… 지금 생각해보면 내가 철부지여서 그랬던 것 같아요…… 그래가지고 그해에 못 들어가고, 그다음 해인 1985년에 형이랑 또 가서 면접을 봤어요. 그때는 내가 안 간다고 했어요. 그러니까 엄마가 속상해하셨지. 갈등은 아니었던 것 같고, 엄마는 내가 나이가 점점 먹어가니까 내 장래를 걱정하셨을 듯해요. 나는 왜 그랬던 건지…… 그 시기는 별로…… 잘 기억이 안 나요. 하여튼 그러고 있다가 스무 살이 되던 1986년, 강서재활원으로 들어가게 됐어요. 네, 석암재단. 현재 프리웰. 그때 강서재활원은 비만 오면 새고 그랬어요. 그 때도 (강서재활원) 안 가려고 했는데 억지로…… 네, 삼육재활원은 집에서 오갈 수 있는 곳이었고 강서재활원은 아예 들어가 사는 거였죠. 입출입도 자유롭지 않고. 28년 동안 살았어요. 거기서. 그 안에서만 살아서…… 그 인근 동네 사정은 잘 몰라요. 구민회관이 어디 있는지, 주민센터가 어디 있는지 몰랐죠. 그렇죠, 그냥 삼육재활원 간다고 했으면 차라리 나왔을 걸 그랬어요.(미소) 2013~2014년, 시설 체험홈으로 나오면서 전입 신고하러 가면서 양천구 구민회관 위치도 주민센터도 알게 됐어요. 지금은 지난 5년 동안 많이 돌아다녀가지고 많이 알고 있어요. 좋아하는 특정 장소도 있죠. 양천공원. 고척근린공원도 아주 마음에 들어 하는 장소예요. 저는 잘 돌아다니는 성격이 아닌데. 황인현이라고, 체험홈 동료가 있는데, 그 친구하고 2015년부터 같이 많이 다녔어요. 동네 지름길도 익히고 그랬죠. 아무래도 휠체어나 전동스쿠터가 지나다니기 편한 길들을 알아두어야 하거든요. 턱이 있거나 계단 있는 곳 말고.

　가족들은 시설에 있을 때 간간이 면회 와서 만나고 그랬어요. 일주일에 한 번 정도. 제가 나가는 것은 별로. 내 쪽에서 외박을 나올 수 있었는데 별로 이용하지 않았어요. 왜냐면, 시설

에 허락도 받아야 하고, 그 절차도 좀 그렇고…… 집에 부담이
되고 싶지 않았어요. 엄마한테 어리광이나 부리고 그러니까.
고집 피우고. 엄마 말 안 듣고. 내 고집 피우는 거죠. 주변서 고
집 세다고 그래요. 가족들한테 적극적으로 내 감정을 다 드러
내는 것은 아니지만. 그런 식이죠, 뭐. 가족들은 뭐…… 같이
살지는 않았지만, 그래서 조카들하고는 추억이 별로 없어가지
고 서먹하지만, 관심과 연이 끊어진 적은 없어요. 시설에서 나
온다고 했을 때도 가족들이 반대는 안 했어요. 아는 사람 중에
가족들 반대에 부딪힌 사람도 있어요. 그럴 때 반대 안 한 내
가족들한테 고마운 마음이 들기도 해요.

다신 시설엔 안 가요

시설 나와서 2년 동안 활동을 참 많이 했어요. 인현이 따라
다니면서.(웃음)

친구 따라 강남 간다더니 정치 성향은 그래서 바뀐 건가?
생각해보면, 또 그건 아닌 거 같고…… 이번 대선 같은 경우엔
한번 변화를 줘보고 싶었어요. 그동안 보수들만 해왔으니까
진보를 밀어주고 싶었어요. 기호 5번(당시 정의당) 찍었지만, (안
됐다고) 아쉽진 않아요.

노들에서 장애학 수업을 들어요. 그저 듣는 거지 잘은 몰라

요. 아니 겸손한 게 아니라 진짜 그런 수준이라……(웃음)

시설에서 살 때 제일 싫었던 거는…… 하나가 내 방을 못 갖는 것. 한 방에 열 명씩 살았으니. 특별히 갈등은 없었어요. 그렇다고 그때 생활에 만족이 있었던 거는 아닙니다. 그저 하라는 대로 따르며 살았죠. 행복하지 않았어요.

그래도 시설에서 살 때 좋았던 것을 꼽으라면…… 같이 나들이도 갔고, 방에서 밤에 출출하면 라면도 끓여 먹고 그랬던 추억이요. 하하…… 라면은 전기냄비에다 끓여 먹었어요. 방에서 전기포트나 전기냄비 사용하면 전기료 많이 나온다고 압수한 적도 있지만. 그걸 가져다 창고 안에 넣어두죠. 개인이 구입하는 건데 그랬어요. 네 맞아요. 남 재산을 시설이 일괄 관리한 거죠. 나는…… 내 물건 만지는 거 싫은데…… 내가 없을 때, 작업장에서 일하는 동안…… 직원 선생님들이 와서 내 물건 정리하고 버리고 그런 게 싫었어요. 뭐, 대신 청소해준다는 명분이었지만…… 선생님이란 호칭이요? 나이 여하를 막론하고 다 선생님이라고 불렀어요. 이렇게 안 부르면 원생들이 직원들 깔본다고 그렇게 부르게 했어요.

머리는 한 달에 한 번 이용 봉사 오시는 분들이 깎아주고. 처음엔 안 깎으려고 도망다니면 잡아다 억지로 깎이고. 세월이 흐르면서 자유롭게 바뀌긴 했어요. 깎고 싶으면 깎고, 안 깎고 싶으면 안 깎고. 내가 원하는 스타일도 해달라고 하면 해주고 그랬어요. 물론 이발 봉사 오는 사람이 초보자이면 우리는 일종의 실험 대상이 되는 거죠. 하하하……

원장님이나 거기 직원들하고는 얘기 잘 안 했어요. 시설에 들어가서 초반엔 내가 말도 안 듣고 그러긴 했지만. 답답했어요. 바깥에 외출하고 싶은데 외출을 못하니까 너무 답답했어요. 외출하고 싶으면 나가서 사고 나도 시설이 책임 안 진다는 일종의 서약서 같은 거에 싸인하고 나갔어요.

또…… 옛날엔 내가 별로 씻는 걸 안 좋아했어요. 솔직히 거기 시설이 나 같은 장애인들이 샤워할 수 있는 환경이 아니었어요. 몸을 씻는 거…… 이건 굉장히 사적인 건데…… 나 혼자 씻을 수 있는 여건이 되거나 적어도 내가 씻고 싶을 때 씻어야지…… 남이 데려다 막 내 몸 만지고 그러는 거…… 내가 며칠씩 안 씻고 있으면 다른 힘센 원생한테 직원이 얘기해서 씻게도 했어요. "쟤 좀 씻게 해라." 이게 불만이었어요.

식사야 시설에서는 규칙적으로 했죠. 제때제때. 나와서는 불규칙적이에요. 집에서 밥 먹는 거 별로 없어요. 사회 활동 하다보니. 센터나 복지관, 노들야학 가서 먹어요. 그래도 건강은 아직은 내가 잘하고 있다고 봐요. 시설에 있을 때보다 생활은 불규칙하지만 다신 시설엔 안 가요. 시설 나와서 좋은 건, 외출을 해서 시간에 구애받지 않고 다닐 수 있는 겁니다. 시설에서는 9시까지 돌아가야 하는, 반드시 맞춰 지켜야 할 시간이란 게 있었거든요. 외출 나와 있어도 자유롭지 못합니다. 그 시간이 다가올수록.

세상에는 세잎클로버가 더 많아요

아직은…… 배워가는 단계입니다, 저는 이 사회에…… 네, 나름 열심히, 적극적이랄 수 있어요.

오히려 시설에 있을 때 차별받았지

2011년도에 자립을 하기 위해 체험홈에 입주를 해서 살려고 하니까는, 시설에서 일하는 사회복지사 선생님이 시설을 퇴소를 하게 되면 부양의무제랑 장애등급제에 해당이 돼서 아무것도 지원을 받을 수 없다는 말을 했다. 어떻게 하겠냐고 선생님이 물어보았다. 그래서 나는 시설 밖을 나오면 아무것도 지원을 받을 수 없다는 말에 자립을 안 하겠다고 하였다.

국립재활원 거주 당시…… 아뇨, 정확히는 거기 입소한 게 아니라, 2008년 비리 투쟁 이후 석암재단에 공익 이사가 파견되는 등 큰 변화가 있었거든요. 일전에 얘기한 장애연금 통장도 나눠주고…… 그전엔 우리한테 그런 게 있는 줄도 몰랐는데…… 그뿐만 아니라 자립하려는 사람 자립하게도 해주고…… 그때는 왜 그런 변화가 일어나는지 알지 못했는데…… 프리웰로 명칭 변경 후 새 원장님…… 이름이…… 박춘희 원장님이…… 지금은 그분이 아닌데…… 박춘희 원장님이 추천을 했어요. 국립재활원에 '자립특성화교육' 프로그램이 있던 거예요, 그 당시에. 거기에 가서 한 달간 생활하면서 자립 연습을 하는 거죠…… 거기서 요리하는 거, 가계부 쓰는 거, 일기 기록하는 거, 그런 거 했어요. 그러면서 자립을 결심했는데, 그때는 바로 자립을 못했어요. '부양의무제'에 걸려서.

그래서 다시 프리웰로 와서 2013년에야 시설 체험홈으로 나온 거죠. 그렇게 2년간 체험홈 기간을 거쳐서 2015년에 자립주택으로 입주하게 된 거고. 2011년에 부양의무제에 걸렸던 것을 2013년에는 어떻게 해결했냐 하면, 형, 누나와 함께 주민센터에 가서 따로 독립 세대로 만들었어요. 독립 세대가 되니까 부양의무제에 걸릴 게 없어서. 저는 자립하는 데 그래도 가족들의 반대는 없었어요. 그런 게 고맙죠. 장애등급은…… 이거……(장애인등록증 보여줌) 장애 1급이에요. 시설에서 받은 거예요. 시설에 있을 때, 그러니까…… 1989년 삼육재활원 부속병원에서 석암재단으로 파견 나와서 시설 전체 사람들이 심사를 받았어요. 그때 받은 게 아직까지…… 네, 활동보조 신청하려면 다시 등급 심사를 받아야 하는데, 새로 받으면 등급 떨어질까봐…… (아직까지 못 받고 있었어요). 등급 떨어지면 활동보조도 (필요한 만큼 시간 할당) 못 받고, 병원비 들고…… 네, 돈은 저희 쪽에서 내는 거예요. 그렇죠? 이상하다고 말할 수 있죠. 정부에서 필요해서 하는 검사인데, 내가 돈 내고…… 등급 떨어지면 수급도 그만큼 줄어드니까…… 당장 생활이…… 그래도 자립 주택에 입주하면서 혼자 할 수 있는 일들이 쉽지가 않아서 요번에 활동보조 서비스 신청하려구요. 그러다보니 조만간 다시 등급 심사를 받으려고 하고 있어요. 이번 주에 병원 검사 예약을 할까 하는데…… 또 인터뷰가 잡혀가지고……(미소)

시설에 있을 때는 장애등급이니 부양의무니 이런 거 몰랐어요. 내 일인데도 몰랐어요. 나오고 나서야 안 거죠. 그것도 여기저기 돌아다니면서 보고 듣는 게 넓어지니까 알게 된 거고…… 맞아요. 제가 지난번에 그렇게 얘기했나요? 교류는 정말 중요한 거 같아요. 아, 그렇게 얘기해주니까 기억이 나네요. 맞아요. 인현이 그 친구랑 정말 많이 다녔어요. 그러면서 알게 된 것들인데, 당연히 현재 장애인 정책은 폐지하고 새롭게 만들어야 한다고 생각해요. 그렇지만…… 전국에 장애인이 한둘도 아니고, 그 대책을 누가 언제 다 만들어야 할지…… 부양의무제는 걸려 있는 사람들이 많을 텐데…… 저는 뭐 가족들이 반대 안 한 경우라 개인적으론 큰 부당함은 못 느꼈어요. 부양의무제는 가족들과 협의만 잘 된다면야……*

노들야학에서 듣는 장애학 수업은 나한테는 수준이 높아

---

* 가족들이 시설 거주 장애인의 자립을 반대하는 경우, 독립 세대로 전환을 안 해줘서 탈시설에 어려움을 겪는 당사자들이 부지기수다. 또한 사실상 연락이 닿지 않지만 호적상의 기록 때문에 자립은 물론 수급에 부당함을 겪거나, 반대로 부양의무제에 걸릴까봐 일부러 연을 끊고 사는 당사자들도 많다. 그런 점에서 사실상 부양의무제는 가족 구성원 간의 협의 차원이 아닌 시스템 차원의 문제라고 보아야 한다.

가지고…… 이해하기가 어려워요. 내가 좀 더 배워야 알아들을 수 있을 것 같아요. 내가 느낀 장애인 차별은…… 차별? 잘 모르겠고. 오히려 시설에 있을 때 차별을 받았지. 인지능력이나 장애 정도에 따라 대우에 차등이 있었으니까요. 한편으론 이해도 돼요. 아무래도 정도 차가 심하면 제대로 할 수 있는 게 없으니까. 반대로 정도가 덜하면 관리, 통제 같은 걸 할 수 있잖아요. 일이 다르니 돈도 다르게 지급되고…… 어떤 면에선 저항에 대한 우려 때문에 인지능력이 높거나 가족이 있는 사람들한텐 잘해줬을지도 몰라요. 시설은 강자에게 약하고 약자에게 강한, 그런 면이 좀 있어요. 거기엔 무연고자도 있고 집에서 나처럼 생활하다 온 사람들도 있는데, 시설에서 잘못 대하면 이용자 가족들한테 트집 잡힐 수도 있으니까 아무래도 무연고자들보다는 가족이 있는 사람들한테 상대적으로 잘해주는 거죠. 힘이 없을수록, 의지가지없을수록, 더 소외되는 거죠…… 그치만 무연고자 중에도 자기가 힘이 있고 똑똑하면 또 대우받기도 하고 그래요. 그래도 이용자 개인의 성향이나 자질 문제라기보다는…… 시설이라는 구조의 문제라는 게…… (맞죠).

여행은 늘 단체로 다녔어요. 여름에는 강원도로 캠핑을 갔고. 한 200명. 장애인의날에는 하루 나들이 가기도 하고. 소규모로 다녀본 기억은 없어요.

아, 차별이라고 느꼈던 거. 지금 생각났어요. 88올림픽 개막식, 폐막식에 가고 싶었는데 시설 운영자들이 뽑아서 데려갔어요. 뭐, 이쁨 받는 사람들이죠. 프리웰로 바뀌었을 때도 다른 사람은 어땠는지 몰라도. 내 자신의 자격지심인지 몰라도. 전쟁기념관에 나를 안 데려간 거예요. 그래서 시설 나와서 자조 모임 통해서 거기 다녀왔어요. 대체 얼마나 좋은 곳이길래 날 서럽게 했나, 전쟁기념관이란 데가……(웃음) 뭐 대단한 게 있어서 날 빼놓고 갔나……(웃음) 별거 없더라구요.(웃음)

10년 전엔 농구장에도 가고 싶었는데…… (못 갔어요) 그래서 나와가지고 농구장도 갔어요. 농구를 딱히 좋아하는 건 아니고, 어느 팀이 있는지도 몰라요.(웃음) 농구장을 가보고 싶었던 거예요. 왜 나만 빼놓고들 갔나…… 아, 말 안 했죠. 가고 싶다고 말 안 했죠. 그래서 그랬나?(웃음) 나는 내가 표현을 적극적으로 하기보다는 다른 사람이 내 표정이나 마음을 읽고 먼저 알아봐주길 원해요. 말이 없는 편이죠. 동료 상담은…… 집단 동료 상담 2박 3일 프로그램 받아본 적 있어요. 자조 모임도 한 달에 한 번 하고 있고. 이번 주 목요일이네요, 그러고 보니…… 네, 좋아요. 친목 모임이에요. 다섯 명이 하는. 같이 놀러 다니고, 구경하고, 모여서 이런저런 평가하고, 견문이 넓어지는 계기가 되죠. 이름은 세잎클로버. 활보까지 하면 열 명이 모여요. 이름은 제가 지었어요. 네잎클로버는 꼭 완벽을 추구하는 것 같잖아요. 흔하지도 않고. 네잎클로버가 각광을 받으니까 세잎클로버는 꼭 한 가지가 빠진 것 같지만, 세상에는 그런 세잎클로버가 더 많아요. 사람들이 쉽게 소홀히 여기는 것들의 가치를 드러내고 싶었어요. 완벽한 게 아니라 한 가지가 빠졌다 싶은 것도 나쁜 건 아니잖아요? 그러니까 서로 도우며 사는 거죠.

활동보조에 대한 내 생각은…… 필요하다고 할 때만 도와주는 것. 이용자가 활보한테 전적으로 의지하려고 하는 사람이 많아요. 그건 아니지…… 그건 잘못됐다고 생각해요. 활보는 이용자가 혼자 못하는 부분만 거들고, 실제로 그래야 한다고 봐요. 너무 활보한테 의존하면 그 활보의 허락을 받거나 활보 의견에 따르게 되는 경우가 생기는데, 그건 여전히 누군가에 의해 관리, 통제를 받는 시설의 연장선이라고 봐요.

다른 사람들도 나와서 사는 걸 돕고 싶어요

자립 후 원하던 거는…… 아무래도 일도 하고, 돈도 벌고, 공부도 하고, 운전면허도 따고 싶었죠. 실은 2011년에 운전 면허 시험은 시도해봤어요. 이론, 기능 시험은 통과했는데 주행에서 떨어졌어요. 올해 다시 시험 보려 하고 있어요.

책 보는 거 좋아하는데, 요샌 주로 드라마에 (빠져서) …… 하하…… 최근 〈피고인〉 재밌게 봤어요. 〈역적〉도 좋고. KTV에서 옛날 프로그램들 해주는데, 〈전원일기〉 잘 봐요. 〈웃으면

복이 와요〉 같은 개그 프로그램도 좋아하고. 특히 역사 소설이나 역사를 다룬 드라마를 좋아해요. 초등학교 때도 역사 시험은 잘 봤어요. 국어요? 글쎄요. 다른 사람과 비교했을 때 국어를 특히 잘했다고 생각이 들진 않고, 그저 혼자 놓고 보면 다른 과목에 비해 국어 과목 성적이 나은 정도랄까. 글을 제가 잘 쓴다고는 생각해본 적 없어요. 이야기를 좋아한다 뿐. 한때는 드라마 공모에 한번 내보고 싶다는 생각을 한 적도 있어요. 요샌 드라마 시간이 잘 안 맞아 못 보고 있어요. 탈시설 후 지원 활동이 꽤 많거든요. 집회나 1박 2일 투쟁도 다니고 그러니까. 제가 시설에서 나와 살아보니까, 다른 사람들도 나와서 사는 걸 돕고 싶어요.

근데 아직
미완성이에요

"지난번에 쓴 글 보내려고 하는데 메일 주소를 문자로 보내줄 수 있나요? 근데 아직 미완성이에요."

좀처럼 먼저 말을 거는 적이 없던 그가 문자를 보내왔을 때, 알 수 없는 감격이 밀려와 그만 나는 경망스럽게도 룰루랄라 팔짝팔짝 뛰는 이모티콘을 날려보냈다. "근데 아직 미완성이에요" 그는 면구스러워 했지만, 실은 이 말이 그에게서 들은 말 중 가장 좋았다.

"저도 마침표 잘 못 찍는 인간인데요, 그래도 우선은 자꾸 지웠다 다시 썼다 하지 마시고 일단 끝까지 써보세요. 퇴고는 그다음에도 얼마든지 할 수 있으니까요. 심지어 아예 다시 쓰는 것도요."

사람은 자신이 가장 못하는 것, 번번이 실패하는 것에 대해서만 채근하거나 조언할 수 있는 동물이다. 뭘 좀 써보려는데 서두에서 좀처럼 진도가 나가지 않고 있다던 언젠가 그의 푸념에, 나도 잘 못 푸는 문제의 정답지만 들이밀고는 도망쳤는데, 얼마 후 진석 님은 현답을 내놓으셨다. …… 근데 아직 미완성이에요…… 어쩐지 말갛게 상대의 속마저 비추는 답이었다.

미완의 것은 어딘가에서 어정쩡하게 멈춘 실패가 아니다. 그것은 여전히 진행형의 것이다. 그 사실을 기꺼이 받아들일 용기, 그리고 계속 나아가겠다는 다짐을 품은 사람만이 수줍어도 조심스레 그 정하고 곧은 갈매나무* 같은 속살을 열어 보인다. 정진精進, 정정진正精進……

역시 그는, 무서운 사람임이 틀림없다.^^

---

* 백석의 시 〈남신의주 유동 박시봉방〉의 마지막 구절에서 따왔다.

2부

다시,
세상과 마주하는
방법

자부와
거부 사이,
그 어디쯤

홍윤주

기차는 논산을 지나 막 강경을 거쳐 가는 길이다. 식당 칸도 없고 홍익 판매원도 지나다니지 않는 목포행 무궁화호는 오줌도 참고 붙박이처럼 앉아 있는 나를 장장 세 시간째 실어나르는 중. 수술 후 무통 주사 값이 아까워 이를 악물고 참기만 했다는 이번 인터뷰이가 살고 있는 전주까지는 못해도 30여 분은 더 가야 한다.

전주, 하면 몇 반가운 지인들의 얼굴과 비빔밥, 콩나물국밥, 한옥마을, 오목대 등등이 생각나곤 했지만, 글쎄, 그녀를 만나게 된 약 한 달 전쯤부터는 그녀가 아플 때 주사약과 입원 일수를 막무가내로 줄여 모은 돈으로 애들에게 사다주었다는 새우깡이니 사브레니, 얼핏 내 나이보다 더 오래된 과자 이름들이 먼저 떠오르고 만다. 자신이 다섯 살에 앓은 열병으로 장애를 갖게 됐다고 믿고 있는 그녀는, 그 다섯 살 무렵부터 스물여덟이 되던 해까지 공식 명칭 '어린이재활원'이란 곳에서 마냥 말 잘 듣는 어린이인 양, 장애란 언젠간 고쳐져야 할 재활치료 대상인 양, 뭐든 열심히 따르고 연습하며 살았다. 어눌하게나마 제 소리를 내어 말하는 법도, 휘적휘적 제 발로 걷는 법도 다 자신의 노력으로 이만큼이나마 '회복'된 것이라 믿고 있는 그녀는, 덜컥 첫아이가 들어섰을 때 기쁨보다 겁이 앞서 장애아 검사부터 했다고……

"다행히 정상이었어요."

"…… 윤주 씨도 정상이에요. 비장애인만 정상인 건 아녜요. 만약 아이에게 장애가 발견되었다면 안 나왔을 거예요?"

"아니요! 그건 아니죠…… 그래도…… 애들이 아프면 겁이 나요…… 내가 못해주는 것도 있지만, 특히 열이 오르고 그러면, 옛날에 나처럼 될까봐 무서워요……"

선생처럼 정치적 올바름이나 설파하는 건조한 내 목소리를, 그녀의 복잡다단한 심정이 실린 뭉그러진 발성이 덮는다. 기차는 완행열차, 차창 밖으로 천천히 흘러가는 완만한 산야만큼이나 언어장애가 중첩된 그녀의 목소리를 복기하는 것은 더딘 작업. 그보다 훨씬 더딘 것은, 그녀의 말과 말 사이의 감정을 읽어내는 일이다. "나처럼 될까봐 무서워요……" 노트북으로 지난 녹취를 풀다 그만 울컥한다. 나는 이 행간을 끝내 다 메울 수는 없을 것이다. 장애가 한 개인의 특정한 상태나 개성이 아니라 불운이고 고난이어서 극복 대상이어야만 미덕일 수 있는 사회에서, 자신을 그 미덕 안에 가두고 열심을 다해 살아온 자 나름의 '자부'와, 그렇다고 그것이 대가 이어지기를 바라지 않는 '거부' 사이의 미묘한 뒤섞임을, 나는 온전히 전달

자부와 거부 사이, 그 어디쯤

할 수 없을 것이다. 다만 이렇게 쓰기로 하자. 그때, 그 말을 하던 그녀의 눈이, 얼마나 오래 흔들렸던가, 하고. 자신을 긍정하면서도 자신을 부인해야만 하는 순간, 그토록 잘 웃던 그녀였건만 끝내 울먹였다고……

웃어야 견디죠

제가 지금 이가 빠져서 발음이 새요. 하하. 이거 발바닥 언니들이 알면 안 되는데…… 마음 아파해요. 그냥 어느 날 빠졌어요. 원래 제 꺼 아니고, 만들어 넣은 이거든요. 근데 그게 빠졌어요. 치과 갔는데, 몇 개월 걸린대요. 6월쯤 다시 넣을 수 있다고 하는데. 그때까진 언니들한테 비밀이에요. 사진도 이렇게 입 가리고 찍을게요. 네, 언니들 속상해해요. 임소 언니랑 정하 언니랑. 언니들이 시설에서 나올 때 많이 도와줬어요. 맞아요. 저한텐 언니들이 친정 언니예요. 보고 싶어요. 안 그래도 되는데, 나는 괜찮은데, 이렇게 애기들 과자도 챙겨 보내주고. 고맙잖아요. 잊지 않아주는 것만 해도.

전 스물여덟 살 때 재활원에서 나왔어요. 국제어린이재활원. 고산에 있어요. 지금은 서른여섯 살. 그렇게 안 보여요? 하하하. 아니에요. 전 그렇게 생각 안 해요. 근데 다른 사람들이 그러더라구요. 20대같이 보인다고. 이쁘다고요? 아뇨. 전 한 번도 그렇게 생각 안 해봤어요. 네, 근데 그런 소린 듣긴 했어요. 하하.

그냥 제가 잘 웃으니까 하는 얘기 같아요. 저는, 그냥 웃으려고 해요. 저도 힘든 거 있어요. 그치만 웃으면 덜 힘들잖아요? 남들도 기분 좋고. 나 힘들다고 남들도 어둡게 하면 더 힘들어지는 것 같아서. 웬만하면 웃어요. 재활원에 있을 때도 언니들이 그랬어요. "윤주야, 넌 안 힘드냐? 왜 맨날 웃냐?" 하하…… 그래야 견디죠.

재활원에는 다섯 살 때부터 살았어요. 거기서 학교도 다니고, 일도 하고. 재활원에서는 그래도 꽤 이쁨 받았어요. 그냥 잘 견디고 잘 웃고 하니까, 힘들게 안 하니까, 선생님들이 좋아해준 것 같아요. 거기 있을 때 선도 봤어요. 원장님이 소개시켜줘서. 하하하. 근데 결혼은 오빠랑 했죠. 아뇨. 오빠는 재활원 사람 아니에요.

제가 투포환을 했거든요. (장애인)전국체전에서 메달도 따고 그랬어요. 거기, 전국대회에서, 저는 몰랐는데, 오빠가 절 보고…… 네, 반했나봐요. 친구 통해서 연락하자고 그랬어요. 오빠가 반한 투포환, 창, 원반 경기는 2005년이에요. 그 뒤로도 대회는 2008년까지 계속 나가긴 했어요. 재활원 체육 선생님이 대회 준비하느라 가르쳐줬구요, 매일 연습은 안 했고, 대회 앞두고 한 며칠 연습하고 나갔는데, 2005년엔 메달을 딴 거예요. 그해에 오빠를 만날라구 그랬는지…… 유난히 경기가 잘 됐어요. 하하하. 오빠도 저만 보였대요. 그해에는 금, 은, 동 다 따고, 2007년에는 은메달. 그렇다고 그때부터 사귄 건 아니에요. 제 쪽에선 그저 알고 지낸 사이. 네, 아마도 오빠는 그때부터 좋아했던 거 같고. 하하하.

결혼은 2009년 3월 30일에 했어요. 시설에서 나와서 얼마 안 있다가 오빠랑 결혼했어요.

결혼은 뭐 내가 좋은 사람이랑 하는 거지

오빠랑 연락은…… 얘기가 좀 긴데, 그러니까 그때 선본 남자가, 아뇨, 전 안 나간다고 했는데, 원장님이 시키니까, 그래서 나갔는데, 두 번째 선본 남자가, 내가 시설에서는 핸드폰이 없어서 연락 못한다고 하니까, 자기 안 쓰는 폰이 있다고, 하나 줬거든요. 연락하자고. 하하하. 네, 그런데 그 남자랑은 연락 안 하고 오빠랑…… 하하하. 결혼은 뭐 내가 좋은 사람이랑 하는 거지, 핸드폰 줬다고 하는 건 아니니까요. 그 남자랑은 선보고 연락 안 했어요. 하하하. 그런가? 핸드폰만 떼어먹은 건가? 하하하. 핸드폰은요, 시설에 있을 때, 원한다고 말했지만 받아들여지지가 않았어요. 저한테만 해주면 다른 사람들도 허락해야 하는데, 안 된다고. 그러니까 제가 핸드폰 가지고 있다는 게 소문이 나서 막 언니들이, 방 같이 쓰던 언니들이, 전

화기 좀 달라고 그랬어요. 집에 전화하고 그러느라고요. 전 그
때마다 전화기를 안 빌려줄 수는 없는데, 전화 요금 많이 나올
까봐 가슴이 막 조마조마하고…… "언니, 금방 끊어~" 그러면
"알았어~" 하면서도 막 전화기 안 주고…… 가슴이 계속 콩닥
콩닥했어요. 요금 때문에.

하여간 그 전화기 때문에 일이 많았어요. 별로 안 친한 딴
방 언니들이 와서 전화기 좀 달라고 그래서 안 된다고 그러면,
왜 쟤는 되는데 나는 안 되냐고 따지고, 선생님한테 이른다고
그러고. 아휴……

결국 그 핸드폰 덕에 시설에서 나올 수 있었던 거예요. 오빠
랑 연락해서. 네, 두 번째 선본 남자가 본의 아니게 제 인생에
큰 도움을 준 거예요. 하하하. 어떻게 갚지? 실은 누군지도 몰
라요. 얼굴도 기억 안 나서. 하하하하.

무슨 없는 말을 해요?
다 내가 겪은 얘기를 하는 거지

재활원은 어떻게 나오게 됐냐면요, 그때 김치 공장에서 일
하고 있었거든요. 아뇨, 김치 공장은 재활원 밖에 있었구요,
거기, 공장 차가 와서 출퇴근했어요. 저 혼자선 못 다녀요. 거
의 다 단체 생활이죠. 거기 김치 공장에서도 일 열심히 했어

요. 왜 안 힘들어요? 힘드니까 맨날 웃었지. 견디려고. 그래야
나도 다른 사람도 덜 힘들 거라고 생각했어요. 제가 몸이 이래
도 투포환이랑 운동해서 근육이 좀 있거든요. 그래서 일 잘한
다고, 윤주 너, 일 잘한다고, 칭찬받고 그랬어요. 칭찬받는 건
좋았지만, 계속 그 일을 하고 싶지는 않았어요. 그리고 오빠가
계속 시설에서 나오라고 그래요. 전화에다 대고. 한번은 화를
냈어요. 나도 나가고 싶다고. 근데 재활원에서는 별로 찬성을
안 하니까. 저 혼자선 못 간다고 했더니, 오빠가 어느 날 김치
공장으로 왔어요. 그날 재활원으로 안 가고, 남편(오빠) 따라서
그냥 와버렸어요. 원장은 발칵 뒤집어졌죠. 시설로 안 들어가
고 친구 집에 당분간 있었어요. 이연호라고, 재활원에 있다가
먼저 탈시설한 친구인데, 걔네 집에 있었어요. 남편이 탈시설
한 장애인들을 많이 알고 있었어요. 갈 데가 없으니까 그 집에
오빠랑 같이 있었어요. 남자예요. 근데 친구. 그냥 친구. 하하.

　그때 전화 올까봐 핸드폰 끄고 있었는데, 잠깐 켜면 전화랑
문자랑 아휴……(폭주했다는 의미) 자꾸 제가 잘못됐다고 생각을
하니까, 정식으로 재활원 찾아가서 퇴소 신청하러 갔어요. 근
데 원장이 뭐라는 줄 알아요? 막 화내고. 가만히 있으면 원장
님이 소개시켜주는 남자랑 선보게 해서 결혼도 시켜주고 그럴
텐데 왜 나가냐고. 나가면 너 못 산다고. 오빠 있을 때는 오빠
가 막 따지니까 나가게 해주겠다고 해놓고 저 혼자 있을 때는
그러는 거예요.

"너는 왜 나가냐. 엄마(원장)가 좋은 사람 있으면 결혼시켜 줄 텐데."

"너는 왜 없는 말 하냐?(시설에 대해 밖에다 얘기하는 게 싫다는 뜻)"

아휴~ 무슨 없는 말을 해요? 다 내가 겪은 얘기를 하는 거지. 제가 거짓말을 왜 해요? 원장한테 계속 나가서 살고 싶다고 말했어요. 에휴…… 오빠 있을 때는 아무 말 안 하다가, 오빠가 잠깐 원장실 밖에 나갔어요. 그러니까 저한테, 원장님이 막 화내고. 나가면 못 산다고 하고. 거기 실장님도 있었거든요. 사실 실장님은 제 편이었어요. 제가 나가고 싶다고 그러면 도와주려고 하는 분이었어요. 그런데 원장 앞에서는 말 못하더라구요. 실장님하고는 대화 많이 했어요. 저는요, 그전부터 나가서 살고 싶다고 말했어요. 자기들이 안 들어준 거지. 재활원에서 나와서 친구들도 만나러 다니고 싶고, 영화관도 가고 싶고 그랬거든요. 재활원에서는 못 나가요. 평일에는 그래도 학교 다니고, 공장 다니고 그랬지만, 주말에는 아예 재활원에만 있어야 하고. 왜냐하면 주말에 봉사. 아니, 내가 가는 게 아니고 재활원으로 사람들이 와요. 그 왜 회사나 학교에서 오는 거 있잖아요. 그 사람들 만나고 사진 찍고 그래야 해요. 그것 때문에 못 나가게 해요. 네~ 전 그게 불만이었어요. 그런데 그렇게 화내던 원장님이 오빠가 다시 원장실에 들어오니까, 우와~ 나 진짜~ 휴우~~~ 얼굴 싹 바꿔서, "윤주야, 나가서 잘 살아?" 이러는 거예요. 진짜 열 받았어요. 좀 무섭기도 하고. 실 장님은 나중에 나와서 미안하다고 했어요. 도와주지 못해서.

오빠는 또 뭔가 잘못됐다고 막 따졌어요. 제가 다섯 살 때부터 살았는데, 나올 때 왜 통장이 하나밖에 안 되냐고. 다섯 살 때부터 장애 수급 들어온 것만 따져도 통장이 하나밖에 없는 건 말이 안 된다고. 거기서 뭐라는 줄 알아요? 제가 다 썼대요. 전 쓴 적도 없는데. 뭘 썼나…… 지금도 생각하면…… 모르겠어요. 근데 한약 먹은 적은 있거든요? 그것도 제가 먹겠다고 한 거 아니고, 먹으라고 해서 먹은 건데…… 그 돈으로 다 쓴 건가…… 뭐 다 그런 식이에요, 시설은.

거짓으로 웃는 게 싫었어요

아, 아까 원장님한테 예쁨 받았다고 한 거요? 거기 원장이 둘이에요. 한 사람은 원래 원장. 남편인데, 저 초등학교 다닐 때 돌아가셨어요. 그 뒤에 부인이 왔어요. 원장으로. 부인 원장이 좀 그래요. 깐깐하고. 맨날 돌아다니고. 네, 감시해요. 애들.

아, 그러고 보니까 이런 일도 있었다!

주말에 재활원으로 봉사 오는 사람들이랑 시간 보내야 한다고 했잖아요? 전 그게 싫었어요. 거짓으로 웃어야 하고. 한번은 주말에 온 손님한테 제가 그런 얘기 한 게 원장 귀에 다시 들어갔나봐요. 그날 벌 받았어요. 밤새서. 하루 굶기고. 그러니까 별로 얘기 못하죠. 외부 사람이 와도 그 사람들은 그냥 왔다 가는 사람들이고, 우리는 재활원에서 계속 살아야 하니까.

언니, 미안해요…… 갑자기 또 눈물이…… 내 말을…… 안 믿어줬어요. 중학교 때부터 제가 머리가 아팠어요. 두통이…… 너무 아프다고 그래도 안 믿고. 꾀병이라고 그러고. 진짜 아팠는데…… 나중엔 그냥 말을 안 했어요. 해도 안 들어주니까. 여기 이빨도, 안 고쳐줬는데요, 뭘……

이는요…… 초등학교 1학년 때 누가 뒤에서 밀어서 넘어졌는데 그때 빠졌어요. 재활원에선 이 안 해줬어요. 재활원 안에 초등학교가 있어서, 다 재활원 애들이고 하니까, 그냥 다녔어요. 그때 치과에 가니까 하나는 이미 빠졌고, 다른 하나는 흔들리고 있어서 결국 빼야 했어요. 6학년 때까지 그냥 다녔어요. 애들이 놀려도 뭐…… 다 재활원 애들이니까……

중학교는 밖에 있는 중학교에 다녔거든요. 아뇨, 재활원에서 초등학교 같이 다녔던 애들이 다 중학교에 간 건 아니에요. 몇 명만. (혼자) 다닐 수 있는 몇 명만. 등교 차가 있었어요. 그걸로 왔다 갔다 했어요. 제가 중학교에 가니까, 학교 못 가는 애들이 절 좀 싫어했어요. 왜 너만 다니냐고. 제가 어떻게 할 수 있는 게 아니잖아요? 근데 저한테 그랬어요. 아후…… 그런 거 좀 힘들었어요. 다 같이 학교에 가면 좋은데, 제 생각에는 그때 재활원에 초등학교는 있었는데 중학교랑 고등학교는

　　　　　　　　　　자부와 거부 사이, 그 어디쯤

아직 없었거든요. 나중에 재활원에서 중학교, 고등학교 만들면 거기에 다 보내려고 그랬던 거 같아요. 왜냐하면 저도 중학교 졸업하고 고등학교 갈 때, 조금 기다렸다 가라고, 재활원에서 고등학교 만들면 거기로 가라고 그랬었어요. 아무튼, 중학교에 갔는데, 어떤 선생님이 이거 보고(빠진 이를 보고) 재활원에 따졌어요. 그때가…… 열다섯 살 때. 전화로 얘기했나봐요, 선생님이. 아니 애가 어린 애도 아니고, 사춘기 여자애가 얼마나 예민할 때인데, 이걸 여태 이렇게 두냐고…… 그랬나봐요. 그랬더니 그 부인 원장이 화가 나가지고, 학교 끝나고 재활원 가니까 표정이랑 행동이 엄청 차가운 거예요? 서러웠어요. 내가 뭘 잘못한 게 아닌데……

이는 원장이 해준 건 아니에요. 그 선생님이 해줬어요. 원장은 저한테 혼내기만 했어요. 밖에다 뭐라고 하고 다녔길래 그런 전화 오게 하냐고. 나 참. 제가 뭐라고 한 게 아니잖아요? 이빨 없는 거는 그냥 보이는 건데.

네, 그때 한 이가 얼마 전에 빠진 거예요. 몰라요. 왜 빠진 건지. 그냥 어느 날 쑥 빠졌어요. 하하하. 그런가? 20년 썼으면 수명이 다 된 건가? 우리 중학교에 재활원 애들이 넷인가 다녔는데, 2학년 올라갈 때 특수학급이 만들어졌어요. 내 생각에는요, 그 특수학급도 그 선생님이 주장해서 만들어진 게 아닌가. 엄청 신경 써주셨거든요. 근데, 이름 기억 못해요. 만나서 얼굴 보면 지금도 알아볼 수 있을 거 같은데. 이름은 잘 기억

못해요, 제가…… 그래서 가끔 주일 기도 때 그 선생님 잘 계시게 해달라고 기도해요. 초등학교 때도 그런 선생님이 두 분 있었어요. 한 분은 지금도 근무하세요. 김혜수 선생님이라고. 네, 연락도 하고요.

옛날에 비하면 하나도 안 힘들어요

옛날에 시설에 있을 때는 참 힘들게 살았어요. 지금은 한 7시쯤 일어나서 이불 개고, 큰애 옷 준비해주고, 작은애 입히고. 아침 간단히 챙기고. 우리 애들은요, 아침에 밥을 잘 안 먹고 빵을 먹어요. 그 빵 값도 만만치 않아요. 마트에서 네 봉지에 만 원 하는 거 사요. 일주일에 한 번씩. 그걸로 아침 해서 먹어요. 가끔 계란말이 해서 밥 먹을 때도 있고. 8시 넘어서 활보님 오시면 큰애 학교 데려다줘요. 큰애 다니는 학교는 최…리…… 초등학교. 아니, 케…리…ㄴ. 아아니, 기린. 네, 기린. 제가 지금 이빨이 빠져서. 안 그래도 사람들이 발음 잘 못 알아듣는데 발음이 더 새죠? 글자로 써도 삐뚤어지니까 언니가 알아보기 힘들고. 괜찮아요. (언니가) 미안해할 일 아니에요. 하하. 저는 밖에 있는 전동스쿠터(외부 이동용 휠체어) 타고 데려다줘요. 요새는 그렇게 하루를 시작하는데, 안 힘들어요. 옛날에 비하면 하나도 안 힘든 거예요.

재활원에서는 엄청 힘들게 살았어요. 기독교 시설이거든요? 아침 4시에 기상해서 5시에 예배 드리고 6시에 밥 먹고 학교 갈 준비해요. 초등학교는 시설 안에 있었고, 나중에 중, 고등학교가 생겼어요. 저 다닐 때까지는 아니었고. 중학교는 일반 중학교로 배정받았어요. 중2 때 특수학급이 만들어져서 거기 따로 모여서 공부했어요, 우리는. 고산중. 고등학교는 동암. 동암은 특수학교와 일반학교 두 개가 있는데 저는 특수학교에 다녔어요. 네, 그렇게 고등학교 졸업할 때까지 4시에 일어나서 살았어요. 한 방에 여섯 명이 지냈어요. 새벽에 일찍 일어나야 하니까 밤에 일찍 자요. 저녁도 일찍 나오고. 오후 5시 반이면 저녁 먹는데, 솔직히 밤 되면 배고프단 말예요. 주말에 온 손님들이 준 과자를 방에 꼬불쳐뒀다가 먹곤 했어요. 몰래.

고등학교 졸업 후 재활원 매점에서 일하기도 했어요. 남자 네 명과 같이. 뭐 짐 나르고 정리하는 거죠. 월급은 2만 원. 근데 돈 벌고 싶었어요. 주말에 영화도 보러 가고 싶고. 전 나와 살고 싶었는데 자꾸 말리는 거예요. 대신 김치 공장으로 옮겨서 일하게 해줬어요. 저 말고 여자 세 명이 더 다녔는데, 일 잘한다고 저는 칭찬 많이 받았어요. 월급은…… 받았을 텐데…… 얼마인지는 모르겠어요. 통장은 시설에서 관리했거든요. 근데 2008년에 나올 때 통장이 한 개라고…… 아까 얘기한 것처럼 오빠가 이상하다고 막 따지고 그랬어요. 근데 뭐……
(별 소용이 없었다는 뜻)

어떻게 낳긴 뭘 어떻게 낳아요?
자기들이랑 똑같이 낳지

시설에서 나와서 제일 좋은 거는, 음…… 친구들, 고등학교 동창들 맘대로 만날 수 있는 거요. 자기 맘대로 할 수 있는 거요. 어려웠던 거는, 별로 없는데? 아, 이런 건 있어요. 모르는 사람들이 장애인 놓고 비교하는 거. 그거 진짜 싫어요. "너는 말도 잘 못하고, 잘 걷지도 못하면서 왜 다녀?" 이렇게 묻는 거요. 또…… 아, 진짜…… 애 어떻게 낳았냐고. 그런 거 물어요. 맞아요. 어떻게 낳긴 뭘 어떻게 낳아요? 자기들이랑 똑같이 낳지. 그런 거. 동물원 원숭이 쳐다보듯 하는 거요.

사실 임신은 노력 많이 했어요. 잘 안 들어섰어요. 그냥 하느님한테 맡겼죠, 뭐. 그래도 첫째 임신했다는 소식을 듣는데 좋은 거보다 막 걱정부터 앞서는 거예요. 아기 장애 있을까봐요…… 장애아 검사도 했어요. 정상이라고 해서 다행이었는데……

큰애는 2010년 2월 20일에, 둘째는 2014년 9월 20일에. 큰애 낳을 때도 애가 머리가 커서 고생했는데, 둘째는 머리도 안 컸는데 안 나와서 더 고생했어요. 큰애는 착하고 얌전하고, 둘째는 애교가 있어요. 재미있는 애예요. 그래서 큰애가 질투하기도 해요. 둘째가 엄마 곁에 붙어 있으니까. 그럼 둘째는 형한테 대드는데, 혼내죠. 감히 형한테! 이러면서. 큰애는 아빠

닮은 거 같고, 둘째는 저 닮은 거 같아요. 성격은 반대로. 작은 애가 아빠 닮고, 큰애 성격이 저고. 제 생각이에요. 오빠한텐 비밀. 하하하.

애들이 아프면……
옛날에 나처럼 될까봐 무서워요……

사실 저, 태어나면서부터 장애 아니었어요. 어렸을 때 사진 보면 두 발로 서서 꼿꼿해요. 다섯 살 때 열병 앓았다고 하는데, 그때부터 이렇게 된 것 같아요. 제 기억엔 다섯 살 땐, 말도 제대로 안 나오고, 걷지도 못했어요. 처음엔 그랬는데 혼자 막 연습했어요. 걷다 넘어지고, 걷다 넘어지고. 지금 이만큼 걷는 건 다 연습해서예요. 진짜 열심히 연습했어요. 말도. 입이 안 벌어지는데, 침 흘리면서도 계속 연습했어요. 여기 무릎, 아파요. 물이 차오른대요. 이게 다 걷는 연습하다 넘어지고 부딪혀서 나중에 이렇게 된 것 같아요. 병원에서도 어쩔 수 없대요. 주기적으로 물 빼러 다니는데, 혼자 병원 가는 것도 힘들고. 활동보조가 있었으면 좋겠어요. 집에 오시는 분들은 오빠, 오빠 이름은 김규정이에요, 오빠 활동보조. 저는 활동보조 받으려면 등급 심사 다시 받아야 하는데, 오빠가 등급 떨어질 수 있다고, 그러면 지금 수급도 깎이고 심사비만 25만 원 물고 안 좋다고 받지 말래요. 오빠 앞으로 한 100만 원, 제 앞으로 한 20만 원 수급 나오는 게 생활비 전부예요. 오늘도 큰애 방과 후 수업비 8만 원 냈는데, 어휴…… 아껴야 해요. 오빠 수급비가 더 많은 이유는 오빠 앞으로 애들이 속해 있어서. 저는 지체 2급이에요. 다섯 살 때 열병 앓으면서 장애가 된 거예요. 기억은 안 나요. 근데 어떻게 알았냐구요? 사진이랑. 아, '사랑의 열매' 통해서 텔레비전 프로그램 감독님이 찾아와서 부모님 찾아주겠다고 했어요. 재활원에선 내가 물어봤을 땐 모른다고 해놓고, 감독님이 찾아가서 물어보니까 자료 줬대요. 저요, 두 살 때, 아빠가 군산에 있는 시설에 입양 보냈대요.(입양이 아니라 시설 입소 같음.) 그때 기록에는 장애 없어요. 다섯 살 때 국제재활원에 왔는데 열병도 그 무렵 같아요. 제가 기억하는 건, 장애 (갖게) 돼서 막 (걷는 거랑 말하는 거) 연습하던 거니까.

아버지 이름은 홍명기. 너무해요. 내가 (재활원 측에) 물었을 땐 맨날 모른다고 해놓고……(잠시 침묵)

요새는 힘든 거 없어요.

근데 애들 아프다고 하면 힘들어요. 애들이 열이 나면, 어렸을 때 나처럼 되면 어쩌나, 앞이 캄캄해져요. ……(울먹)…… 애들이 아프면 겁이 나요…… 내가 못해주는 것도 있지만, 특히 열이 오르고 그러면, 옛날에 나처럼 될까봐…… 무서워요……

옛날에 제가 입원을 했었거든요. 너무 아픈데 주사, 뭐지?

안 아프게 하는 주사가 있대요. 그거 맞으라고. 병원에서 그랬어요. 무통 주사? 무통 주사던가? 네, 그건가봐요. 근데 참았어요. 비싸거든요, 그 주사는. 그걸 맞느니 아껴서 우리 애들 과자를 사다주는 게…… 이를 악물고 참았어요. 참을 만해요. 힘들어도 우리 애들 생각하면 참을 만해요. 하하하. 퇴원도 빨리 했어요. 의사 선생님한테 물어보니까 며칠 더 있으라고 하는데, 괜찮다고, 빨리 나가고 싶다고 그랬어요. 아니~ 우긴 건아니에요. 하하. 정말 열심히 노력했어요. 하루라도 얼른 나으려고. 그랬더니 병원에서도 집에 가서도 이렇게 하라고 하면서 보내주더라구요. 애들, 애들 보고 싶어서. 엄마가 없으면 얼마나 불안하겠어요? 얼른 나아서 우리 애들한테 가야지. 사실은 애들이 아토피가 있어요. 그래서 과자, 자주는 안 주고, 가끔, 가아~끔, 하하하. 잘하면 상으로 사주고 그래요. 큰애는 덜한데, 작은애가 심해요. 밤에 막 잠을 못 자고. 가려워해서. 네, 예민해요. 그러니까 더 엄마가 같이 있어줘야죠.

오빠가, 여기 중증장애인센터 국장이었어요. 지금은 건강이 안 좋아져서 집에서 쉬고 있는데. 오빠는 대학에서 유아교육도 공부했어요. 그런데 애들 키우는 건 제가 다…… 아하하. 애들이 아빠한테 안 가요. 저한테만. 하하하. 제 자랑 아니고…… 아하하. 진짜 그런 거예요~ 내 자랑 아니고~~ 오빠가 집에선 말도 잘 안 하고 그러니까, 애들이 저한테로 와요. 한번은 그런 거 때문에 오빠랑 크게 싸운 적도 있어요. 오빠는 유아교육도 공부한 사람이고, 나는 오빠보다 공부한 것도 없는데, 오빠는 애들한테 나만큼도 못한다고. 말 잘했죠? 하하하. 뭐, 지금은 오빠가 건강이 안 좋기도 하고…… 네, 오빠 건강이 많이 안 좋아요. 그냥…… 전체적으로 다 안 좋아서…… 일도 그래서 쉬는 거예요. 쉬더라도 밖에 나가서 종종 센터 사람들도 좀 만나고 그랬으면 좋겠는데, 오빠는 몸이 많이 힘든가봐요. 그런 것도 없이 그냥 방에만 있어요. 어제도 오빠 병원, 여기 전북대 병원이요. 네 오빠는 그런 큰 병원에 가야 해요. 여기저기 다 안 좋으니까. 거기 다녀와서 제가 힘이 좀 들어요, 오늘은. 저도 다니는 거 힘든데, 아픈 사람이랑 같이 다니면 더 힘들죠. 그래도 몸 힘든 건 나아요. 결과 안 좋을까봐 마음 졸이는 건 정말 힘들어요. 그래도 뭐 더 나빠지지 않았다고 해서 다행이에요. 오빠가 우울하지 않았으면 좋겠는데…… 그래도 우리 가족이 계속 지금처럼만이라도 건강하고 행복했으면 좋겠다고, 오빠가 그래요. 고맙죠. 크게 더 바라는 거 없고, 제 마음도 똑같아요.

마땅히 물어야 할 것들

한번은 인터뷰 때 윤주 씨네 큰아들 하람이가 따라나왔다. 낯선 사람 앞이 어색하고 긴장이 될 법도 한데, 여덟 살 아이는 제법 능숙하게 '하느님의 사람'이라는 뜻이라고 먼저 제 이름을 풀어주기까지 했다. 질문을 많이 받는 모양이다. 이름자의 뜻이 깊고 크다고 말했다. 그러자 윤주 씨는 "둘째는 (심지어) '하늘'인데요?" 하고 웃었다.

스쿠터(외부용 휠체어) 앞좌석에 앉아 캥거루 새끼마냥 제 엄마 품에 쏘옥 들어와 있던 아이는 엄마의 장애를 별로 신경 쓰는 것 같지 않았다. 아이는 엄마가 좋고, 오랜만에 동생 없이 엄마를 독점할 수 있어 더 좋아 보였다. 수줍고 대체로 고분고분한 아이는, 그러나 어리광도 많았다. 조숙한 아이가 아니어서, 나는 다행이라고 생각했다. 자신이 당연히 관심과 존중, 애정과 보호를 받아야 하는 나이임을 일깨우는, 딱 그 나이다운 개구쟁이짓이 더할 나위 없이 사랑스러웠다.

아이는 매일 엄마의 전동스쿠터를 타고 등교한다고 했다. 엄마가 바래다주는 등굣길은 아이에게는 매우 신나는 일 같았다. 엄마 덕에 아이는 학교에서 나름 유명 인사랄까. 아이가 4월 20

일에 학교에서 받아온 가정통신문에는 '장애인의날'을 기념하는 글귀가 적혀 있었다. 아이는 그걸 자랑스럽게 들고 집에 왔다. "엄마, 이거 읽어봐." 엄마에게 장애인의날은 자신에게 어린이날과 같은 것이라고 생각해서였는지, 아이는 곱게 사랑한다는 쪽지를 써서 주었다.

"어버이날엔 뭐 없었어요. 장애인의날에 했다고. 하하하."

윤주 씨에게 아이들은 윤주 씨가 의지하는 '하늘'이자, 그 하늘이 윤주 씨에게 내려준 '하늘(하느)님의 사람'임이 분명했다. 어쩌면 윤주 씨는 애초부터 그런 기도를 담아 아이들의 이름을 지었던 것일지 모른다.

"그래도 애들이 자꾸 저한테로만 오니까 힘이 들긴 해요. 오빠가 몸이 점점 경직되고 아프니까 어쩔 수는 없는데, 작은애가 어린이집에서 3시 반이면 오고, 큰애가 방과 후 수업까지 마치고 5시에 오면, 아휴- 그때부턴 정신이 없어요. 차라리 애들하고 있을 땐 나아요. 애들 잠들면 11시. 그때부터 제가 아파요. 너무 아파요. 여기 무릎이랑 어깨랑…… 아침에 일어나면 어깨가 진짜 아파요. 왜 그런지는 저도 모르겠어요. 병원비 아까워서 잘 참다가, 요샌 너무 아파서 천 원씩 내고 가는 한의원을 가는데, 가서 물리치료 받는데, 나는, 나는…… 근육이 점점 이렇게 된대요. 너무 아파…… 어쩐 일인지, 잠도 깊게 못 자요. 그래서 입안이 자꾸 헐어요. 이거 봐요…… 응, 이렇게 헐어…… 피곤한데 깊게 잠 못 자요…… 그래서 활동보조가 있었으면 좋겠어요. 근데, 등급 심사 받다가 전번보다 떨어지면…… 무서워요. 지금도 겨우 사는데. 수급도 깎이고 그러면……"

무슨 방도가 없을까.

그래도 윤주 씨네는 제법 매스컴을 탔다. 동네를 오가다보면 용케 그런 윤주 씨를 알아보고 다가와 반갑게 인사를 건네는 사람들을 곧잘 만났다. 그러한 뜻밖의 만남처럼 그간 간헐적으로 뜻밖의 인연들로부터 오는 크고 작은 도움들이 있어왔다. 그러나 생활은 당첨 복권을 손에 쥐고 사는 일이 아니다. 타인의 선의나 요행에만 기대기엔 일상은 당장 5천 원짜리 한 장에도 쩔쩔매며 전전긍긍하게 한다. 그러므로 윤주 씨가 바라는 것은 안정적인 시스템. 제발 활동보조 서비스라도 등급 심사에서 떨어져 수급마저 깎이는 두려움 없이, 더도 덜도 말고 딱 자신이 필요한 시간만큼만 제공받았으면 좋겠다.

"병원을 안 가도 되거나(안 아프거나), 병원 가는 거라도 도와줄 활보가 있었으면 좋겠어요. 그렇게 기도해요."

사람은 언제 기도하는가. 자신이 할 수 있는 것이 하나도 없을 때와 자신이 할 수 있는 모든 것을 다하고 기다릴 때. 안 아프길 바라는 윤주 씨의 기도가 전자에 속하는 일이라면, 윤주 씨에게 생활에 대한 불안 없이 활동보조 서비스가 제공될 수 있기를 바라는 것은 후자에 속하는 일일 것이다. 다만 그 후자는 윤주 씨 개인이 아니라 우리가 함께해야 할 기도의 몫. 어려움 속에서도 꿋꿋하게 살아가는 홍윤주라는 생의 서사에 감동하는 일보다, 제대로 작동하는 시스템을 만든 후 그녀가 평안하기를 바라는 것이야말로 사실은 진인사대천명盡人事待天命, 즉 사람이 할 수 있는 모든 일을 하고 하늘의 뜻을 기다린다는, 그 오래된 기도의 한 방법이자 미담을 완성하는 길이다.

후일담

나는 이 글이 홍윤주의 '인간 극장'이기를 바라지 않는다. 밝고, 맑고, 아름다운 그녀는 분명 눈물의 얼룩을 웃음의 주름으로 환치할 줄 아는 능력자이긴 했으나, 그녀에게 분연한 웃음을 기대하고 감동의 서사만을 우려내는 것은 그녀를 둘러싼 부조리한 구조에 이내 눈감는 일이다. 그녀는 너무 열심히 살고 있었다. 아직도, 너무, 열심히 살고 있었다. 그녀의 열심을 칭송하기 전에 마땅히 물어야 할 것들이 있다. 대체 윤주 씨는(대부분의 장애인이 그렇다!) 왜 이렇게 착해야 하고, 왜 이렇게 눈물겨운 자기 극복 미담의 주인공이어야 하는가. 왜 이렇게 가난하고, 왜 이렇게 감사만 하고 살아야 하는가. 왜 이렇게밖에 살 수 없도록 시설에서 거주하는 것이 당연하게 여겨졌고, 시설 밖에서는 수급이나 활동보조 서비스 같은 당연한 권리조차 심사관들의 눈치나 보며 챙길 둥 말 둥 해야 하는가.

하람이와 하늘이. 동아줄을 내려달라는 기도와 같았을지 모를 아이들의 이름을 지으며 윤주 씨는 분명 그 아이들이 자신보다 더 넓은 세상에서 살게 되기를 소망했을 것이다. 일단 그곳은 시설이 아니었을 것이며, 등급과 심사가 있어 누군가의 존재에 서열과 우선순위를 배정하는 세상도 아니었을 것이다. 무엇보다 윤주 씨와 같은 장애인이 세상을 살아가는 일에 불쌍함도 대견함도 대단함도 아닌, 그저 평범함을 느끼는 그런 곳이길 바랐을 것이다.

자, 윤주 씨의 기도에 두 손을 함께 모으고 싶다면, 과연 당신은 어떤 기도의 방법을 택할 것인가. 이 글은 바로 그것을 묻고자 함이다.

아무도 내한테 알려주지 않았어요

정하상

"미소, 조아라, 서중원 선생님 만남요, 사랑합니다. – 정하상 내다."

잠시 자리를 비운 사이 수줍은 연애편지처럼 인터뷰이가 몰래 수첩에다 적어놓은 것.

이른 아침 기차를 장장 네 시간을 타고 내려가 외롭고 막막했던 한 사내의 고단한 인생사를 듣는다. 솔직히 나는 다 이해할 수 없고, 그 때문에라도 함부로 연민해선 안 된다고 생각하지만(내겐 그럴 자격이 없다!), 단 한 번도 무엇 하나 모지락스럽게 그러잡아본 적 없는 누군가의 인생은, 지금 나에겐 그 자체로 경탄의 대상이다. 천진과 난만은 그의 타고난 품성 같았다. 그런 그를 세상은 쉽게 도륙질하고 곧잘 이용해먹곤 했지만, 끝내 그를 그들보다 나은 인간으로 지켜준 것도 그 품성이었다는 생각을 해본다. 그만한 고생이라면, 내 생각엔, 그에겐 훨씬 쉬운 방법이 있었다. 자기 연민. 그리고 피해자라는 포지셔닝.

생존자로서의 자긍보다 피해자로서의 원망에 갇혀 지내는 삶을 대하는 것은 조심스럽다. 그것은 그럴 만한 일이기도 하면서 동시에 더는 그러지 않았으면 하는 주위의 간절함을 보태는 일이다. 물론, 주위의 그깟 주제넘은 간절함 따위가 당사자 본인의 간절함을 과연 넘어설 수 있을까마는……

그러나 오늘 만난 예순다섯 살 '소년'의 얼굴은 시종일관 열에 들떠 발그레하다. 자신의 두서없는 이야기가 녹음되고 있다는 사실에, 누군가 그것을 받아 적고, 때때로 고개를 주억거리고 있다는 사실에, 더구나 나의 인생이 다른 누구도 아닌 나 자신에 의해 고유한 궤적을 그리는 단 하나의 서사로 구성되고 있다는 감격에, 그는 종종 눈시울을 붉히기까지 했다.

그렇더라도 그의 말은 거주지 이동 시점과 같은 연도와 액수 등의 수치나, 사람의 관계, 특정 사건의 전말이나 맥락을 설명하는 대목에서는 우왕좌왕하기 일쑤였다. 대신 사람 이름이나 지역명, 공장 이름 같은 고유명사들에 대한 복기는 상대적으로 명확했다. 천성을 그대로 드러내는 유순하고 상냥한 그의 어투에도 불구하고 사투리와 억양의 차이에 적응하지 못해 잘 알아듣지 못하고 재차 질문을 반복하는 내게, 그는 마치 최대한 자신의 약점은 들추지 않고 장점은 부각하려는 듯, 은근슬쩍 수치는 뭉치고 반면 고유명사들은 몇 번이고 반복하는 방법으로 설명을 이어나갔다. 덕분에 그가 거쳐간 '영해'나 '군위' '진량' '완촌' 같은 지역명이 와락 가까워졌다. 수험생 시절 지리부도에서나 힐끗 보았음 직한 그 소도시의 이름들은, 분명 그가 아니었다면 내겐 마냥 정겨웠을 것인데, 대

아무도 내한테 알려주지 않았어요

체 누가, 눈이 맑고 때때로 말을 저는 이 소년을, 그 도시들에 부렸는가. 사과 농사에서 포도 농사로, 누구네 집에서 또 다른 누구네 집으로, 오이며 콩이며 고추며, 거름과 여물을 짊어 나르는 자그마한 소년의 등을, 대체 누가 증여 노예처럼 야속하게 떠밀어댔는가.

그가 공장 노동자로 드디어 대도시 서울에 입성하게 되는 2001년에마저도, 그는 또다시 누군가네 집에서 다른 누군가네 집의 연줄로, 그저 먹고 자는 일을 해결할 수 있는 선상에서 쇼부 쳐진 인생을 열게 되었을 뿐이다. 그쪽에선 선심이나 이쪽에선 영락없는 헐값 매매인.

그러다보니 그에게는 차라리 나이 육십이 다 되어 들어간 시설이 편했다. 마지막 공장에서 나와 무작정 불로동 주민센터로 찾아가 살 데를 알아봐달라고 청원하고는, 그것만도 참 감사한 일이라고 생각하며 살았다.

그런데 어째 몇 년 전부터 그의 인생에 자꾸 변화들이 생긴다. 아니 그가 자꾸 변화들을 갈망한다. 몰랐던 장애수급이 있단 것도 알게 되고, 그걸 혼자 이리저리 계획해서 살림하며 써보고도 싶어지고, 혼자 아파트에서도 살아보고 싶어지고, 일을 하고 싶은데 그럼 수급이 짤린다고 해서 대체 제도가 왜 그런가 높은 분들한테 따져 묻고도 싶어진다. 왜일까?

그에게 세상은 여전히 무섭고 외롭다. 지난 시간 축적된 경험의 몫 때문만은 아니다. 몇 년 전부터 자신에게 깃든 새로운 갈망과 변화들을 기꺼이 껴안으면서 그는 사회생활의 저변이 확대되는 것을 경험하였다. 정보도 관계도 많아졌다. 그 많아진 정보와 관계에 기초해서 그는 '무섭'고 '외로운'데 혼자 자립해서 잘 살아보고 싶고, 동시에 '무섭'고 '외로워'서 자꾸 서울에 있는 활동가들한테 전화 좀 자주 해달라고 보채기도 한다. 무섭고 외롭다는 내내 같은 말을 쓰더라도, 이제는 그가 느끼는 감정의 저변이 훨씬 복잡다단하게 확대된 것이다. 이것은 무엇을 의미하는가.

그는 이미 이전과는 다른 세상을 살고 있는 것이다.

아무도 얘기해주지 않았어요

고향은 영해. 83년에 중학교 졸업하고, 영해 보육원에서 군위로 가서 사과밭에서 일했어요. 상주로 가서 포도밭에서 일하고, 오이 농사도 짓고, 고추 농사도 짓고, 콩도 짓고…… 부모가 없으니 도와줄 사람이 없어서…… 고생 많이 했시오…… 남의집살이…… 웅, 남의집살이를 85년에서 89년…… 2001년에 서울에 와가지고…… 양말 공장…… '삭스피아'라고 있어요. 사장은 박정연. 새벽 4시까지 근로하고. 월급은 20만 원 주고. 밤새 일해도 더 주지는 않아. 아무도 얘기해주지 않았어요. 일한 만큼 돈도 주지 않았고. 장애수급도 나는 모르니까,

알려줘야 하는데, 아무도 얘기해주지 않았어요. 부모 없다고 우습게 보면 안 되지. 사정(입장) 바꿔 생각해봐요. 안 그래요? 나는 그렇게 안 할 끼다. 더 챙겨주고 그래야지…… 도와줄 사람도 없는데…… 더 도와줘야지……

2007년 대구로 혼자 내려왔어요. 대구 양말 공장 있어요. 강창역 있는 데에. 정경훈이라고, 사장인데, 그 집에 같이 살았어요. 돈 못 받고…… 용돈 정도만 받았어요. 한 달에…… 아마 5만 원? 그거 뭐…… 먹고 싶은 거 나가서 사 먹으면 금방 없어지는 거…… 그래가…… 공장에서 그냥 나왔어요. 부모 없다고 우습게 보면 그건 인간도 아이다. 동사무소 가서 도와달라고 해서 2009년 청구재활원 소개받았어요. 거기서 2016년까지 (있었죠).

2016년 3월 9일, 이창수 씨가 소개해줘서 지금 사는 자립 생활 주택 연결해줬어요. 이창수 쌤은 사람센터 선생님이에요. (어느 날) 청구재활원에 왔더라구. 나는요, 내 수급을 내가 받고 싶었어요. 그런 거 몰랐거든요. 수급을 내가 받아서 내가 요리조리 쓰고도 싶고 저축도 하고 싶은데…… 그리고 내는, 수급자이지만 일도 하고 싶어요. 청구재활원 김춘태 선생님 소개로 사람센터 이창수 씨, 장근배 씨 연결이 돼가지고…… 고맙게 생각하고 있어요. 여지껏 살아오면서 내한테 장애와 수급에 대해 알려준 유일한 사람들이에요.

수급도 받고 일도 하면 안 되나?

청구재활원은 경산, 경산에 있어요. 거기서도 일했어요. 종이가방 만드는 일. 근데 돈이 안 됐다. 내는 게으른 사람 아이다. 내 (옛날에) 공장서도 열심히 일하고 살았어요. 정당한 임금만 챙겨줬어도…… 지금 일하면…… 일하고 싶은데…… 그럼 수급이 짤린다고 해…… 수급도 받고 일도 하면 안 되나? 몰라…… 왜 (제도가) 그런지…… 내는…… (지금까지) 일 (열심히) 해도 남한테 인사도 못 받고…… 기억도 안 나면 편하겠는데, 다 기억나요. 그래 내가 외로워요. 눈물 나고. 마음이 아파요. 들어줄 사람이 없어요.

소원? 바라는 거? 아파트 소개해달라고 하고 싶어요. 혼자 살고 싶어. 지금은 둘이 사는데. 센터에서 소개시켜준 중도장애인인데, 젊어서 산에 갔다가 다리를 못 쓰게 됐대. 고진우라고. 스물다섯 살에 그렇게 됐대. 그 친구는 가족이 있어요. 오며 가며, 들여다보고…… 돌봐주는 이(활동보조)도 있으니까 외롭지는 않아 보여. 내하고는 다르지. 내는 그게 젤 부럽더라고. 지금 둘이 사는 집, 그 친구랑은 잘 안 맞아요. 내는 깨끗하게 청소하고 싶어요. 부모가 없어도 내가 잘 살았으면 좋겠어. 근데 담배를 피우거든, 그 친구가. 병에 이래 꽁초 넣고…… 내는 깨끗하게 살고 싶어. 혼자. 혼자 잘 살고 싶다.

여자 친구들 있었어요. 서울에 있을 때. 세이…… 근데……

술 마시거나 담배 피우고…… 돈 달라고 할까봐 내는 싫었어요. …… 여자 잘 만나야 한데이~ 돈만 알고 도망갈까봐 못 만나겠더라.

결혼은…… 무서워요. 옛날에 공장 다닐 때, 사기 결혼 당한 동료가 있어요. 집들이까지 했는데, 어느 날 동료가 집에 가보니까 텔레비전이랑 세탁기랑 다 없고, 들고 날랐대. 사람을 잘 만나야 한데이. 내는 그래가 무서워.

나는 혼자라 집에 가면 외롭다. 자꾸 그래서 발바닥 선생님들 생각난다. 내가 잘해주고 싶다. 미소, 아라, 서중원 쌤, 어디 가도 안 잊어불 끼다.

내 진짜 잘 살고 싶다

일을 하고 싶은데…… 실은 일하는 것도 겁나…… 사장을 잘 만나야 하는데…… 내는 보호해줄 사람이 없었어요. 돈 못 받고 그런 거…… 따지지도 못하고…… 경찰서는…… 갈 생각도 못했어요. 내가 말을 잘 못해. 그라니께네 (내 말을) 믿어주지를 않지…… 나한테 그래요, 막 어떤 사람은…… 같이 공장에서 일했던 사람인데, 내가 돈 못 받았다고 그러니까 "그 돈 받아서 뭐하게?"이라고 말아요. 억울해요…… 아무도 들어주지 않았어……(눈물)

내는 재활원에 있을 때도 일했어요. 근처 SK 주유소에서 일하다 이창수 씨도 만난 기라. 의정부 양말 공장에 다니다 대구에 내려온 게, 음…… 2005년? 2005년(처음엔 2007년이라고 했다). 전경호가 운영하는 가게에서 일하다 거 주인 부부가 맨날 싸우고 그래서 내 나왔어요. 그래가 동사무소 가가지고, 불로동에 있는 동사무소에 가가지고, 청구재활원 소개를 받은 기라. 음…… 2009년에. 거서 살면서 재활원에서 소개로 진량 방촌시장으로 일을 다녔는데, 아침 7시에 출근해서 밤 10시에 퇴근했어요. 월급은 한 100만 원? 월급은 그때 처음 받아봤어요. 청구재활원에 통장이 있어요. 그란데 출퇴근이 힘들어서 내가 그만둔다고 했어. 그다음이 완촌 SK 주유소에서 일하다 사람센터 이창수 씨를 만나 자립했어요. 응. 거서 만나서 내 얘기하니까 재활원으로 이창수 쌤이 찾아왔어요. 그래가 이창수 쌤 도움으로 2016년 3월 9일 내가 자립한 기라. 재활원 박영우 손성영 김승택 선생님도 내한테는 잘했다. 내 어디가서도 안 잊어불 끼다.

요새 하루 일과는…… 보통 7시에 일어나요. 직장 구하기가 어렵다. 서울서는 이런 가게 얼마면 해요? 장사 어렵나? 그렇지…… 요샌 다 장사가 잘 안 된다고 하지…… 일하고 싶다. 나는 일 열심히 해. 혼자 살려면 돈이 있어야 하는데…… (일해서) 제대로 대우받으며 살았으면 좋겠다. 그리고…… 수급 좀 올랐으면 좋겠다. 여 대구에 오래오래 살고 싶다. 내는 그렇

아무도 내한테 알려주지 않았어요

다. 요새는 일도 안 하고……(시무룩) 농구랑 야구처럼 친구랑 하는 운동하고 싶은데…… 외로워…… 그러니까네…… 내 잘 해줄게. 서울 가도 내한테 전화 좀 해도. 내 그럼 어디 가도 안 잊어불 끼다. 쌤이랑 미소랑 아라랑…… 내 어디 가도 안 잊어불 끼다. 내는 그 셋이 참 좋다……

내 오래오래 살고 싶다. 그 이유가 세이 있는데. 청구재활원 선생님들이랑, 사람센터 선생님들, 발바닥 선생님들 이 셋이 내한테 친절한 사람들이다. 그래가, 내 진짜 잘 살고 싶다.

선생님요, 여름엔 먹는 거 조심해야 한데이~ 시금치, 콩나물, 두부, 버섯, 잡채, 떡, 오뎅, 순대, 아이스크림, 샌드위치 이런 거는, 여름엔 조심해서 먹어야 한데이. 어때? 나 잘해주지? 그러니까네, 내한테 전화 좀 자주 해도. 서울 가도. 그럼 내 어디 가도 안 잊어불 끼다.

아지매, 장애인 우습게 여기지 마요
아지매도 살다 다치면 장애인 되는 거요

동물들은 사람들과 대번 틀리다.

새끼 아프면 병원 못 데려가도 혀로 핥아주고 그런다고. 고양이나 진돗개나 코끼리…… 여러 가지…… 안아주고 뜨뜻하게 해주고…… 내가 봤어. 사람보다 낫구나 했다고. 동물들은 말은 못해도 곰도 새끼한테 고기 잡어가지고 준다고. 의리를 지킨다고 동물은. 사람이 치료해주면 다 나은 후에 지켜주더라고…… 방송에서 봤어. 〈동물농장〉.

근데…… 사람은 안 그래. 에레베이터에 장애인이 타려고 하면 내리라고 한다고. 그래 내 언젠가는 그랬어.

"아지매, 장애인 우습게 여기지 마요. 아지매도 살다 다치면 장애인 되는 거요."

장애인 권익이 지켜졌으면 좋겠어요. 차에도 장애인용 리프트 시설이 있는 거 몇 대 더 생겼으면 좋겠어. 장애인들 권리 옹호를 위해 집회도 계속했으면 좋겠다.

3월에 청구재활원 나와서, 내 많은 생각을 했어요. 장애인들도 잘 살았으면 좋겠다…… 장애인들 잘 다니게 양보도 좀 해주고, 지하철 공사도 좀 해주고…… 구경만 말고 서로서로 도와줄 줄 알아야지…… 사람들 답답하데이…… 정부도 수급 많이 주고 일자리도 확보해주고. 이런 게 좋아지면 집회 안 해도 되잖아? 안 그래요?

국회의원들 월급 많이 받잖아? 그렇게 살면 안 되지. 같이 고루 나눠 살아야지. 우리도 인간답게 살아야 한다고.

아무도 내한테 알려주지 않았어요

화장실도 마음 편히 못 가면 그건 차별이지

내는 제일 불만인 게, 화장실 면적, 그라니께네 장애인 이용 가능 공간이 더 커져야 한다고. 화장실도 마음 편히 못 가면 그건 차별이지. 우리는 똑같은 국민이야. 내가 대통령이라면 장애인과 못사는 사람들한테 먼저 지원하겠다. 안 그래? 내 말이 맞지?

장애인들에게 필요한 거는…… 내 생각에는요, 첫째가 지하철 에레베이터. 그다음엔 화장실 크게 만드는 거. 그리고 글자 좀 크게 썼으면 좋겠어요. 장애인들이 알아보기 쉽게. 안 그럼 읽기 어렵다고. 그리고 장애인 차량도 증가해야 한다고. 거리에서 사람들이 양보도 좀 해주고, 서로 돕고, 우습게 보지 말고. 그라몬 장애인들도 똑같이 잘 다닐 수 있다고.

시설은 왜 안 좋냐 하면. 내가 있던 청구재활원은, 선생님들은 좋은데 입소자들끼리 싸워. 시설 말고 밖에서 혼자 살 수 있도록 경제적 기반을 사회가 마련해주었으면 좋겠다고 나는 옛날부터 생각해왔어요. 시설은 반찬도 영 안 좋고. 청구재활원은 선생님들이 좋았지만 바깥에 못 나가게 했어요. 입소자들끼리는 서로 싸우고 담배 피우고 그랬어요. 아침은 7시 반에, 점심은 11시 반, 저녁은 4시면 주는데, 그라니까 밤에 배고프고 그랬어요.

장애인들이 집회 안 하는 방법은……
내 알리도까?

그래…… 일이 힘이 들재? 남의 일 하는 게 쉬운 일이 아이다. 우리나라가 노동 처우가 보장이 안 된다. 장애인들이 집회 안 하는 방법은, 내 알리도까? 날 좋을 때 국회 가서 직접 만나면 된다. 방송에 노출되면 하루 만에 된다. 순진한 생각이라꼬? 아이다. 비가 오나 눈이 오나 덜덜 떨어가며 아무도 귀담아듣지 않는 주제로 목청이 터져라 집회하는 동료들이 안타까워하는 소리다. 대통령, 대통령부터 압박했으면 좋겠다. 내 생각은 그래. 그라몬 장애인도 경찰도 안 다치고, 그럼 좋잖아? 짐승도 다치면 마음 아프잖아? 누구라도 다치면 마음 아파. 그라니께네 집회해서 싸우는 거보다는 정치인들 만나서 얘기하고 싶어. 동물들도 잘해주면 보답한다고. 장애인들은 잘해주면 적어도 피해는 끼치지 않겠지.

뭐 내 생각은 그런데, 그것도 정치인들이 (우리 얘길) 들어주지 않으면 지금처럼이라도 하는 수밖에 없겠지…… 그라니께네 집회 때 자주 보고 싶고, 우리 열심히 살았으면 좋겠다아~ 어때? 나 잘했지? 말 못하는데, 열심히 했나? (녹음기를 살피며) 잘 좀 부탁합니데이~ 그리고 서울 가면 내한테 전화 좀 해도. 전화 안 하몬 섭섭~하데이~

외로운 이의 옷깃에
묻은 머리카락 한 올을
어찌할 것인가

장애등급 3급. 그가 받는 수급의 근거가 되고 있는 이 등록증을 그는 2016년 6월 8일에야 발급받았다. 무연고자에 순하고 어리숙한 그에게 일평생 장애와 수급, 임금과 노동권에 대한 권리들에 대해 제대로 알려준 사람은 우연히 만난 장애인자립생활센터의 활동가가 처음이었다. 그가 어려서부터 거쳐온 농가나 공장주의 이름을 정확하게 기억하고 있고, 비록 연도는 매번 복기할 때마다 어긋나도 자신이 넘겨진 그 계보만큼은 줄줄 외고 있는 이유는, 억울함 때문인 것 같았다.

"아무도 내한테 알려주지 않았어요."

그토록 많은 사람들을 거쳐왔으나, 심지어 열심히 일해왔으나, 그에게 합당한 임금과 권리를 챙겨주거나 알려준 사람은 거의 없었다. 그럼에도 그는 과거에 대한 원망과 복수의 칼날을 벼리는 대신 앞으로 더 재미나게 살고 싶은 욕구를 드러내기 바빴다. 이전과는 다르게 모르던 것을 알게 되어서, 챙길 수 없던 것을 챙기게 되어서 그럼 그는 장애인을 둘러싼 이 등급과 수급 제도에 의해 구원받은 일상을 살게 된 것일까. 아니다. 그러기에는 현행 제도가 그런 그를 무력화시키기도 한다. 그는 외롭다. 계속 외롭다. 자신은 뭐든 성실히 잘하니까 자리만 있다면 일을 하고 싶은데, 문제는 예순이 넘은 나이에 일을 구하는 것도 어렵고, 어렵사리 구하게 된 일자리라도 어지간해서 착취 구조를 빗겨나가긴 더 어렵다는 걸 그는 경험으로 지독하게 알고 있는 사람이다. 무엇보다 수익이 생기면 지금 받는 수급이 깎이거나 없어진다. 일자리와 수급 중 보다 안정적인 것을 선택하자니 일자리를 포기하게 되고, 그러다보니 일상은 무료하다. 센터에서 연결해주는 교육 프로그램이나 모임에도 나가긴 하지만 그런 것은 단발적인 이벤트일 뿐. 수급이 넉넉하냐 하면 그런 것도 아니다. 장애연금 20여만 원과 기초생활수급 40여만 원으로 주거와 식비, 통신비, 교통비 등을 제하면 그야말로 최소한의 생활도 간당간당하다. 꾸준한 배움이나 교류, 여가 등을 계획할 살림 규모가 되지 않는다. 어떤 의미에선 이 수급의 경계 안에 그의 생활이 옥죄어 있다고도 보여진다. 대개 선별적 복지의 생계 지원은 수급자들에게 사실상 "너는 딱 그 최소한의 삶만을 영위하라"는 메시지를 함축한다. 그의 무료함과 외로움은 이와 무관하지 않다.

그는 곧잘 전화를 걸어오곤 했다.

"내한테 전화 좀 해도. 전화 안 하몬 섭섭~하데이~ 내 잘해줄게. 서울 가도 내한테 전화 좀 해도. 내 그럼 어디 가도 안 잊어불 끼다. 내 어디 가도 안 잊어불 끼다……"

그러다 약속도 없이 무작정 서울행 열차 안이라는 연락이나 문자를 보내오곤 했다.

"오늘 서울역 만남. 커피 한잔. 보고 싶다. 무궁화 열차다."

그러나 공적인 친절이 사적인 친교로 그대로 넘어가게 되는 것은 아니다. 부디 그의 외로움이 인터뷰이와 인터뷰어 사이의 적절한 거리를 받아들일 만큼 단단해지기를 바랄 뿐.

사실 이 일을 진행하면서 장애, 비장애 사이의 문제보다 종종 더 심각하게 체감하게 되는 문제는 바로 젠더다.

만약 여성 인터뷰이였다면 자기를 취재하는 남성 인터뷰어가 마음에 든다 해도 차 한잔하자고 말 한 번 꺼내기가 쉽지 않았을 것이다. 혹은 차 한잔 정도가 남성 인터뷰어에게 뭐 그렇게 큰 부담이거나 위협이 될까손 싶기도 하다.

불과 하루 전에 만남은 되도록 합의와 약속을 전제하기로 하자는 당부에다 알았노라 대답해놓고, 새벽부터 득달같이 서울로 달려오는 무궁화호 열차 안이라는 문자에 도착 시간과 차 한잔하자는 말과 죄송하다는 인사까지 그가 덧붙여온 날, 나는 외로운 이의 어깨에 묻은 머리카락은 함부로 털어주는 게 아니라던 어떤 이의 조언이 떠올랐다. 내가 줄 수 없는 것을 바라는 눈동자는, 빤히 바라보는 일도 애써 외면하는 일도 고역이다. 그저 내가 외로운 자신의 인생에 친밀한 한 사람이길 바라는 그에게, 어쩌면 나는 인터뷰라는 내 목적만을 달성하고 날라버리는, 그의 인생에 숱하게 반복된 그 무정한 사람 중 한 사람으로 남게 될지도 모르겠다. 그는 나쁜 사람이 아니다. 오히려 그 반대다. 그러나 아아! 이 외로운 이의 어깨에 묻은 머리카락 한 올을 대체 어찌할 것인가.

너라면
안 그러겠어?

김은정

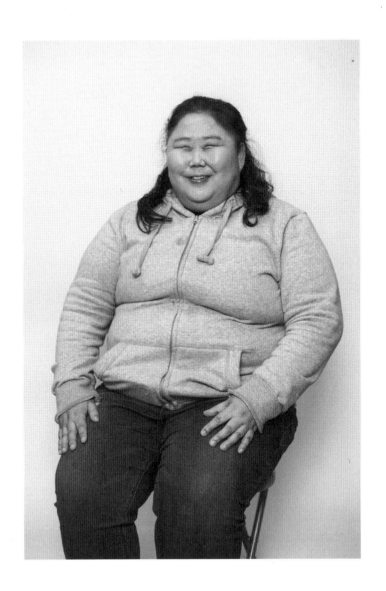

가족에 대해 묻자 은정 씨는 입을 닫았다. 냅다 거실 소파 위로 올라가 배를 깔고 엎드리더니 휴대폰을 만지작거리며 계속 딴청이다. 반면 수진 씨는 하나라도 더 말하고 싶어 안달이다.

"나는요, 우리 가족은요, 할머니 할아버지도 있고, 주영이도 있고, 이모도 있고, 고모, 고모부도 있고, 명절에 가면 다 있어요. 우리 엄마는, 엄마는, 병원에서 봤어요. 많이 아팠는데, 마지막에 가니까 아무것도 못 먹는대. 엄마가 있지, 그거, 암…… 그래도 날 알아보더라구……"

속사포처럼 쏟아져 나오는 수진 씨 얘길 받아 적고 있지만 어쩐지 마음은 은정 씨한테로 쏠린다. 흘낏, 수진 씨 너머로 은정 씨를 바라보다가 그만 수진 씨한테 들켰다. 이거 원, 두 사람 모두에게 미안해지는 상황이라니……

"언니, 언니도 얘기해~"

"……"

"은정 씨 다시 아파? 그래서 엎드린 거야?"

"······"

"은정 씨~"

"몰라!"

급기야 은정 씨는 방문을 닫고 들어가버린다.

꽝!

아차 싶다. 뭔가 건드렸구나······! 쫓아가 방문을 두드렸다. 기척도 없다. 혹시나 해서 문고리를 돌려봤더니 아예 돌아가지도 않는다.

"은정 씨, 은정 씨?"

"······"

"나, 그냥 가?"

"웅!"

공연히 하던 얘기만 날아가버린 수진 씨가 다 민망해한다. 그러나 은정 씨가 잠가버린 게 방문뿐이 아님을 일단은 받아들여야 했다. 수진 씨가 손을 잡아끈다.

"장염, 장염 그거 때문에, 나도 있어. 나도 그래서 병원 다녔어요. 약 먹고, 주사 맞고, 또 병원 가고······ 아니요? 지금은 아니고. 전에. 나 2키로 빠졌어요····· 힘들었어·····"

아마 은정 씨가 지금 아파서 그러는 걸 거라는 얘기를 수진 씨는 대신해주고 있는 것이다. 역시, 두 사람 모두에게 미안하다. 무심코 던진 질문 때문에 한 사람은 마음이 상해버리고 다른 한 사람은 난처해하고 있다. 이로써 인터뷰는 시작하자마자 철수부터 해야 할 판.

우린 이사가 처음이네 하하하……

알고 보면 은정 씨는 살갑고 부드러운 사람이다. 길을 걸을 땐 언제나 나란히. 그러다 언제인지도 모르게 살며시 팔짱도 낀다. 음식이 나오면 늘 맞은편 사람에게 한입 먼저. "아~"하는 그 소리가 어찌나 귀를 살살 녹이는지 기분 좋은 고양이처럼 눈을 가늘게 뜨고는 순순히 입을 벌려 음식을 받아먹게 된다.

이삿날도 그랬다. 인터뷰 따낼 요량으로 짐 나르는 걸 도와주겠다고 찾아갔는데 은정 씨는 벌써 정리를 마친 후였다. 워낙 단출한 살림이었다. 반면 수진 씨 짐은 절반도 풀지 못했다. 수진 씨 방으로 이삿짐을 들고 나르고 풀고, 정신없이 움직이고 있는데, 가만히 바라보기만 하던 은정 씨가 자기 방에서 뭔가를 손에 쥐어 가지고 나왔다.

"이거……"

"뭔데? 마스카라? 나 안경 써서 이런 거 잘 안 해~"

"그래도 써~ 써봐~"

"이런 거 받아도 돼? 은정 씨가 정리를 빨리 끝내서 내가 은정 씨 도와준 건 하나도 없는데?"

"수진이, 수진이 꺼 하잖아. 고마워."

살포시 웃는다. 왼쪽 빰에 옴폭 팬 보조개.

"이따 우리 짜장면 먹자! 이삿집엔 화장지, 이삿날엔 짜장
면이쥐~"

"그래? 난, 그런 말, 그런 말 처음 들어봐. 짜장면? 짜장면
먹는 거야? 이사하면? 난 처음 들어."

"아하하. 이사 자체가 처음이잖아~"

"그러네. 이사가 처음이네. 우린 이사가 처음이네. 하하하."

그 처음인 이사가 모처럼 나온 짜장면 얘기만큼이나 기분
이 좋았는지 말수 적은 은정 씨는 마냥 방실방실거렸다.

인강원에 들어간 게 다섯 살인가, 더 전인가 그랬으니까 은
정 씨는 30여 년 하고도 벌써 4, 5년 훌쩍 웃도는 시간을 시설
에서만 살아온 거다. 그래도 한데서 30여 년 이상을 살아온 사
람이라면 옷가지며 이러저러한 잡동사니며 살림이 상당할 것
같은데, 은정 씨는 애당초 그런 소유에 초연한 사람 같다. 이
뿐인가. 뭘 예쁘게 꾸미고 늘어놓고 하는 것도 없다. 짐 정리
가 빨리 끝난 이유는 워낙 짐 자체가 없기도 했지만, 장롱 속
에 당장의 옷가지들 말고는 죄다 상자째로 집어넣어버렸기 때
문이기도 하다.

"됐어. 괜찮아. 겨울 건 겨울에 꺼내놓으면 돼. 난 다 끝냈
어. 끝이야. 인강원에선 이거보다 작은 방에서 여러 명이 살았
는데 뭘. 거기서도 이러고 살았어. 난 다 했어."

너라면 안 그러겠어?

거기서도 이러고 살았어…… 이젠 다르게 살아도 된다고, 방의 이쪽에서 저쪽까지 데굴데굴 굴러다녀도 뭐랄 사람 없다고, 온전히 은정 씨만의 공간으로 사용해도 된다고, 그러니 이것저것 마음대로 꺼내 늘어놓아도 된다고, 그러나 잔소리는 채 목울대를 넘어오지 않는다. 변화를 체감하는 것은 은정 씨 고유의 몫. 그 변화에 따라 달라지는 일상의 면면을 다시 기획하는 것도 은정 씨의 몫이다. 시키는 대로만 살던 시설을 나온 이유다.

아직 방으로 들여야 할 옷가지 상자가 여남은 개 남은 수진 씨는 마룻바닥을 동동 구르며 바쁘게 오가고 있다. 상대적으로 태연한 듯 보이지만 은정 씨는 은정 씨대로 마음이 급해진 모양이다. 은근 채근하는 투로 수진 씨 주위를 돌며 "난 다 했어"를 연발한다. 아닌 게 아니라 좀 전에 접한 정보대로라면, 이삿날이니 어서 짜장면을 먹어야 하지 않겠는가.

"근데…… 꼭 짜장면만 먹는 거야? 짬뽕 먹으면 안 돼? 이사라 안 되나?"

"하하하…… 아냐, 탕수육도 돼!"

그렇게 시킨 탕수육 한 접시를 놓고 은정 씨는 젓가락을 들더니 예의 그 "아~"를 한다. 속절없이 입이 벌어지고 만다. 어린 새의 꼬리처럼 새끼손가락을 추어올려 잡은 은정 씨의 젓가락 끝에서 시방 뚝뚝 떨어지고 있는 것은, 탕수육 소스만이 아니라 은정 씨의 애정이기도 했기 때문이다.

나도 다른 사람들처럼 살고 싶었어
돌아다니면서 여기저기 맘대로

은정 씨는 지난여름 수진 씨와 함께 장애인 거주 시설 인강원에서 나와, 현재 같은 집에서 자립 생활을 하고 있다.

사실만을 적시한 이 문장은, 허나 누군가에게는 어울리지 않는 몇 가지 단어들이 상충하고 있는 기괴한 한 줄일 것이다. 가령 은정 씨나 수진 씨에게 걱정이랍시고 곧잘 이렇게들 물어오는 사람들에게 말이다.

"왜 (시설에서) 나왔어?" "혼자 살 수 있겠어?" "대체 무슨 돈으로 살아?"

그렇다. '장애인'과 '탈시설', 그리고 '자립'이라는 단어는 연결 자체가 생경하다.

장애인이 시설이라는 외딴 공간에 따로 떨어져 사는 것은 좀처럼 이상하게 여기지 않고 내 이웃으로 사는 일은 영 이상하게 여기는 사회에서, 가족과 지내는 것도 아니면서 지역사회에서, 심지어 홀로 살아가는 장애인의 존재는, 낯설다 못해 기이하달 정도다. 그리고 그 기이함에는 종종 더러의 질시와 티끌움 같은 것들도 섞여든다.

"쟤네가 힘든 게 뭐가 있어? 정부에서 주는 돈(장애수급) 따박따박 받아 쓰면서……"

나도 먹고살기 힘든 세상인데 나보다 한참 못한 장애인들이 대체 어떻게 살아가느냔 말이다. 그것은 장애인을 바라보는 달갑지 않은 동정이나 통상의 우려를 넘어, 장애인들이 받는 특혜(?) 때문에 내가 역차별을 당한다는 괴상한 피해의식의 발로이기도 하다. 장애수당이나 기초생활수급 같은 사회적 약자들에 대한 최소한의 복지가 어떤 사람들에게는 노력하지 않고도 살아가는 부당한 무임승차로 받아들여지는 것이다.

게다가, 선의에서든 적의에서든, 무조건 반말들이다. 노골적인 하대는 장애를 사회 구성원으로서의 한계나 미숙, 모자람으로 치부해버린 결과다. 그러한 심리적 기재들이 실질적인 물리력으로 집적된 공간이 바로 시설이다. 은정 씨가 거의 전 생애를 살다시피한 시설이란 곳은, 그간 우리 사회가 동등한 구성원으로 인정하지 않았던 장애인들을 '너를 위한다'는 허울 좋은 명분으로 한데 몰아넣었던, 게토와 다를 바 없다. 그 안에서 나름 잘 살았다고 회고하는 사람이든 폭력으로 점철된 한스런 세월을 살았다고 회고하는 사람이든 한결같은 반응은, 시설이라는 공간의 전제 자체가 그 안에 사는(혹은 살게 될) 사람들을 이미 비사회화하고 있다는 것이다.

"나도 다른 사람들처럼 살고 싶었어. 돌아다니면서. 여기저기. 맘대로."

그러나 은정 씨는 자신의 열망을 실현은커녕 표출하는 것도 눈치 봐야 했던 30여 년을 살았다.

일단은 은정 씨의 경험 세계가 딱 인강원의 크기만큼이었다. 그곳을 벗어나서도 안 되고 벗어나서는 살 수도 없는 사람으로 일찌감치 한계 지워버렸으니 당연한 결과다. 게다가 거주 시설의 문제점 중 하나로 지적되는 고립은, 시설 관리자와 시설 거주인 간의 위계서열화를 견제하지 못한다. 거기에 폭력까지 덧붙여지면, 코딱지만 한 권력에도 '나'는 쉽게 그래도 되는 사람이 되고, '쟤들'은 으레 당해도 되는 사람이 된다. 아니 그게 과연 '사람'이긴 한 걸까? 휘두르는 쪽이나 당하는 쪽이나 시설이라는 프레임 안에서는 점점 사람으로서의 자격, 즉 인격을 상실하게 된다. 이것이 더는 시설이어서는 안 되는 이유, 아니 애초 시설이어서는 안 되었던 이유다.

은정 씨처럼 아주 어린 시절부터 시설에서 살아온, 그러니까 거기 말고는 사실상 세계가 존재하지 않는 시설 거주인들에겐, 남들처럼 사는 일이란 품어본다 한들 턱없는 소리에 불과하다. 은정 씨도 그랬다.

"나더러 혼자 전철도 못 타고 가게도 못 가는데 어떻게 살거냐고 해. 물어보면 된다고 했는데, 나쁜 사람 많대. 나가서 살려면 길도 알아야 하고, 집도 있어야 하고, 돈도 벌어야 하는데…… 나는, 나는, 그런 게 없으니까 (계속 시설에서 살아야 했지)……"

그러던 은정 씨가 자립을 결심하게 된 계기는 거주하던 인강원이 인권침해와 운영 비리로 언론의 도마 위에 오르면서다. 2013년 '서울판 도가니'로 알려지기 시작한 인강원 사건은 상습적인 거주인 폭행, 정부 보조금 및 장애인 급여 횡령으로 점철된 전형적인 시설범죄의 형태를 띠고 있었다. 내부고발과 잇단 제보를 통해 인강원 문제의 심각성이 세상에 알려지자, 공동대책위원회가 구성되어 공익 이사 7명이 인강원에 파견되면서 본격적인 재단 비리가 파헤쳐지기 시작했는데, 이 외부의 조사가 그동안 고립되었던 거주인들에게는 드디어 자신의 희망 사항과 의견을 표출할 수 있는 출구가 되어준 셈이다. 당사자들의 욕구 조사와 피해 사실 증언을 통해 이 사건은 사회와 유리된 폐쇄적인 시설과 복지재벌들의 구조적 문제를 공론화하는 동시에, 무엇보다 법원으로부터 발달장애인 피해 당사자들의 진술 신빙성과 그 법적 효력을 인정받는 데 기여했다. 또한 2016년 12월, 최종 판결로 같은 재단 산하 송전원의 시설 폐쇄 조치를 얻어냄으로써 장애인 탈시설 운동사에 중요한 획을 그었다. 이러한 변화의 흐름 속에서 은정 씨는 조심스레 시설이 아닌 곳에서의 삶을 상상하기 시작한 것이다.

그러나 솔직히 은정 씨는 자신을 둘러싼 이 어마어마한 사건의 사회적 맥락까지 파악할 여력은 없었다.

"어떻게 된 건지는 몰라. 선생님도 바뀌고 그랬어. 몰라? 나는 안 맞았어. 다른 사람은 어땠는지 몰라도 나는 잘 지냈어. 보통 때처럼 지냈어. 바빴어. 왜냐하면 작업장, 뭐긴 뭐야? 세탁소 일, 빨래 개키는 거. 아휴, 그거 매일 해야 하니까. 어깨도 아프고 여기도 쑤시고…… 그래도 나는 일을 했어. 몰라. 안

하는 애들도 있었는데. 수진인 안 하고, 나는 일했어. 시키니까 하지! 일주일에 하루 쉬었어. 돈? 돈은 몰라. 똑같았어. 매일매일이. ……"

"나는…… 세탁소 일이 너무 힘들어서 때려치고 싶었어. 때려치고 싶었어. 그런데 눈치 보여서, 못 그만뒀어…… 눈치 보여서……"

'눈치 보여서'라는 말을 할 때, 은정 씨는 유난히 목소리를 줄였다. 내색하지 못한 비밀을 누설하는 자의 신중함이었을까. 왜 그렇게 살았나 새삼스러워지는 서러움이나 혹은 그러지는 말았어야 했다는 후회가 불러오는, 막막함과 두려움이 물러간 뒤의 수치심 같은 것이었을까. 아니면 여전한, 눈치의 연장선이었을까. 그것이 무엇이더라도 어떤 발화는 그 자체가 자존이다. 이를테면 호명의 시도. 맨 밑바닥의 희망을 꺼내기 위해 판도라의 상자를 여는 일. 되돌아가지* 않는 일.

그러고 보면 은정 씨에게 눈치는 굴욕의 흔적만은 아니었

---

* 레베카 솔닛은 그 유명한 맨스플레인 저작 *Men Explain Things to Me*(한국어판:《남자들은 자꾸 나를 가르치려 든다》, 김명남 옮김, 창비, 2015)에서 여성들이 자신의 일을 말하기 시작하는 행위를 이 세 가지에 빗댔다. 있었으나 여태 있는 것으로 여겨지지 못한 존재감에 대한 항거로서 '말하기'는 그것이 아무리 미미한 목소리이더라도, 페미니즘뿐만 아니라 모든 소수자 운동의 중요한 시작점이다. 마찬가지로 그 '말하기'를 통해 상처를 드러내는 행위는 판도라의 상자를 여는 일과 같다. 과거로 되돌아가지 않으려는 의지란 점에서 그것은 돌이킬 수 없는 일이며, 새로운 세상을 꿈꾼다는 점에서 끝내 희망을 예고하는 일이다. 은정 씨의 '말하기'도 그러한 일에 속한다.

다. 여전히 정해진 시간에 일어나고, 정해진 시간에 밥 먹고, 정해진 시간에 일을 하는 변함없는 일과 어딘가에, 사건 이후 좀 다른 기류가 섞여 들어오고 있다는 것쯤은, 그토록 눈치 빠른 그녀가 알아채지 못할 리 없었다. 그 눈치 덕에 드디어 일생일대의 결단을 내리게 되지 않았던가.

"어떤 선생님이 불러서 물어보더라고. 이름은 몰라. 우린 다 그냥 선생님이라고 불렀어. 그거 할 거냐고. 자립. 자립할 거냐고."

'쟤도 나가네? 쟤도, 쟤도?…… 나도, 나갈까?' 하는 마음이 스치는 순간, 파르르 떨렸다. 그 이후로는 덜컥 겁이 나는 순간도 문득문득 밀려왔다. 그래도 한번, 그래도!

"나 한다고 그랬어. 나간다고. 언제까지 시설에서 살 순 없잖아? 응? 너라면 안 그러겠어? 그건 싫었어. 전부터 그건 싫었어. 너라면 안 그러겠어? 응? 응?"

나온 거 후회 안 해

시설에서 거주하던 장애인들이 지역사회의 일원으로 살아갈 수 있도록 주거와 일상생활, 일자리 등을 보조하는 것을 이른바 탈시설 지원 체계라 한다.

2008년 서울시 시정개발원(현 서울연구원)이 서울 지역 시설 거주 장애인을 대상으로 한 욕구 조사에서는 50퍼센트 이상이 퇴소를 희망하고, 지역사회에서 자립 생활을 원하는 것으로 나타났으며, 70퍼센트 이상이 주거, 소득, 활동보조 등의 지원이 이뤄진다면 지역사회로 나와 살 것이라고 답했다. 그러나 당시만 해도 시설 장애인이 지역사회로 나와 살 수 있는 공간은 '민간 운영 체험홈'이 유일한 대안이었고, 보다 독립적이고 안정적인 주거 공간을 마련하기 전까지 거주할 수 있는 공간이란 아예 전무한 상황이었다. 이와 맞물려 비슷한 시기 한 시설의 거주 장애인 여덟 명이 서울 대학로 마로니에 공원에서 "시설이 아니라 지역사회에서 살게 해달라"는 무기한 노숙 농성을 시작한다. 이 시위는 정부 공무원들에게 단순히 대책 마련을 촉구하는 수준을 넘어, 우리 사회 속 장애인의 좌표를 드러내는 가히 존재 투쟁이랄 수 있는 모습을 보여주었다.

움직이는 것, 밥을 먹거나 씻고 화장실을 가는 것과 같이 지극히 일상적인 생활을 혼자서는 가눌 수 없는 중증의 장애인들에게 "그러니까 시설에 들어가라"는 식의 존재를 도려내는 말들이 아니라, "그러니까 어떤 지원이 필요한가"를 묻고 듣기까지는, 그러고도 여러 해를 필요로 했다. 마련된 것이라곤 지자체 차원의 주거 지원과 초기 정착금 600만 원. 그나마도 '장애등급제'와 '부양의무제'라는 커트라인을 통과해야 하니, 시설 거주 장애인 당사자들에게 '탈시설'은 고소원固所願이나 불감청不敢請, 즉 큰 소원이어도 감히 청하지 못하는, 그야말로 어려운 일이다.

대체 시설에서 나오는 일은 왜 이리 어려운가?

정부의 예산 부족은 충분히 예측 가능한 답변이다. 그렇다면 시설에서 나오고 싶은 사람들은 충분한 재원이 마련될 때까지 직수굿이 기다려야만 하는가. 시설이 당사자들에게는 사회적 배제를 전제하고 있고, 그 안에서의 고립과 폭력, 위계의 서슬이 사람의 존엄을 훼손하고 생존을 위협하고 있는데도, 때마다 그것은 일개 나쁜 시설의 문제일 뿐이라고 일축하고, 때문에 여전히 시설 일반은 존재에 당위를 부여받아 존속하면서, 30여 년 전 그 유명한 부산 형제복지원에서든 10년 전 세간을 들썩이게 했던 광주 인화학교에서든(일명 '도가니 사건'), 심지어 불과 1년 전 불거진 대구시립희망원에 이르기까지 계속 그 피해를 쌓아가고만 있는 실정이라면, 2008년 마로니에 8인의 존재 투쟁은 오히려 너무 늦은 감이 있지 않은가. 또한 그들의 분연한 액션 뒤에 응당 따라왔어야 했을 사회의 리액션은 왜 이토록 더디고 더뎌야만 하는가. 예산 부족이라는 여전한 답변. 그것의 진짜 함의는 언제까지나 예산 부족일 것이라는 책임 회피에 다름 아니다.

공무원들은 언제나 '정책은 곧 예산'이라고 말한다. 틀렸다. 정책은 '철학'이다. 탈시설이라는 철학이 명확하다면 부족한 예산 가운데서도 탈시설은 확대될 수 있다. 철학 자체가 부재하니 언제나 예산 부족 때문에 탈시설이라는 정책은 수립할 수 없다는 말만 되돌아올 뿐이다.

 은정 씨나 수진 씨는 거주하던 인강재단에 때마침 법원 판결과 시설 폐쇄 조치가 내려졌기 때문에 당사자 결정에 따라 수순대로 탈시설을 준비하게 된 경우다. 보통은 가족이나 관리자들의 흔한 반대에 부딪히거나 피곤한 회유와 설득의 과정을 거치면서 지레 진이 빠져버리기 일쑤다. 시설 입소 과정 자체가 당사자의 의사보다는 원장과 가족 간의 합의를 우선으로 하는 경우가 많고, 그 과정에서 당사자의 신분증이나 장애인 등록증, 통장 등이 원장의 관리에 맡겨지기 때문에 장애인에게 주어지는 수급비는 시설에 거주하는 장애인의 머릿수로 계산되어 일괄적으로 법인의 운영비로 귀속되는 경우가 많다. 그러다보니 자신이 수급권자인지도 모른 채 시설에 거주하는 장애인이 수두룩하다. 탈시설에 대한 본인의 의사가 아무리 적극적이라 하더라도, 당장 손에 쥐고 있는 그 어떤 현실적 기반도 없이 순진한 희망만으로 탈시설을 주장하기에는, 정보와 운용 자금이 차단된 당사자가 감당해야 할 불안의 몫이 너무 큰 것이다. 더구나 법인 설립 당시 거액의 자본을 투자한 재단으로서는 이들 한 사람을 놓치는 것은 크나큰 손실이 아닐 수 없으니, 시설에 주질러 앉히고자 '다 너를 위한다'는 명분으로 실로 끈질기게 설득하고 위협한다. 설령 운이 좋아 가까스로 닿은 외부 인사나 인권 단체 등의 도움을 받는다 해도, 영화에서나 볼 수 있을 법한 탈출극 작전까지 벌여야 하는 경우가 부

너라면 안 그러겠어?

지기수다. 그에 비교해보면, 확실히 이 두 사람의 탈시설 과정은 무난했다고도 볼 수 있다. 그렇지만, 은정 씨만 해도 30여 년 이상을 그 안에만 갇혀 살아온 셈이다. 그 세월을 두고, (시설을 나오는 일이) 너는 쉬웠다, 라고 쉽게 단언할 수 있겠는가. 얼마나 원했겠는가. 그리고 막상 그날이 다가올수록, 실은 얼마나 떨렸겠는가.

"나는, 나는, 이 이사가 다가올수록 얼마나 떨렸는지 몰라. 내가 나온다고 했는데, 내가 나오겠다고 한 건데, 그래도 난 (사회가) 처음이잖아. 그래서 심장이 막 떨리고, 밤에 잠도 안 오고, 응~ 얼마나 떨렸는지 몰라. 어젯밤에도 막 그러더라구."

수진 씨가 이렇게 말하자 곁에서 은정 씨는 가만히 웃기만 했다. "은정 씨는?" 하고 물어도 입을 몇 번 오물거리다가는 그저 가만히 웃었다. 자신도 그러했다는 조용한 동의로 읽었다. 다시 옴폭 팬 우물 안에 감춘, 아직 그 자신이 호명하지 않은 감정의 말들이 궁금해졌다. 언젠가는 말해주겠지……

모든 이사를 마치고 집으로 돌아오는 길, 헤어진 지 30분도 채 지나지 않았는데 전화벨이 울린다.

"어색해. 집이 너무 커. 우리 둘만 있으니까. 좀 무서워. 그래서 지금도 수진이랑 내 방에 같이 있어. 혼자 자는 거 처음이잖아? 무서워서 우리 둘이 같이 자려구. 큰일 났다. 이렇게 큰 데서 어떻게 사냐. 앞으로?"

그래도 두 사람, 용케 걸어 나왔다. 두려움 속으로 직진해,

익숙함에 주질러 앉지 않은 대가로 세상사 별거 아니라는 별거인 깨달음을 얻었다. 하지만 그 세상은 왜 이리 크다냐……혼자 쓰게 된 방만 해도 은정 씨에겐 너무 커서 왠지 모르게 부담스러운 것이 통 잠이 안 오는 바람에 결국엔 벽 한쪽에 붙어 잤단다. 그러니 고 작은 동네 어간만 해도 규모에 대한 멀미(?)를 극복하려면 꽤 시일이 걸릴 것이다. 그러나 세상사, 까짓 거 한번 해보니 진짜 별거 아니었잖아? 그렇지, 김은정? 앞으로는 이렇게 스스로를 다독일 일도 많아질 것이다.

달포쯤 지나 다시 찾아갔을 때 은정 씨는 한층 밝아져 있었다.

"좋아. 훨씬 좋지. 시설에서는 규칙대로 해야 하니까. 작업장 일도 이젠 안 하고. 좋아. 지금은 6시 30분에 일어나. 일찍 아나~ 인강원에서는 더 일찍 일어나 청소하고 밥 먹었었어. 나온 거 후회 안 해."

계모라 그래, 계모라……

아주 어렸을 때 가족 중 누군가가 자신을 시설로 보냈다는 것 말고는 자신의 기원에 대해 별다른 기억도 없고 정보도 희박하기로는 은정 씨나 수진 씨나 둘이 똑같다. 다만 가족 친지들과 왕래가 잦고 시설 입소 전까지 가족과 함께 살던 원체험이 아주 좋은 느낌으로 남아 있는 수진 씨와 달리, 은정 씨에게 가족 얘기는 잘못 건드렸다간 순식간에 폭발할지 모르는 뇌관과 같은 것이었다.

"엄마는, 엄마는 내가 연락 안 해. 전화번호도 지웠어. 엄마는 계모야. 그러니까 (나한테) 그러지. 나 인강원 나올 때 엄마가 싸인 안 해줘서 고생했어. 전화하니까 왜 인강원 나가냐고 막 뭐라고 해. 그냥 거기서 살라고. 근데 나 자립해야지. 언제까지 거기, 뭐지? 인강원, 인강원에서 살 순 없잖아. 나한테 막 소리 지르고 그래서 내가 전화 안 해. 전화도 안 와. 나한테 한 번도 전화 안 했어. 계모라 그래, 계모라. 오빠랑 동생 있어. 개네는 친엄마. 나는 계모야. 그러니까 그러지. 전화도 안 해, 나한테. 그래서 내가 번호 지웠어."

처음이었다. 방 안의 가구 배치가 바뀌었다고 한번 들어와 보라고 살짝 연 방문이 은정 씨의 묵은 속내까지 보여줄 줄은. 정말 처음이었다. 그렇게 흥분하는 은정 씨는. 은정 씨를 만난 지 4개월쯤 지나서였다.

"너라면 그러겠어? 엉? 너라면 그러겠어? 계모라 그래, 계모라……"

지난번에 가타부타 말도 없이 방문을 닫고 들어간 일을 설명하려던 것 같은데, 이야기는 갑자기 콩쥐팥쥐 버전으로 튄다. 그러나 이 얘기만으로는 은정 씨 가족의 사연을 제대로 파악할 수 없다. 어디까지가 사실이고 어디까지가 은정 씨의 서

너라면 안 그러겠어?

러운 억측인지 나는 알 수 없다. 또 굳이 그러고 싶지도 않다. 중요한 것은 사실이 아니라 은정 씨의 진실. 오랫동안 가족으로부터 버림받았다는 느낌, 먼저 찾아주길 기다렸다는 바람, 자신의 의사를 묵살하고, 사실상 자신의 존재를 부인하는, 가장 가까운 이들을 향한 '지지 않고 살겠다'는 의지……

"나 점 뺐어. 염색도 했어."

얘기는 별안간 또 엉뚱한 데로 튄다. 이제는 가뭇해진 가족들이 떠올라서였을까?

나는 은정 씨가 실은 자존심이 매우 강한 사람이라는 생각을 하며, 잠자코 듣기만 하던 침묵을 깨고 맞장구를 친다.

"인제 더 예뻐지겠다."

은정 씨, 다시 보조개가 쏘옥 들어간다.

"내 남자 친구가 뭐라는 줄 알아? 나더러 귀엽대. 나더러 귀엽대. 내가 귀엽긴 뭐가 귀여워? 근데 귀엽대. 나더러 아기라고 한다? 나더러 아기래, 아기…… 하하하."

연인에게 듣는 달달한 말, 아기…… 이쁨 받으려고, 칭찬받으려고, 혼나지 않으려고 애쓰지 않아도, 존재 자체만으로도 주변 사람들에게 기쁨을 주는 인생의 시기…… 아낌없이 보살펴주어야 하는 타인의 사랑을 본능으로 갈구하는 시기…… 혹 연인이 보내는 황홀한 언사 뒤에서, 은정 씨는 가족들에게 이런 아기이지 못해 오래 마음이 아팠을까…… 오늘따라 은정 씨의 눈과 볼이 자꾸만 빨개진다.

섹스? 그런 거 한 번도 안 해봤어

"결혼은 하고 싶어. 나도 가족이 있어야지. 그런데 당장은 아니고. 중섭이는 시설 아니고, 아니~ 이런 집 아냐. 이런 거 (지자체에서 마련해주는 자립 생활 주택) 아니고, 그냥 자기 집에서 살아. 중섭이 엄마랑. 상계동. 토요일 일요일에 데이트해. 내가 갈 때도 있고 중섭이가 여기 올 때도 있고. 토요일 일요일엔 중섭이도 쉬고, 나도 쉬니까. 응. 점심도 먹고 노래방도 가고 볼링도 치고 그래. 이거(휴대폰 케이스) 중섭이가 사준 거다? 5천 원밖에 안 한대. 나는 2만 원짜리 시계 사줬어. 안 아까워. 중섭이 돈 없어. 내 생일 때 좋은 거 사준대. 아, 결혼? 결혼은…… 언제일지는 몰라. 일단은 돈을 모아야 해. 중섭이도 일해. 근데 돈 많이 없어. 나는 여기서 한 5년 더 살아도 된대. 그때까지 돈 모아서. 집이라도 있어야(결혼을 하)지……"

시설 밖에 사는 중섭 씨와 시설 안에 살던 은정 씨는 도대체 어떻게 만나게 된 것일까. 묻는 말에다 곧잘 무작정 하고 싶은 말을 하는 은정 씨는, 첫 만남에 대한 얘기는 건너뛰고 결혼에 대한 빽빽한 걱정을 털어놓는다. 중섭 씨에 대해서라면 과거를 추억하는 일보다 미래를 계획하는 일이 더 긴하고 훨 중하다는 소리일까. 아니면 이것이 근래의 가장 큰 골칫거리란 뜻일까. 아닌 게 아니라 주거는 현재 한국 사회를 살아가는 거의 모든 사람들에게 귀속되는 공통 문제. 가정을 이루고 싶은 은

너라면 안 그러겠어?

정 씨에게도 예외는 아닌 것이다. 기왕지사 얘기가 나왔으니 본격적으로 세속적인 접근을 해본다. 최근 센터에서 연결해준 작업장에서 하는 종이가방 만드는 일은 월급으로 한 달에 얼마를 쥐어주는지, 장애수급과 월급의 한도 내에서 저축은 어떤 규모로 하고 있는지, 통장 관리나 은행 업무, 현금 입출금 등은 혼자서 할 수 있는지, 집 마련에 대한 장애인 지원 정책에 대해서 들어본 적은 있는지, 어떻게 결정할 것인지, 그리고 무엇보다 성생활이나 임신, 육아에 대한 그림은 어떻게 그리고 있는지……

돌아온 대답은 죄다 "몰라".

몰라서 모르는 것인지, 때때로 남세스러운 질문이 섞여 있다 싶으니 대답을 회피하는 것인지, 아니면 어떤 비밀이나 불만, 곤란지경이 있어 누가 알게 될까 쉬쉬하는 것인지…… 어느덧 질문은 하는 즉시 봉쇄되어버린다.

"섹스? 그런 거 한 번도 안 해봤어."

시설의 연장이냐 진짜 자립이냐

현행법상 장애등급 2급 이상만이 신청할 수 있는 활동보조 서비스와 자립 생활에 필요한 기초 교육, 상담, 직업 연결 등을 직접적으로 지원해주고 있는 곳이 바로 장애인자립생활센터다. 은정 씨와 수진 씨의 자립 생활을 지원하고 있는 한울림 장애인자립생활센터는 아직 적응기 초반이라 그런지 몰라도 은정 씨와 수진 씨에 대한 관리와 개입이 타이트한 편이다. 한 번은 은정 씨가 길거리에서 꼬치 어묵을 사 먹다가 간이 영수 증을 끊어달라는 모습을 목격한 적이 있다. 이유인즉 가계부 를 써야 하는데, 첨부할 영수증이 필요하다는 거다. 센터의 담 당 코디 선생님께 제출할 일종의 숙제 검사용이랄까. 냅킨으 로 입 주위를 닦아내는 일보다 천 원짜리 간이 영수증을 행여 잃어버릴까 고이 접어 지갑에 포개넣는 일이 우선으로 보였던 것은 그저 기분 탓이었을까. 충동구매나 강매 등의 피해를 예 방하기 위해서겠지만 소비 목록에 대한 허락이나 검사를 받는 다든지, 수리와 계산에 약하다는 이유로 현금 인출 대신 카드 만 사용한다든지, 활동보조와 거의 이동을 같이 한다든지(때문 에 탈시설 기간에 비해 다른 탈시설 발달장애인들보다 주변인 의존도가 매 우 높아졌다), 심지어 완벽한 접대를 위해 손님에게 내어주어야 할 차와 과자의 종류까지를 지시받는다든지, 은정 씨는 자신 의 취향과 기준을 맘껏 드러내는 것보다 타인—정확히는 사회 에서 실수를 하지 않고 남에게 피해를 당하거나 피해를 끼치 지 않는 소위 '일반인(=정상인=교양인)'의 기준과 취향을 우선으 로 익히며 다시 시설에서처럼 말 잘 듣는 유아기에 포획되고 있는 것만 같았다. 어느 날엔가는 으레 나에게 쓰던 반말을 어 색해하기도 했다.

"어색하다. 너한테 반말하는 게 어색해. 몰라. 오랜만에 반말하려니까 이상해. 요새 존댓말만 해서 그런가?"

탈시설 장애인 당사자들의 의지와 성향뿐 아니라 주변에 포진하게 된 기관이나 사람들이 당사자들의 욕구와 자기 결정권에 어떻게 접근하느냐에 따라 탈시설의 양태는 시설의 연장이나 진짜 자립이냐의 갈림길에 선다. 은정 씨의 현재는 어디쯤에 위치한 것일까.

작업장 출근 이후 은정 씨는 자주 아팠다. 툭하면 조퇴, 툭하면 병원, 툭하면 주사. 그러니 늘상 약봉지를 달고 살았다. 함부로 말을 꺼낼 순 없었지만, 나는 이러한 증상들이 은정 씨가 몸이 약해서가 아니라 일을 하기 싫어서인 것으로 보였다. 창끝같이 하늘을 찌르는 자존심 때문인지, 아니면 누군가 자신을 게으르거나 나약하거나 자립에 적격치 않은 사회인으로 볼까봐서였는지, 은정 씨는 자신에게 암시나 주문을 걸듯 반복해서 말했다.

"나는 책임감이 강한 사람이야. 나는 그런 사람이야. 한 번 시작한 일은 끝까지 해. 나는 그런 사람이야."

알아…… 그래서 옛날에 인강원 세탁소 일도 시설에서 나올 때까지 했잖아, 끝까지…… 그래도 힘들면 못하겠다고 말해…… 중간에 그만둬도 돼, 괜찮아…… 그러나 역시 잔소리는 채 목울대를 넘어오지 않는다. 분명 모든 선택과 책임은 은정 씨의 몫인데, 언제부터인가 그 호환 불능의 단호함이 답답하기만 하다.

더 아픈 사람만이
아픈 사람을 위로한다

자립 생활이 시작된 후 이상하게도 시간이 지날수록 은정 씨의 반응 어딘가는 종종 나를 윤리적 딜레마에 처하게 하곤 했다. 대개의 관계에서 상대가 솔직하지 않다는 느낌을 주면, 일단은 상대의 태도에 대해 윤리의 잣대를 쉽게 들이밀 수 있는데, 은정 씨와의 관계에서는 문제가 좀 달랐다. 뭔가를 감추거나 회피하거나 왜곡하거나 안 괜찮은데 괜찮다고 얼렁뚱땅 얼버무리는 것 같은 느낌을 주곤 할 때, 혹 이 관계가 벌써 하나의 권력관계로 고착된 것은 아닌가 하는 스스로의 의심을 걷어낼 수 없는 데다, 참 이율배반적이게도 그런 의심 속에서마저 나는 은정 씨의 발언이나 행동들을 관찰하고 평가하며 해석하려 하고 있다는 점에서 묘하게 죄스러웠다. 은정 씨는 은정 씨 삶을 구술하는 주체이지 내가 쓰는 글의 일개 대상에 한정되지 않는다. 그렇기 때문에 이 어간에서 나는 몹시 헤맸다. 너는 왜 내게 솔직하지 않느냐고 원망하다, 나는 왜 네게 그런 눈치나 보는 사람이 되어버렸는가 자책하기를 반복했다. 녹음기를 틀면 기계적으로 잘 지낸다고만 해 어딘가 석연찮은 느낌을 주다가도, 어느 날 새벽 5시에 전화해서는 마음이 아파 잠이 깼는데 딱히 전화할 데가 없었다는 말을 들으면 그간 편집증처럼 몰려오던 전화를 몇 번인가 일부러 피하기도 했던 일들이 미안했고, 그 마음이 아프다는 진짜 이유, 그것에 다다를 수 없어 실은 괴로웠다. 그 괴로움은, 은정 씨를 둘러싼 다른 사람들을 쉽게 탓하게도 했다. 가령 활동보조인이나 자립생활센터 같은. 구조적으로 은정 씨는 여전히 명령받고 관리되는 시설 생활의 연장선상에 놓여 있는 것은 아닐까 하고, 나에 대한 의심을 거두지 못하듯, 이들에 대한 의심도 거두지 못했다. 어쩌면 이 의심은, 나를 비롯해 열거된 개개인들의 개인적인 권력 성향이나 윤리를 탓하기 위함이 아니라, 은정 씨가 새로 접한 이 사회의 거의 모든 인간관계가 장애와 비장애를 기준으로 하나의 권력 틀이 되어 작동하고 있는 것은 아닌가 하는 총체적인 진단이었을 수 있으나, 역시나, 해결책은 없었다.

그러다보니 한동안 내가 아팠다. 목소리가 하나도 안 나올 만큼 초여름 감기를 호되게 앓고 있는데, 제발 날 좀 내버려뒀으면 하는 시간에 은정 씨에게서 전화가 왔다. 어차피 말을 할 수 없으니 이번엔 자책 않고도 받지 않아도 되었건만, 통화 버튼을 눌렀다. 누구에게 먼저 전해 들었는지, 은정 씨는 내가 아픈 것을 이미 알고 있었다.

"아무 말 하지 말고 듣기만 해. 얼른 나아. 끊는다."

더 아픈 사람만이 아픈 사람을 위로한다.

솔직하게
말할 수 있어서
다행이야

남 수 진

2016년 8월 11일.

말복을 앞두고 무더위가 한창 기승을 부리고 있는 서울 시내 한복판은 엎친 데 덮친 격으로다 교통 정체로 난리다. 그 광경을 서대문구 서울시복지재단 별관 장애인전환서비스지원센터에서 내려다보고 있는 일군의 장애인들 중에는 아침나절 동료들과 함께 인강원에서부터 진작 농성 준비를 갖춰나온 수진 씨도 포함돼 있다.

"덥겠다, 덥겠어. 여기도 더운데 저기 아래는 숨도 못 쉬겠어…… 덥겠다, 덥겠어……"

기습 방문에서 기습 시위로, 나아가 기습 점거로 이 머뭄의 형태가 재빠르게 바뀌어가는 동안, 서울시 복지과와 협상 테이블이 마련될 때까지 장애인전환지원서비스센터 측이 임시로 내어준 회의실 안에서 수진 씨와 동료들은 하염없이 기다리는 중이었다. 잠시 목을 축이러 나왔다가 아득하게 내려다본 사거리의 뙤약볕은 그 직선의 내리꽂음이 건물의 높이만큼이나 어마무시해 제발 누구라도 들어주었으면 하는 투로 계속 혼잣말을 반복하게 한다.

아휴…… 덥겠다, 덥겠어…… 덥겠다, 덥겠어……

실은 "장애인도 사람이다" "수용 시설 폐쇄하라" "우리도 지역사회에서 살고 싶다" "장애등급제, 부양의무제 폐지하라" 등등 함께 온 장애인권 활동가들이 사무실 곳곳에 붙여둔 종이 위의 글씨들이야말로 당사자인 수진 씨가 하고 싶은 말일 터인데, 정작 수진 씨는 애꿎은 날씨 타령만 한다. 자리는 내어주었지만 눈을 피하고 있는 공무원들에게 슬쩍 말이라도 붙여봄 직한 틈을 엿보고 있는 것일까. 그러다 엉뚱하게도 나와 눈이 마주쳤다.

"우리 밖에 못 나간대. 오늘 여기서 잘 거래. 여기도 더운데, 그래도 저기보단 나으니까. 우리 오늘 여기서 잘 거래."

기습 점거는 벌써 1박이 결정된 모양이다. 무슨 사연인가.

탈시설에 우선순위는 없다

서울시는 지난 2013년부터 이곳 장애인전환지원서비스센터를 통해 장애인의 탈시설 자립 생활을 지원하도록 했다. 그러나 장애인전환지원서비스센터는 거주 시설 내 장애인들의 탈시설을 돕고 지역사회 내 장애인 자립 생활의 기틀을 갖추는 본연의 업무 대신, 단지 이들의 자립 능력을 판정하는 기관으로 전락하고 말았다는 평을 받고 있다. 장애등급 3급도 참여가 불가능할 만큼 너무 엄격하게 책정된 심사 기준 때문에 사실상 탈시설은 당사자들에게 더욱 요원한 일이 되어버린 것. 탈시설에 우선순위를 두다보니 벌어진 일이다. 이를테면 누구부터 내보내야 사회에 쉽게 적응할 수 있느냐는 발상 때문이다.

혹 누군가는 '장애인 복지=수용 시설'이라는 등식 외에는 정책으로서 '탈시설'을 전혀 고려조차 하지 않았던 과거에 비한다면 감지덕지할 일에 웬 시비냐고 되물어올지도 모르겠다. 그러나 이러한 심사를 통한 탈시설 지원 정책은 얼핏 단계적이고 합리적인 접근 같아 보여도 계속 차별을 양산하는 구조에서 출발하기 때문에 몇 가지 확실하게 짚고 넘어가야 하는 점이 있다.

첫째, 쉽게 사회화할 수 있는 대상자를 우선으로 가리는 일은 '탈시설'을 시설에 거주하던 장애인 개인이 일방적으로 사회에 적응하는 일이라고만 보는 시각을 전제한다. 그러나 시설이라는 프레임을 벗어나야 하는 것은 시설 거주 장애인 개인뿐 아니라 사회 역시 마찬가지다. '탈시설'은 사회시스템을 다시 짜는 일이기 때문이다. 오랜 세월 장애인들을 시설에 밀어넣어두고 운용된 사회는 당연히 장애가 없는 사람들만을 위해 디자인되었다. 단적으로 말해, 건물 진입로의 휠체어 경사로나 엘리베이터 설치에 따른 추가 비용은 애초 장애인의 접근 따위는 고려하지 않았기 때문에 발생하는 비용인 것이다. 그러므로 이러한 비용은 특정한 누군가를 배려하는 시혜적 차원의 것이 아니라 전반적인 사회시스템을 리뉴얼하는 데 드는 비용이라고 보아야 한다. 그럼에도 사회가 '탈시설'이란 명제 앞에서 환골탈태의 자각도 의지도 없이, 고작 이미 짜여진 시스템 안에 뒤늦게 흡수되는 이 개인들을 그저 능률적으로 재배치하는 역할만을 고수하려 하는 한, 적응 가능성과 비용 효율을 이유로 장애인들을 가려내는 심사 기준의 문턱은 턱없이 높아질 수밖에 없다.

둘째, 경증의 장애인부터 탈시설을 시도하려는 것은 탈시설이란 명분을 가지고 계속 장애인 당사자들을 걸러내는 또 다른 차별 구조를 양산한다. 뜻밖에도 탈시설은 중증의 장애인들에게는 또 한 번의 소외를 경험케 한다. 시각을 바꾸어서 최중증의 장애인부터 탈시설을 할 수 있도록 정책을 고안한다면 어떨까. 최약자층이 적응할 수 있는 사회 모델이란 다시 말해 모든 이들이 적응할 수 있는 사회란 뜻 아니겠는가. 최중증의 장애인을 케어할 수 있는 사회는 다시 말해 모든 이를 케어할 수 있다는 뜻 아닌가.

셋째, 이상이라는 원론 앞에 현실이라는 반론은 언제나 비용 문제로 축소되어 거론된다. 이해한다. 돈은 정말 중요한 수단이다. '다 좋은데 그럴 예산이 어디 있느냐'는 반문은, 그러므로 단지 비뚤어진 심사에서 나오는 것만은 아닐 것이다. 그

솔직하게 말할 수 있어서 다행이야

러나 실제로 그 비용이란 것의 쓰임새를 한번 들여다보자. 현재 서울시 장애인 복지정책과 1,800억 예산 중 장애인 거주 시설 예산은 약 1,280억으로 복지정책과 예산의 71퍼센트를 차지하고 있는 반면, 장애인의 탈시설을 위한 전환 지원 예산은 20억으로 단 1퍼센트에 불과한 실정이다. 이러한 편성은 장애계와 인권 운동판의 탈시설 요구에 정부가 그저 마지못해 응하는 듯한 느낌마저 준다. 탈시설은 구색일 뿐 실질적으로는 시설 유지에 투자하고 있다면 대체 무엇이 바뀌겠는가.

이러한 상황들이 모두 이 기습 점거의 이유라면 이유일 터.

"덥지만 (오늘) 우리가 잘 견뎌야 그다음 사람도 좋지. 인제 우리는, 우리 인강원 사람들은 나가는데, 송전원 사람들은 계속 있어야 하니까. 그래서 우리가 온 거야."

수진 씨의 답변도 또렷하다. 인강원의 인권침해와 운영 비리가 알려진 후 탈시설 자립 생활을 결심한 수진 씨와 인강원 동료들은, 같은 인강재단 산하의 '중증'장애인 시설인 송전원의 폐쇄와 이용인 탈시설을 돕기 위해 이 시위에 동참하고 있었다. 소위 경증, 즉 기존 사회시스템에 적응하기가 보다 쉬운 축에 속한다고 판단된 수진 씨와 동료들은, 바로 자신들을 심사하고 판단했던 장애인전환지원센터로 돌아와 당당하게 발언하고 있는 것이다. 탈시설에 순서란 얼마나 편협한 행정 위주의 절차인가, 라고. 그 어려운 자립 심사를 통과한 후 자신들에게 와락 중요해진 문제는, 앞으로 사회에서 살아가게 될 자신들의 '낯선' 삶만큼이나 아직 시설에 남아 있는 사람들의 그 '여전한' 삶에 대한 걱정이라고.

나를 표현하는 방법

"나는, 나는, 이 이사가 다가올수록 얼마나 떨렸는지 몰라. 내가 나온다고 했는데, 내가 나오겠다고 한 건데, 그래도 난 (사회가) 처음이잖아. 그래서 심장이 막 떨리고, 밤에 잠도 안 오고, 응~ 얼마나 떨렸는지 몰라. 어젯밤에도 막 그러더라구."

그럼에도 탈시설 당일, 수진 씨는 그간 복잡미묘했던 자신의 심정을 솔직하게 털어놓았다. 솔.직.하.게. 그것이 수진 씨의 매력이었다. 활발하고 명랑하며, 자신의 상태나 감정을 드러내는 일에 별로 저어함이 없는 것.

자신이 결정한 일이니, 두려움인지 설렘인지 도통 알 수 없는 그 떨림을 감수하는 것도 바로 자신의 몫이라고, 다부지게 스스로를 다독여왔겠지만, 그렇다고 남에게 복잡한 속내를 털어놓는 일이 비겁이 되는 것은 아니다. 부산한 짐 정리를 다 끝내놓은 저녁 식사 자리에서 수진 씨는 웃으며 말했다.

"근데~ 오늘은 잠 잘 잘 것 같애~ 떨리던 거 다 잊어버렸어. 피곤해서. 하하하. 일단 오늘은 안 떨고 잠 잘 잘 거 같애~"

한번은 수진 씨네 동네 어귀를 거닐며 어디 잠깐 요기할 만

한 곳이 없나 찾던 중 생긴 일이다. 스마트폰을 이용해 맛집을 찾고 내비게이션으로 지도를 연결하려는 찰나,

"여기서 짜장면 먹으려면 어디로 가야 해요? 응~ 맞아요. 중국집. 중국집 가까운 데가 어디예요?"

수진 씨는 보다 간단한 해법을 제시한다. 헤매던 골목 바로 앞 수산물 횟집 간판 아래 어항을 청소하고 있던 한 남자에게 다가가 묻는다.

"아아~ 알았어요. 고맙습니다. 다음엔 여기로 먹으러 올게요~"

그렇게 수진 씨의 진두지휘 아래 무사히 목적지에 다다랐을 때, 수진 씨가 찡긋 웃으며 말했다.

"모르면~ 묻는 게 답이야~"

면 대 면의 쑥스러움을 피하기 위해 곧잘 꺼내들곤 하는 스마트폰의 최신 기능들을 다 무색케 하는 명언이었다.

그러나 수진 씨만큼 그 스마트폰을 잘 사용하는 사람도 아마 또 없을 것이다. 수진 씨가 아직 인강원에 있을 때의 일이다. 2016년 여름, 광화문에서 열린 '장애등급제 부양의무제 폐지 농성 4주년 기념행사'에 참석하러 온 수진 씨는, 그날 갑작스레 쏟아진 비로 행사가 지연되는 바람에 귀소 시간이 예상보다 늦어지게 되었다. 안 그래도 전화벨이 쉴 새 없이 울리고, 마찬가지로 이 사람 저 사람에게 전화를 돌리느라 좀체 조용할 틈이 없는 수진 씨인지라, 그날 수진 씨의 전화기는 거의

폭주 수준이었다고 해도 과언이 아니다.

"아휴~ 귀찮다, 똑같은 대답하기. 가만있어봐~"

수진 씨는 인강원 사람들과 나누는 톡방 대화창을 열더니 무슨 이야기가 오가고 있는지 읽어달라고 했다.

"비오니까 늦지 않게 어서 들어오래, 사람들이……"

"나 괜찮은데. 여기 다솔이도 있고, 우영이도 같이 있어서. 알아서 들어갈게~"

당연히 옆에 있는 나에게 말하는 건 줄 알았는데, 웬걸? 수진 씨는 능숙하게 톡방에 음성 파일을 전송 중이다.

"맨날 이렇게 해? 톡?"

"응. 나는, 글자, 천천히 읽어야 하는데, (톡방처럼) 막 쏟아지면 정신없어. 그래서 거기 사람들한테 무슨 얘기인지 이거로 (음성 파일로) 설명해달라고 하고, 또 나도 그렇게 올리면 돼."

이뿐만 아니다. SNS상에서 소위 스티커라고 불리는 각종 그림 이미지들은 수진 씨에게 매우 효과적인 자기 표현 수단이어서, 수진 씨는 그날의 안부나 인사를 문자 대신 그 스티커들로 보내오곤 한다. 잘 자라는 말 대신 이불을 덮고 곤히 잠을 자고 있는 캐릭터 스티커를 보내거나, 다음에 볼 때는 치킨에 맥주나 한잔하자는 말을 닭다리와 맥주잔, 그리고 OK 사인이 그려진 스티커로 대신했다. 때때로 그 음성 파일이 도착하는 날도 있었다.

"서중…… 전화 왜 안 받아? 무슨 일 있어? 이거 확인하면

솔직하게 말할 수 있어서 다행이야

꼭, 나한테 전화 줘~ 알았지? 전화해~"

무엇인가에 접근할 수 있다는 것

장애인들에게 사회 활동의 질을 혁신적으로 바꿔놓은 물품을 꼽으라고 한다면 십중팔구 1, 2위를 차지하는 것이 바로 전동휠체어와 스마트폰이다. 지체장애인에게 전동휠체어는 확실히 운신의 폭을 넓히고 이동의 자유를 보장하는 기구다. 중증의 장애인이라도 일단 전동휠체어에 앉으면 간단한 터치만으로도 자신의 의지대로 이동이 가능하기 때문이다. 속도 조절 여부도 중요하다. 저상버스가 도입되기 전, 좀처럼 시내버스를 이용할 수 없었던 휠체어 장애인들에게 장거리 이동을 그나마 가능하게 도와주었던 것은, 이들의 지체를 대신할 뿐만 아니라 여느 구륜 자동차들만큼의 속도를 보장하는, 전동휠체어의 구동력이었다. 저상버스가 도입되면서는 전동휠체어 탑승이 가능해졌기 때문에 장거리 이동은 훨씬 수월해졌다. 그에 비해 좁고 가파른 계단식 경사로 된 출입구를 가지고 있는 고속버스의 경우, 아직까지 전동휠체어 장애인들의 탑승은 원천 금지되어 있다. 만일 명절 연휴 귀성 행렬로 장사진을 이루는 고속버스터미널에서 장애인들의 항의 집회를 목격하게 된다면, 안 그래도 복잡하고 늘어지는 귀향길에 단지 휠방이 되는 일이라고 여길 것이 아니라, 아예 고속버스를 탈 수 없도록 평범한 일상에서 배제된 누군가들의 목소리에 한 번쯤은 귀를 기울여보길 바란다. 시내버스에 전동휠체어 탑승을 가능하게 하기 위해 장애인들이 싸운 결과 도입된 저상버스의 혜택을, 따지고 보면 장애인 당사자들보다 노인이나 어린이 임산부 등의 다양한 약자들이 고루 나눠 받고 있는 현실을 생각한다면, 가장 약한 고리를 튼튼하게 하는 것이 결국 모든 연결고리를 잇는 방법이란 사실을 부인할 수 없다.

스마트폰 역시 그렇다. 지체장애인들에게 기존의 버튼 입력식 전화는 번호 입력은 물론 간단한 문자 한 줄에도 세심한 힘 조절이 필요한 고난이도의 기구(?)였다. 시각장애인에게 문자를 주고받는 일은 불가했으며, 특히 글자를 익히는 일에 약한 발달장애인에게 휴대폰의 문자 서비스는 거의 이용되지 않는 기능이었다. 반면 가벼운 터치나 음성인식이 가능한 스마트폰의 등장은 상대적으로 장애인의 신체나 다양한 조건들의 접근성을 높였다. 그러나 오늘날 스마트폰의 이러한 기능들이 비단 장애인들만이 누리는 특수한 혜택은 아니지 않은가.

또 하나. 전동휠체어와 스마트폰이라는 두 물품이 가진 상징성은 장애인이 사회라는 공간 내에서 갖게 되는 물리적 거리감과 심리적 거리감을 파쇄하는 역할을 했다는 데에도 크게 작용한다. 장애를 이유로 고립되었던 신체가 사회라는 물리적인 공간으로 질러 들어갈 수 있도록 고안된 기구가 전동휠체어라면, 스마트폰은 바로 개별 단자로서 존재하던 장애인의 자아가 드디어 사회의 구성원으로서 연결되어 소통할 수 있게 된 도구라 하겠다.

발달장애 2급의 등록증을 가지고 있는 수진 씨에게서는 유독 높은 스마트폰 활용도를 목격하게 된다. 수진 씨가 워낙 지인들과의 통화량이 많기는 한데, 기존 휴대폰에 비해 스마트폰으로 바꾼 뒤에는 통화 외에도 탑재된 기능들을 활용한 소통량이 확실히 늘었다고 한다. 문자 텍스트 대신 톡 음성 파일을 이용하거나, 스티커와 같은 그림 이미지들을 활용하거나, 사진 위주이기는 하지만 각종 SNS를 활용하는 것은 여기에 해당한다. 중요한 것은 이 기술로 수진 씨가 소속 집단 내에서 이루어지는 중요한 의결 과정에서 의사결정권을 행사할 수 있다는 사실이다.

"톡에 무슨 내용이 올라오면, 다른 사람한테 알려달라고 해. 그러면 목소리(음성 파일)로 올라와. 그거 듣고 좋으면 좋다, 싫으면 싫다고 하면 되지~ 나도 어떻게 해야 한다고 말해서 (음성 파일로) 올려. 편해. 왕따? 그런 거 느껴본 적 없는데?"

인강원, 익숙하지만 벗어날 수밖에 없었던 공간

"인강원은 어렸을 때 들어갔어. 어렸을 때. 응. 거기서 학교도 다니고, 나는 좋았어. 나는 인강원이 친정이야. 응. 요새도 자주 가. 지난번에 명절, 있잖아~ 명절~ 아, 설날에 원장님이 떡국 먹으러 오라고 해서, 원래 할머니 할아버지한테 가야 하는데, 그건 다음 명절에 가기로 하고, 난 인강원 갔었어. 옛날에? 옛날에도 나는 좋았어. 지금은 그때 선생님들은 아니야. 선생님들은 바뀌지. 그럴 때 맘이 서운해. 슬퍼. 응, 나는 슬퍼. 사람들이 떠나면 슬퍼. 그래서, 우리는 인강원 나왔는데, 인제 거기 송전원 사람들이 와서 살잖아? 우리 (인강원) 나와서 거기 (남은) 사람들이 슬플까봐 나는 자주 (인강원에) 가. 나는 좋았어. 나한테는 잘해줬어. 몰라. 다른 사람들은 맞았나? 나는 모르겠어. 나는 좋았어. 일단 추억이 있잖아, 거기. 내가 거기서 오래 살았는데…… 근데 언제까지 거기서 살 순 없잖아. 그래서 자립 결심했어. 여기 집에 사는 것도 이젠 좋아졌어. 처음엔 여기 말고 다른 곳도 돌아봤는데, 내가 은정 언니한테 그랬어. 여기가 제일 깨끗하고 좋다고. 응, 우리가 이 집에서 살겠다고 선택한 거야. 선택. 근데 인강원하고는 멀어~ 서울대입구역에서 2호선 타고, 건대입구역 가서 7호선 타고…… 도봉산역에서 하나 더 가면 돼…… 올 때는 반대로 하면 돼. 몇 번 인강원에서 여기 왔다 갔다 하는 거 연습했어. 그럼, 이제는 잘 다니지~"

수진 씨는 자신이 근 20여 년 이상을 살아온 시설에 대해 친정이라는 표현까지 썼다. 비록 그 시설이 세간에서는 운영 비

솔직하게 말할 수 있어서 다행이야

리와 인권침해의 대명사로 회자되면서 법정에서 오르내리는 이름일지언정, 수진 씨 자신에게는 자라온 추억이 깃든 장소이자 도리상으로나 인정상으로나 때마다 들여다보아야 하는 애틋한 곳이다. 수진 씨는 익숙한 공간에 대한 애착이 큰 편이다. 인강원에 대한 기억도 그곳에 함께 거주했거나 생활했던 사람들에 대한 기억보다는 공간 그 자체의 보존에 더 의미를 두고 있는 듯했다. 자신이 생활하던 당시의 관리자들과 이용인들이 현재 거의 없는 인강원에 그럼에도 자주 들른다는 수진 씨의 말이 이를 방증한다. 마찬가지로 수진 씨를 담당하고 있는 자립생활센터의 코디네이터는 이런 말을 전했다.

"수진 씨 같은 경우에는요, 익숙한 장소에서 낯선 사람을 만나러 가는 것과 낯선 장소에서 익숙한 사람을 만나는 것에 대해서 선택을 하라고 하면, 낯선 사람을 만나더라도 익숙한 장소에 가는 것을 택해요. 낯선 사람보다도 낯선 장소가 더 두려운 거죠. 달리 말하면 자신에게 익숙한 장소가 정말 중요한 사람인 거지요."

성향이 이러하다보니 이삿날 수진 씨의 스트레스가 과연 어느 정도였을지 어렴풋이나마 짐작이 간다. 그럼에도 수진 씨는 왜 그 익숙한 인강원이라는 장소를 과감하게 벗어나는 결정을 단행했을까.

"나도 이제 어른이잖아~"

자립 생활과 유아기 의존성 사이에서

그러나 실질적으로 수진 씨에게 이 어른이라는 표현이 자립 생활과 어떠한 연관 관계를 맺는지는 불투명하다. 스물아홉. 수진 씨의 어른이라는 명명은 단순히 남들이 지칭하는 애-어른의 구분을 자신의 나이를 셈하다 받아들인 결과인지, 아니면 인강원의 변화에 따라 자연스레 선택하게 된 '탈시설'을 뒷받침하는 스스로의 내적 변화의 표식인지, 만약 그렇다면 수진 씨 자신은 자립 생활에서 '자신을 주장하는 것'과 '타인의 조언을 받아들이는 것' 사이의 외줄타기를 어떻게 조율하고 있는지. 이 모든 것이 사실은 모호할 때가 많다.

익숙한 공간에 대한 애착만큼이나 수진 씨는 스케줄대로 사는 일에 안정감을 느끼는 타입이었다. 여기서 스케줄이란 수진 씨가 정하는 것이 아니라 수진 씨에게 정해진 일과를 말한다. 물론 수진 씨가 의사결정권을 행사하기는 한다. 좋다 혹은 싫다의 입장 표명은 하는 것이다. 다만 동의와 부동의, 참석과 불참석, 찬성과 반대라는 수진 씨 의견이 어디서 갈리느냐 하는 점이 의문이다. 인터뷰 초반만 해도 줏대 있고 솔직했던 수진 씨의 매력적인 면모들은 자립 이후 도리어 새로운 생활 규칙과 보조인들의 성향에 지나치게 의존적이고 순응하는 모습으로 내비쳐지기도 했기 때문이다. 수진 씨의 경우 처음 매칭된 활동보조인을 무척 좋아했다. 익숙한 공간에 대한 애착만큼이나 애정의 대상에 대한 방어와 의존도는, 개인 간의 성향차를 고려한다 해도 함께 생활하는 은정 씨에 비해 눈에 띌 정도였다.

"나는 원 선생님이 좋아요. 내가 별명 지어줬어요. 원 선생님은 토끼 선생님, 남자 선생님(신 선생님)은 거북이 선생님. 나는 여자 선생님이 좋아요. 결혼 안 한 선생님이었으면 좋겠어. 머리도 길고. 앞으로도 예쁜 선생님이었으면 좋겠어요. 아줌마 아니고……"

"나 오늘 뭐 했게요? 원 선생님이랑 쇼핑 갔었어요…… 원 선생님이랑 교회 갔었어요…… 원 선생님이랑 연극 보러 갔었어요…… 원 선생님이랑 영화 보러 갔었어요……"

"원 선생님이 그만둔대. 나 슬퍼요. 왜 낮에 신 선생님은 말 안 해줬냐고. 원 선생님 오늘 마지막 날이라고."

"원 선생님 다시 우리 집에 온대요. 오늘 내가 그 얘기 듣고 얼마나 기뻤는지 알아? 나 막 떨리고 그래. 우와~ 나 어떡하지? 막 설레고 그래요."

이 지점에 이르면 보다 복잡한 관찰의 심사가 얽혀든다. 수진 씨에게서는 어느덧 좋아하는 사람에게 잘 보이고 싶은 모습, 그러니까 상대를 기쁘게 하기 위해 거절하지 않고, 되도록 상대를 거스르지 않아 칭찬받고 인정받는 사람이 되길 원하는 모습이 엿보였다. 그렇다. 애착 관계만 한 권력관계도 없는 것이다.

한편으로는 발달장애인에 대한 활동보조 서비스에서 발달장애의 특수성을 인정하는 것과 손쉽게 유아기에 머물게 하는 쪽을 택하는 것 사이의 혼동도 뒤따라왔다.

"나 오늘 영화 봤어요. 아니. 집에서. 컴퓨터로. 〈미녀와 야수〉 봤어요. 만화영화 있잖아~ 컴퓨터는 선생님이 틀어줬어요. 응! 재밌었어요. 나 주니버로 그런 거 많이 봐요. 노트북 샀는데, 그걸로 맨날 볼 수 있어. 응. 좋아요."

이 무렵 수진 씨의 어미가 내내 써오던 반말 대신 은근슬쩍 높임말로 바뀌어 있던 것은 과연 우연이었을까.

어려워지는 인터뷰

"행복해요. (작업장) 일도 재밌고, 쉬는 시간도 많고. 동료요? 아 친구. 거기…… 반장 있어요. 오지혜라고 동생도 있고, 강희경 언니, 정보라…… 나한테 언니래. 흐흐. 행복은…… 기쁜 거. 항상 친구가 있어서 좋아요.

남자 친구 얘기요? 하하하. 알잖아요? 문봉수. 봉수는 지난주 토요일에 봤어요. 봉수 생일이었어요. 지금은 결혼할 생각 없어요. 돈 벌어야 하고. 일도 배워야 하고. 그냥 데이트만 (해도 돼요). 인강원에서 나와서 따로따로 살지만, 그래도 일주일에 한 번은 보는 것 같아요.

가족들은 번동에 살아요. 할머니, 할아버지, 주영이, 이모…… 나는 가족들이랑 연락하고 지내요. 명절에, 지난번 추석 때는 내가 봉투에 돈, 돈 넣어서 할머니 드렸어. 그러고 싶었어요. 얼마 안 되지만, 10만 원 모아서 드렸어. 그래야지, 나도 이제 다 컸는데. 할머니가 고맙대. 근데 할머니보다 내가 더 좋았어요. 선물할 수 있어서. 자주 가보지도 못하는데. 나 용돈 모아서 봉투 드렸어. 내가 기뻤어요. 자주 그러려구.

엄마, 아빠는 지금도 꿈에 나와요. 얼마 전에 엄마가 꿈에, 꿈에 나와서 이래요. 내가 사진 보여줄까요? 이거, 이 사진이 우리 엄마예요. 난 엄마 사진 이거밖에 없어. 그래서 매일 이거 쳐다봐요. 그래서 꿈에서 우리 엄마는 항상 이 모습이야. 하하하. 이쁘죠? 우리 엄마가 꿈에서 나 내려다보면서 그래. "아이고, 우리 수진이 잘 커서, 자립도 하고, 이런 집에서 살고, 엄마가 좋다." 이래요. 나 막 울어요. 그런 꿈 꾸면. 진짜 엄마가 머리 만져주는 것 같고 그래. 아, 나 또 눈물 난다……

돈은 아껴서 필요할 때만 쓰려구요. 화장품이나 옷, 그런 거 사고. 할머니 할아버지한테 갈 때 과일 사 가고, 용돈 드리고 싶어요. 이번 설 명절에는 '인강원' 가느라 집에 못 간다 그랬어요. 다음 명절에 가야지. 인강원 원장님(사건 이후 바뀐)이 설에 오래. 와서 우리 인강원에서 나온 애들 다 같이 떡국 먹고 놀고 가래. 집에는 다음 명절, 추석인가? 그때 간다고 했어요. 그때까지 용돈 모아야지…… 하하. 나는, 나는, 잘 아껴요. 괜찮아. 꼭 필요한 것만 사요. 이거, 노트북, 얼마 전에 내 돈으로 샀어요. 나는 분홍색 좋아해서 노트북도 분홍색으로 했어요. 인터넷으로 주문했어요. 주문하는 건 여기 (코디) 선생님이 도와줬어요. 이거로 유튜브도 보고, 주니버에서 만화도 봐요. 좋아요. 잠 안 올 때 침대에서 이거 보면 좋아요. 근데 지금 침대가 좀 흔들흔들해서 침대 바꿔달라고 했어요. 위험해. 이거 봐. 흔들거리잖아. 응, 난 솔직하게 말 잘해요. 눈치 안 봐도 돼. 인강원에서도 그랬어요. 다른 사람한텐 어땠는지 몰라도, 인강원에서 나한텐 잘했어요. 그래서 나도 잘 있었어요. 일은 안 했지. 거기선 일 안 했어요.

나는 화가가 되는 게 꿈이에요. 그림 공부 하고 싶어. 일단은 일해서 돈 벌어서 그림 공부 하고 싶어. 나 색칠 공부 책 많잖아요? 이거 봐. 이렇게 했어요. 응, 나는 이런 거 좋아하고, 또 사람들도 나한테 이런 거 잘한대. 응, 행복해."

정말일까?

이 무렵 내가 보는 수진 씨는 전혀 행복해 보이지 않았다. 기쁜 것도, 잘 있는 것도 아닌 것 같았다. 그러나 녹음기를 들이대는 순간, 수진 씨는 다른 말을 한다. 네, 좋아요, 행복해요……라고.

물론 나는 판단자가 아니다. 진술의 진위 여부나 타당성을 따지고 드는 것은 내 몫이 아니다. 설령 구술 기록의 일정 부분이 그렇다 하더라도 일단은 인터뷰이의 말을 믿고 들어야 한다. 해석은 그다음이다. 그런데 늘 이 지점에서 갈팡질팡이다. 덥석 믿는 쪽으로든 꼬치꼬치 캐묻는 쪽으로든 더 나아가지 못한다. 우물쭈물 맴돌다보면 벌써 일어설 시간.

"다음엔 또 언제 와요?"

매번 둘러대는 것도 만만찮은 일. 모진 사람이고 싶지 않아서가 아니다. 도무지 알 수가 없어서다. 녹취록은 쌓여만 가는데, 이상하게도 점점, 말을 하는 쪽이나 듣는 쪽이나, 솔직한 듯 솔직하지 않은 인터뷰가 되어가고 있는 느낌이 드는 것은 왜일까? 대체……

솔직하게 말하고 나니까……

"나는요, 우리 가족은요, 할머니 할아버지도 있고, 주영이도 있고, 이모도 있고, 고모, 고모부도 있고, 명절에 가면 다 있어요. 우리 엄마는, 엄마는, 병원에서 봤어요. 많이 아팠는데, 마지막에 가니까 아무것도 못 먹는대. 엄마가 있지, 그거, 암…… 그래도 날 알아보더라구……"

수진 씨가 시설에 들어가게 된 계기는 아마 부모님이 일찍 돌아가셨기 때문이 아닐까 싶다. 시설 입소 직전까지 엄마가 살뜰하게 보살펴주던 손길을 기억하고 있는 수진 씨는, 엄마의 병세와 자신의 시설 생활 사이에 있는 갈림길을 그릴 만한 사연으로 이해하고 있는 것 같았다. 그래서일까? 수진 씨는 시설에서 장기간을 살아온 대부분의 시설 거주 장애인 당사자들과는 달리 자신이 버려졌다는 생각을 하지 않았다. 다른 친인척들과의 관계가 돈독하게 남아 있고, 가족하고의 원체험 역시 매우 좋은 기억으로 간직되어 있어서, 그게 매사 밝고 긍정적인 수진 씨 성향의 근간을 이루고 있는 것 같았다.

그런데 자립 생활 이후 수진 씨의 이러한 성향은 두어 번 위기를 맞는다. 하나는 작업장에서의 생활이었다. 작업장에서 가는 강원도 횡성 여행을 다녀와서도 그저 좋았다는 말만 되풀이하던 수진 씨는 어느 날 밤에 불쑥 일을 그만두고 싶다고 말해왔다.

"밥도 같이 먹기 싫어요. 나 도시락 싸갈래. 거기 금요일 점심엔 국수 나오는데, 짜. 사람들이랑 같이 먹기도 싫어요. 나는 크게 말하는 거 아닌데, 나한테 크게 말한다고 뭐라고 했어요. 나한테만 뭐라고 해. 그래서 나는 싫었어, 쭈욱. 응. 안 좋았어요. 여행도 재미없었어요. 그래서~ 오늘 그만두고 싶다고~ 선생님들(활동보조인, 자립지원센터 담당 코디)한테 말했어요. 그러고 나니까 진짜 막 속이 다 시원한 거야. 솔직하게 내 마음을 다 털어놓고 나니까 눈물이 나려고 하고, 막 속이 후련한 거 있죠?"

장애인 보호 작업장에서 종이봉투 만드는 일을 하던 수진 씨는 몇 번인가 종이에 손가락을 베어오곤 했다. 단순한 종이

접기와 나르기이지만 대량의 작업을 반복적으로 하다보면 당연히 실수나 지연은 있을 수 있는 일이다. 그러나 같은 작업을 오랫동안 맞춰왔던 기존의 구성원들 사이에서 서툰 작업자인 수진 씨는 그들과 쉽게 어울릴 수 없던 모양이다. 처음엔 작업장 가는 일을 은정 씨보다도 신나 했던 수진 씨였지만, 작업장 일에 별로 좋아라 하는 기색이 없는 은정 씨보다도 먼저 수진 씨는 그만두고 싶다는 말을 꺼냈다. 어쩌면 수진 씨는 작업장 일이나 구성원들 사이에서의 관계보다도, 자신을 지켜보는 주변인들에게 계속 좋은 척만 해야 했던 나날이 더는 견디기 힘들어졌던 것일지 모른다. 더 이상 작업장에 가지 않아도 된다는 사실보다, 솔직하게 속내를 털어놓을 수 있어서 다행이라 여기는 기색이 역력했기 때문이다.

그런데 이즈음에 수진 씨의 활동보조인이 바뀐다. 일상의 큰 변화 두 가지가 한꺼번에 찾아온 것이다. 수진 씨는 유착 관계 대상이었던 첫 활동보조인과 외출이나 활동을 거의 함께 했다. 함께 생활하는 은정 씨 역시 수진 씨와 마찬가지로 낯선 공간과 지리에 대한 두려움은 크지만, 주말 시간만큼은 남자 친구와 데이트를 하며 자신만의 고유한 사적인 일정을 계획하고 별도의 일과를 보내고 있던 것에 비해, 수진 씨는 거의 모든 일상을 오롯하게 활동보조인에게 의존하고 있었다. 그러다보니 작업장 출근을 안 하게 되고, 활동보조인이 교체되는 공백기 동안, 수진 씨는 거의 자기 방에서만 지내고 있다는 축

늘어진 음성을, 그러나 예의 그 "네~ 잘 지내요~"라는 말로 들려주곤 했다.

그러던 어느 날, 수진 씨의 속내가 또 한 번 솔직하게 폭발하게 되는 일이 생겼다.

"나, 나 지금 슬퍼. 슬퍼요. 나 방금 할아버지랑 전화했는데, 할머니 바꿔달라니까 할머니, 우리 할머니, 돌아가셨대. 나 이번 명절에 할머니 용돈 챙겨서 갔다 오려고 했는데, 지난번 명절엔 인강원 가냐고, 못 가봤는데, 할머니 벌써 돌아가셨대. 할아버지가 그래. 근데 왜, 왜 나한테 그걸, 말 안 하냐고~ 할머니 3월 달에 돌아가셨대. 응, 할머니 아팠어요. 근데 왜 나한테 얘기 안 하냐고. 나는 몰랐잖아. 할머니, 우리 할머니한테 인사도 못했잖아. 나는 모르고 있었잖아. 왜, 왜 말 안 하냐고~"

그날 수진 씨는 처음으로 자신이 혼자서 할머니의 묘소까지 찾아갈 수 없다는 사실에 애통해했다. 그리고 어쩐 일인지 정작 가족들에게는 자신의 서운한 속내를 퍼붓지 못하고 있다는 엄연한 거리감을 자각하는 것 같았다. 그날 이후, 수진 씨는 더 이상 마냥 괜찮다고만은 하지 않았다. 입버릇처럼 행복하다 말하는 것도 그만두었다. 그냥 그래요, 피곤해요, 몰라, 모르겠어, 나야 모르지…… 툴툴툴툴…… 불편하고 심드렁한, 자신의 상태를 딱히 설명하기 애매한 말들도 새어나오기 시작했다. 그런데, 그런데 참 이상하게도, 이번에는 듣는 내 속이 좀 후련해지는 기분이다.

그렇게 한동안이 흘렀다.

"서중…… 여기 어디게? 작년에 왔던 데. 등급제 폐지 외치러 왔던 데. 응~ 광화문이야. 몰라, 여기 오는 줄 모르고 아침에 신 선생님이 어디 간다고 해서 따라왔는데, 글쎄 여기야. 너무 신기해. 반갑더라. 작년에 우영이랑 다솔이랑 우리 인강원 사람들 늦게까지 여기 있었잖아~ 중간에 비 맞고 막 그랬잖아~ 생각났어! 하하하."

오랜만에 수진 씨가 전화를 해왔다.

뜻밖의 외출이 가져다준 상쾌한 기분 전환 때문이었을까, 벌써 1년여 전 일이 되어버린 어떤 한순간이 되살아난 반가움 때문이었을까. 수진 씨의 통통 튀는 목소리는 어딘가 모르게 처음 만났을 때의 모습으로 되돌아온 것 같은 느낌을 주었다.

어라? 그러고 보니 다시 은근슬쩍 반말로 넘어가 있는 수진 씨다.

나선형의 회로처럼 우리는 한 바퀴를 슬쩍 엇돌아 솔직함이라는 원점에 다시 돌아온 것은 아닐까.

화선지에 먹물이 한 방울 떨어지듯, 묘한 기쁨이 가슴에서 번졌다.

연습하면 돼~

　수진 씨의 녹취록을 푸는 일은 정말 힘들었다. 일단 양이 많았고, 그 많은 양 대부분의 대화를 실은 내가 믿지 않았다. 정말 행복한 거야? 잘 지내는 거야? 자립 생활이 맞는 거야? 이를테면 쭈욱 이런 의심.

　구술은 구술자의 자기중심적 술회다. 당연하다. 누군들 자신의 인생을 포장하고 싶지 않겠는가. 인정해야 한다. 그래야 기록의 역할이 잡힌다. 구술 기록의 역할은 그 술회의 의미 좌표를 찍는 일이다. 하나의 사건을 두고 구술자 개인의 인식과 타인의 인식, 나아가 사회라는 맥락에서의 해석은 어떻게 다른가. 그 차이는 어디서 발생하는가. 왜 발생하는가.

　이제 와 생각해보면, 수진 씨는 초지일관 솔직한 인터뷰이였다. 계속 행복하고 싶은 사람. 그래서 스스로 잘 살고 있다고 믿고 싶은 사람. 다만 그녀가 보내는 사인에 대고 기표와 기의가 "일치하지 않는다"는 사실에만 골몰하고 있었던 게 문제였다. 수진 씨에게는 시간이 필요했던 것일지 모른다. 계속 행복하고 싶은 마음 그대로 진짜 행복해질 수 있는 시간. 자립 생활도 마찬가지다. 누구도 처음부터 발딱 서서 걸음마를 떼진 않는다. 사람마다 꽃피는 시간은 다르다고 하지 않던가. 수진 씨는 이제 막 봉오리를 피워올리고 있는 것이다.

얼마 전, 활동보조인이나 자립지원센터의 도움 없이도 혼자서 지하철을 갈아타고 서울대입구역에서 불광동까지 찾아왔다는 상기된 얼굴의 그녀와 재회했다.

"나 혼자서 왔어. 올 수 있네. 모르면 물어보면 돼. 아까도 그렇게 왔어. 쉽네. 이제 자꾸 연습해야지. 연습할 거야. 연습하면 돼. 혼자서 왔어. 용기 내서, 나 왔어. 그러니까 서중…… 글씨 써. 글씨 써. 나는 글씨 못 쓰니까, 너는 글씨 써야 해. 내가 말할게. 내 얘기 써야지…… 글씨 써, 응? 알았지?"

어쩌면 우리의 인터뷰는 이제부터가 진짜 시작인 셈이다.

내가
떠나지 않는
이유

이종강

인터뷰가 진행되는 동안 몇몇 인터뷰이들은 타인이 하는 구술 기록 대신 차라리 그 자신의 지면을 확보해주는 편이 더 나을 것 같다는 생각을 하게 했다. 언어장애가 중첩되거나, 운신이 불편하면 불편할수록, 그러니까 나처럼 아무 때나 아무 말이나 휘갈겨보는 것이 쉽지 않은 조건이면 조건일수록, 참으로 단정하게 떨어지는 문장을 구사하는, 경이로운 사람들을 만났다. 오랫동안 생각하고, 또 오랫동안 자기 안에서 몇 번이고 몇 번이고 써본 문장이 아니고서야…… 그에 비해 나는 너무 함부로 말을 하고, 그로 인해 함부로 사는 인생이 아닌가 하고, 부끄러운 자문을 거듭하게 했던 사람들…… 단연 종강 님은 거기에 첫 번째 손가락으로 꼽히는 사람이다.

작년 겨울부터 올해 봄을 넘어오는 사이 찾아가는 것조차 부담스러워하실 정도로 악화된 건강 때문에 전화로 인터뷰를 대신하곤 했던 종강 님은 열아홉 살에 열차 사고로 거의 전신이 마비되었다. 그러나 열아홉 이전의 삶도 녹록지는 않아서, 그에겐 그 열아홉의 사고만큼이나 이전의 삶이 드리운 그늘이

짙었다. 놀랍게도, 그는 그 그늘을 양분 삼아 사랑하는 법을 터득한 것 같았다. 사고 이후부터 쭈욱 자신에게 허락된 고작 한 평의 침대 안에서, 그것도 타인의 손을 빌려서야 겨우 돌아 눕는 것이 가능한 채로, 그는 충분한 연민과 궁극의 화해로 나아가는 수행을 고요하게 밟아나가는 것 같았다. 그런데, 누구에 대한 연민이며 누구와의 화해인가. 나는 감히 '인생'이라고 답하겠다. 자신이 선택할 수 있던 것보다 그러지 못했던 것이 더 많았던 생의 조건들, 심지어 내가 선택하지 않았는데도 주어진 것들, 때론 차라리 내 것이 아니었으면 하고 바랐을지 모를, 그러나 이미 내게 당도해버린 것들에 대해, 그는 사람이 취할 수 있는 가장 아름다운 태도가 무엇인지를 보여주었다. 그의 술회는 늘 담담했으나, 듣고 있노라면 오래 아팠다. 오래도록 아픈 그의 이야기들은, 아름다움의 '아름'은 '앓음'을 '앎'하는 데서 온 말이라는 속설에, 역시 오래도록 고개를 주억거리게도 했다.

그는 이번 작업에서 만난 사람들 중 유일하게 아직 시설에 남아 있는 사람이다. 그런데 여기서 그 '아직'이란 단서는 좀 복잡한 뉘앙스를 띤다. '아직'이란 말은 '그의 언젠가'를 함축하는 그 자신의 바람일 수 있을까. 아니면 그저 나를 비롯한 탈시설 활동가들의 바람일 뿐일까. 또는 그가 선뜻 탈시설을 결심할 수 없는, 아주 현실적인 제약들을 암시하는 부사어일까. 그도 아니면 반어, 그러니까 그는 '이미' 시설에 남기로 결

내가 떠나지 않는 이유

정했다는 뜻일 수도 있지 않을까. 만약 그렇다면 그 결정은 과연 그 자신의 고유한 의지일까. 아니면 어쩔 수 없는 현실에 대해 그가 할 수 있는 최선의 타협의 결과물인가……

대면 인터뷰가 어려웠던 이유는 종강 님의 악화된 건강과 유례없던 더위도 한몫을 하긴 했지만, 마땅한 인터뷰 공간을 찾아내기가 힘들었기 때문이기도 하다. 큰 방에 중증장애인과 환자들 여럿이 거주하는 시설 안에서는 사적인 내밀한 이야기를 나눌 공간이 없었고, 시설 밖이라고 해도 전동휠체어 출입이 자유로운 인근 카페 하나 찾기가 쉽지 않았다.

그가 살고 있는 세상은 이러하다. 이런 세상에서 그가 할 수 있는 선택을 두고, 과연 그의 '아직'을 명확한 하나의 의미로 단정할 수 있을까.

그러므로 그의 이야기가 오래 아픈 이유는, 비단 아름다워서였기 때문만은 아닌 것이다.

발바닥과 이음여행, 박살 난 느낌!

아마 2006년이나 2007년이지 싶죠? 아, 2007년. 박숙경 선생님이, 국가인권위 설문 조사 있잖아요? 장애인 시설 실태 조사를 나왔어요. 생활이나 어려운 점을 쭉 이야기하게 되었는데, 그때만 해도 저는 이 안의 생활이 전부인 걸로 살고 있었죠.

예전에는, 그러니까 장애를 갖게 되기 전 말입니다. 제가 81년도에 사고를 당했는데, 그전에는 행정법이다 뭐다 그래서 애 어른 할 것 없이 부랑인이니 노숙인이니 하면서 강제로 가두고 하는 정책이 있었단 말이지요. 아시다시피 열한 살 때부터 길바닥 체험을 하며 살아온 저도 행정법에 의해 그 유명한 삼청교육대에도 끌려가 갇혀 있었습니다. 뭐 거기도 시설이라면 시설이지요. 감옥도 시설이잖아요?

이곳엔 84년도에 오게 됐어요. 네, 거의 시설에서만 살았다 해도 과언이 아닙니다. 그때만 해도 이곳 '은평의 마을'은 가톨릭에 위탁된 지 얼마 안 된 상태였어요. 주로 수도자분들이 챙겨주셨죠. 위탁 전에는 시에서 통장들을 보내서 관리하게 했다고도 해요. 그런데 그 사람들이 여기 있는 사람들에게 폭력을 행사하거나 노동을 착취하거나 그랬다고 해요. 예를 들어서 사과 한 박스가 들어오면요, 거의 통장들이 떼어가고 여기 사람들은 사과 한 알 가지고 쪼개서 나누어 먹는 식이었다고 해요. 그 시절엔 아마 저 같은 사람은 못 살았을 겁니다. 아예 살아남을 수가 없었겠죠. 제 힘으로 몸을 돌아눕는 것조차 못하는데……

박숙경 선생님과 만나기 전까지는 대체로 이런 세상에서만 살았습니다. 김대중 정권 때 인권위라는 게 생겼다는 걸 뉴스에서만 보고, 그게 과연 나랑 상관이 있을지 연결 짓지는 못했죠. 나 같은 사람은 바깥에서 살 여건이 안 된다고만 생각하고 산 거죠. 그런데 박숙경 선생님이 '탈시설'에 대해 얘기해줬어요. 하지만 그때는 너무 몰랐어요. 그런가보다 했죠. 박숙경 선생님이 혹시 생각이 있으면 연락 달라고 명함을 주고 가신 걸 간직하고 있다가 2년 후, 그러니까 2009년에 연락을 했죠. 탈시설 열망한다고. 그렇게 해서 발바닥과 연이 닿게 된 겁니다. 그때부터 발바닥 활동가들과 꾸준히 만나고 연락하며 지냈어요. 그래서 밖에선(발바닥 측에선) 제 탈시설을 진행을 많이 한 듯해요. 그런데 그 후 건강이 악화되었어요. 몸도 몸이지만, 정신적으로 너무 힘들었습니다. 그러다보니 막상 '나간다' 하니까 심적 부담이 생기더라구요. 여기서 생을 마감할 거라고 생각하다가……(잠시 침묵)…… 그땐 한 방에 20~30명이 생활할 때예요. 가족 같았죠. 그 사람들을 두고 나 혼자서 떠난다는 게……

그래서 탈시설을 안 하더라도 인연의 끈이라도 가져가자 싶었죠. 합정동 '마리스타의 집'(마리스타수도원)으로 하루 이음 여행을 갔다 왔어요. 그땐 전동휠체어도 안 탈 땐데 발바닥에서 차를 보내주셨어요. 거기서 탈시설 당사자들과 만나고 체험을 듣고 여러 강의를 좀 듣고 하면서, 그간 잘 모르고 있던 세상에 대해 눈을 뜨게 됐달까요? 세상에 장애인 인권 활동을 하는 분이 계시고 같은 장애인 가운데에서도 어려움을 무릅쓰고 찬 바람 궂은 비 맞아가면서 더 나은 세상을 만들고자 투쟁하는 친구들이 있다는 것을 알게 된 겁니다. 2009년 가을은 조금 더 열린 시각으로 세상을 바라보게 된 시점이었어요. 그 후 전동휠체어를 타게 됐어요. 전동휠체어는 시설에만 있을 때는 생각도 못했는데, 이음여행 하면서 '저렇게 탈 수 있는 거구나!' 알게 된 거죠. 그래 한 대 신청을 했습니다. 발바닥을 다녀와서 전에는 하지 못한 생각들을 할 수 있는 면이 많았어요. 뭐랄까요…… 박살 난 느낌? 아무것도 모르고 이런 곳에서만 살았다는. (몰랐다는 점 때문에) 부끄럽다는 생각도 많이 하고. 어려운 상황 속에서도, 장애인의 이동권이나 생활 조건을 좋아지게 하기 위해서 활동하는 친구들이 있다는 게. 아……! 그로 인해 여기서 제 생활도 많이 달라졌던 것 같아요. 다른 사람을 보는 시선의 각도라던가. 그 후로 시설 밖 세상을 기웃거리고 다니면서 다시 세상을 바라볼 여건이 되었던 것 같아요. 무엇보다 고마웠어요. 이런 일들이 거저 주어진 것은 결코 아니구나! 누군가의 희생이 있는 거죠. 고마웠어요.

전동휠체어 신청 전에는 수동을 탔어요. 거의 나다니지 못했죠. 나갈 수 있는 여건이 아니었어요. 누가 한번 나가자고 하면 제 쪽에서 먼저 꺼려졌어요. 왜냐하면, 수동휠체어라는 게 누가 끌어다 놓으면 가서 있는 거잖아요? 그리고…… 닫힌 공간에서 너무 오랜 세월을 살다보니, 무엇보다 제 자신이 누구 앞에 드러나는 것이 좀…… 힘들었어요. 그러던 게 인식의 전환이 된 겁니다.

전동휠체어는 시설에다 신청을 하는 게 아니라 개인이 국가에 신청하는 겁니다. 시설이 그런 걸 대신해주지 않아요. 그러니 시설에 있는 사람들 중에는 옛날에 저처럼 몰라서 전동휠체어 같은 걸 생각도 못하고 당연히 신청도 못하는 경우가 많아요. 저는 2011년에 구청 사회복지과에 가서 신청을 했어요. 그러려면 일단 재활병원에 가서 장애등급 심사를 받아야 해요. 그 등급증을 가지고 신청을 하면 됩니다. 여기서도 모르는 사람이 있으면 제가 얘기해줍니다. 이렇게 하면 된다고. 그런 게 먼저 안 자의 몫이죠. 저도 발바닥과 이음여행을 통해 그런 덕을 봤으니까요.

동산 모퉁이에 던져진 돌멩이 하나

그런 인식의 대전환을 거치고도 왜 아직 시설에 있냐고 물으시면…… 글쎄요. 워낙 합병증이 많으니까…… 몸에서 떠나지 않는 병이란 말입니다…… 현실적인 제약이 많아요. 끊임없이 치료를 받아야 하는 상황이란 건, 어렵게 탈시설을 한다 해도 밖에서 거의 치료받는 일에 그 귀한 시간을 허비하게 되지 않을까 하는, 엄청난 두려움을 갖게 하죠. 그건 그냥 피상적인 두려움이 아닙니다. 한 번도 살아보지 않은 삶에 대해 막연하게 갖는 두려움이 아니라 정말 현실적인 제약이죠. 아니

그보다 어떤 면에서는, 제 몸에 대한 저 자신의 믿음이 부족했다고 하는 게 맞겠네요. 호흡도 그렇고…… 아까 주먹으로 배를 한 번씩 치는 이유를 물으셨죠? 아마 제 생각엔, 히말라야 같은 높은 델 오르면 사람들이 고산증이라는 걸 겪는다고 하잖아요? 호흡곤란이나 어지럼증, 구토 같은 증세들…… 아마도 늘상 누워서만 지내던 제가 가끔 휠체어라도 타면, 아무래도 상체가 들어올려지게 되니까 그것도 높이라고 그런 고산 증세 비슷한 어지럼증 같은 걸 느끼는 것 같아요. 제게 익숙한 높이는 머리 심장 발이 다 수평으로 뉘인 자세인 건데, 수직으로 서게 되면 아무래도…… 하하. 이런 몸이다보니…… 차라리 여기선 방문 진료를 받으니까 그편이 낫겠다 싶었죠.

그리고…… 이건 좀 다른 이유인데…… 여기 성모 동산('은평의 마을' 이용자 휴식 공간이자 기도 공간으로 조성된 작은 휴게 동산)에 있는 저 꽃나무들 하나하나가 말입니다, 여기 사람들이 한 그루씩 사서 봉헌한 거예요. 옛날에는 아무것도 없었어요. 우리도 일을 할 수 있으면 일을 하기도 해요. 강제로는 아니고. 폐지를 줍거나 봉투 만드는. 그렇게 모은 돈으로 여기 사람들이, 소위 옛날에 부랑인이라고 손가락질 받았던 그 사람들이 말입니다, 알콜중독이 있어도 그 와중에 술을 사 먹지 않고 애써 모은 돈으로, 작은 꽃나무 묘목들을 사서 여기다 심은 겁니다. 그런 나무들이 이제는 울창한 숲을 이루는 동산이 되었어요. 그때 그 사람들이 하나씩 떠나가는 모습을 이곳에 심어진 나

내가 떠나지 않는 이유

무 한 그루, 던져진 돌멩이 하나가 다 지켜보았겠죠. 잊지 않고. 사람은 세상에 왔으면, 누구에게나 자기 역할이 있다고 생각합니다. 저는 말하자면 여기 동산 어느 모퉁이에 던져진 돌멩이 같은 사람이 아닐까…… 여기서, 잊지 않고, 이 사람들을 기억하는 일이, 세상에 온 제 역할이 아닐까 하는 생각을 합니다. 물론 제 자신을 (이곳 시설에) 가두고 있는 게 실은 스스로 몸을 가눌 수 없다는 것이 가장 큰 이유겠지만요. 그럼에도 저는 이 안에서도 내 역할이란 게 있다고 생각합니다.

이 집에 와서 생활한 지 벌써 33년이 되어갑니다. 84년 2월이니까. 그간 여기 머물다가 간 가족들…… 큰 고마움이었던 분도 많고…… 소신부님*이라던지…… 소신부님은, 아시겠지만, 말년에 루게릭병으로 투병하셨어요. 늘 제가 누운 방 침대 앞으로 찾아와주셨더랬죠. 처음엔 좀 불편하게 걸으시면서,

---

★ 영화 〈오 마이 파파〉(2016)의 주인공. 〈울지 마 톤즈〉(2010) 이태석 신부의 영적 스승으로 알려진 미국인 사제 소 알로이시오 신부(알로이시오 슈왈츠 몬시뇰, 1930~1992)를 가리킨다. 한국전쟁 직후인 1957년 12월 한국에 와서 1992년 루게릭병으로 생을 마감할 때까지 가난하고 소외받은 사람들을 위해 다양한 구제 사업을 벌이고 헌신적인 수도자의 삶을 산 것으로 알려져 있다. 부산 송도 성당 주임 신부로 재직 당시, 전쟁 직후 응급 구호의 일환으로 고아원 운영을 시작하였고, 현 마리아수녀회의 수녀원을 만들었다. 마리아수녀회는 부산과 서울에 각각 '소년의 집'으로 알려진(현 '꿈나무 마을') 보육 시설을 시로부터 위탁받아 운영 중이었으나, 현재는 점진적으로 시설 사업을 접어나가는 중이다. 이 마리아수녀회는 이종강 님이 기거하고 있는 '은평의 마을'(구 갱생원)을 서울시로부터 위탁받아 한동안 운영 관리하기도 했다. 이종강 님은 마리아수녀회의 갱생원 위탁 운영 시절을 잊지 못할 호시절로 기억하고 있다.

그다음엔 목발을 짚고, 또 그다음엔 휠체어에 앉아서, 마지막엔 저같이 (이동식) 침대에 누으신 채로도…… 그저 눈인사만이라도 하기 위해 찾아와주셨어요. 늘 여기 분들 먹을 거 섭섭하게 하면 안 된다고 직원들한테 당부하시고…… 여기…… 인간쓰레기들 잡아다 가둔 곳이었어요, 원래는…… 소위 세상 발길에 치이는 사람들을 처박아둔 곳 아니었겠어요? 그러니 여기는 사람이 사는 곳이 아니었던 겁니다. 그 실상을 알고, 그나마 어려운 사람들이 숨이라도 쉴 수 있는 공간으로 만든 게 바로 소신부님입니다. 소신부님과 수도사님들, 마리아수녀회 수녀님들…… 그분들과 함께, 지금 이곳은, 우리가 봉투 접어서, 꽃나무 하나 사서, 손수 심어서 그렇게 가꾼 동산입니다. 그 이야기를 다른 사람에게 전하고 싶어요.

지금은 마리아수녀회에서 나가고 다시 시에서 가톨릭 사회복지회에 ('은평의 마을'을) 위탁했어요. 네, 마리아수녀회는 시설 사업을 접고 있죠. 시설이 이제 시대 흐름에 맞지 않는다는 걸 받아들이는 거죠. 도티병원**도 이번 6월 15일을 마지막

** 도티기념병원. 알로이시오 슈왈츠 몬시뇰 신부와 마리아수녀회의 후원자였던 조지 E. 도티 씨의 후원으로 1982년 6월 29일 개원한 병원. 2017년 6월 29일 문을 닫을 때까지 35년간 무료 진료를 해왔다. 이 무료 진료 때문에 2012년에는 주변 지역 병원 고발로 환자 본인부담금을 받으라는 행정 명령을 받기도 했다. 도티병원은 진료 및 치료비에 대한 부담으로 쉽게 병원을 찾지 못하는 사람들에게 열린 몇 안 되는 병원이었다. '은평의 마을' 입소 이후 이종강 님의 치료도 대부분 이 병원에서 이루어진 것으로 보인다.

으로 퇴원합니다. 아…… 그 병원에 참 오래, 또 자주 있었는데…… 여기 와서 채 1년도 안 돼서 제가 입원했었어요. 수술도 하고. 그 기간에 거기 수녀님들한테 위로도 많이 받고 그랬는데요…… 역사 하나가 사라지는 느낌이에요.

인간적으로 요즘이, 시설 안에서도 빈부격차가 크다고 봅니다. 소외나 괴리감이랄까요? 그런 것들이 개인 간에 크다고 여겨집니다. 옛날에는 모두 어려운 처지니까 서로 보듬고 살았는데, 지금은 장애인 급수가 정해져서 수급에 차등이 생기고, 그런 차등이 여행이나 하다못해 담배 하나라도 사서 피울 수 있는 사람과 그렇지 못한 사람들을 나눕니다. 한 시설에 있는데, 누구는 사서 피우는 담배를 누구는 꽁초 주워서 피우기도 해요. 모든 게 예전보다 좋아졌다고 하지만 (이런) 격차를 느낍니다. 평등은 중요한 가치예요. 그런 걸 저 같은 사람도 깨닫습니다.

이런 곳에서도 세월의 변화를 지켜보면서, 어느덧 저는 '은평 마을' 안에 돌멩이 하나로 굳어져 있는 것 같다는 생각을 합니다. 시설은 말입니다. 마땅한 자신의 권리를 주장해서 누리는 사람은 누려도, 그걸 미처 모르는 사람한테까지 굳이 찾아다주지는 않습니다. 아까 전동휠체어 건처럼. 내가 여기서 그런 역할을 하고 싶어요. 비록 저 모퉁이의 돌멩이 하나로 굳어진 나이지만, 모든 걸 지켜보았잖아요? 또 (발바닥 통해서) 알게 되었잖아요? 그런 것을 아직 모르는 여기 사람들이 있다면 내가 함께 있으면서 알게 해주고 싶어요. 그게 발바닥하고 맺은 제 인연의 연장선이라고 생각하고 있습니다.

최근 문재인의 신발이 화제가 되었잖아요? 오래 신은 그 신발…… 제 생각엔 그게 편해서 오래 신은 것만은 아닌 것 같아요. 어려운 사람이 만든 거니까, 해지고 닳도록 신었을 거라고 생각해요. 그런 마음. 소신부님도 그런 분이었어요. 특별하게, 직접적으로 대놓고 말씀하시고 그러진 않았지만, 지금 저 사람에게 필요한 게 뭔지 늘 염두에 두고 일을 하셨던 것 같아요. 지금 생각해보면…… 우리한테 말입니다, 세상에, 우리 같은 부랑인에 알콜중독자들한테 말예요, 먹는 거 부족하지 않게 하라고, 막걸리도 한잔씩은 하실 수 있게 하라고…… 쓸모없는 사람들 입에 들어가는 것을 아까워하거나, 모두 다 만류하는 쓸데없는 일을 굳이 금지시키지 않으셨어요. 그런 게 잊혀지지가 않아요. 그 신부님 신발이 말입니다. 미사 때 보면 덜그럭덜그럭 했어요. 가죽에 가죽을 하도 덧대고 덧대서는…… 나중엔 그 다 닳고 해진 신발조차 더는 신지도 못하셨지만요……

사실 그간, 특히 올봄을 나는 일이, 저한테는 매우 힘에 부쳤어요. 제 몸도 몸이고…… 무엇보다 작년 촛불 정국 때부터 실은 사는 일이 조마조마했어요. 너무나 엉뚱하게 가는 세상을, 저는 이미 많이 봐왔잖아요? 그러니 탄핵도 될 것 같지 않았어요. 이러다 또 많은 사람들 희생되거나 실망만 하게 되는 거 아닌가…… 네, 다행입니다. 일이 바르게 흘러가게 되어서…… 덩달아 제 건강도 한창 고비는 넘어온 것 같아요……

방문 진료 외에 더 큰 질병 진단이나 처치를 받아야 할 경우엔 서울의료원 재활의학과로 다니고 있어요. 시설에서는 활동보조 서비스를 개인적으로 받을 수는 없습니다. 시설은 통합관리 시스템이죠. 요양 시설 시스템이 다 그럴 듯해요. 직원 몇이서 여러 명을 함께 돌보는 거죠. 직원도 얼마 없던 예전엔 그나마도 자체적으로 살아서…… 네, 생활인들끼리 서로 돕는 거죠. 그저 주어진 여건에 맞추며 살았던 거예요. 특히 저 같은 경우는…… 거의 도움을 받았죠. 같은 생활인들이 다 도와줘야 했어요.

만약 장애와 질병에 대한 의료지원 체계가 지금보다 훨씬 폭넓게 확충된다면, 뭐 24시간 활동보조 서비스가 제공된다든지, 충분한 치료를 받을 수 있도록 수급 지원이 안정된다면 한번 더 탈시설을 고려해볼 만한가? 그리고 여기 '은평의 마을'은 내게 어떤 의미인가? 단순히 오랜 세월 어쩔 수 없이 기거해온 거주 공간의 의미만은 아닌 것 같다는 질문은…… 그렇다고 집이나 내 공간, 지극히 내밀한 안식처와 같은 편안하기만 한 공간과도 좀 다른 의미일 것 같다는 그 질문은…… 글쎄요, 그건 제 자신에게 스스로도 가끔씩 하는 질문들이긴 한데, 그래서 쉽게 답을 할 수 있을 듯하면서도, 그렇지만 쉽게 답변을 드리지 못하겠네요. 한번 시간을 잡아서 통화를 하도록 하

내가 떠나지 않는 이유 ───────

면 어떨까 싶습니다. 저는 평일 오전 7시 반에서 9시 반 사이, 오후 12시 반에서 1시 반, 2시 반에서 4시 사이가 통화하기 적절한 시간대입니다. 아, 그 시간에 침대에서 누워 있다가 엎드린 자세로 바꾸거든요. 아무래도 통화는 엎드려 있을 때 이어폰을 꽂고 하는 게 이야기하기 편해서요. 내일 괜찮습니다. 제가 이어폰 꽂고 기다리고 있겠습니다.

여보세요? 아 네, 잠시 이어폰 좀 다시 고정하고 말씀드리겠습니다. 어디까지 얘기했죠? 아…… 그러니까……

작년 크리스마스 때, 오랜만에 미사에 참석했어요. 2년 전부터 원내 행사 잘 안 다니는데…… 요새는 거의 여기 생활실에서 영상으로 미사를 드려요. 아뇨, 그냥 제가 안 가는 겁니다. 몸이 많이 불편하기도 하고, 한번 나갈 준비를 하려면 이런저런 도움을 구해야 하고, 휠체어에 앉는다던가 하는 준비 절차가 그다지 간단한 게 아니기도 해서…… 여기 직원이 둘이서 보통 한 다섯에서 여섯 명의 생활인들을 돌보거든요. 그런데 제가 미사를 가겠다고 하면 그 둘이 모두 저에게 와야 해서, 다른 분들한테 좀 미안해요. 그리고 같이 생활하는 여기, 우리 방 식구들이요, 이분들도 다 거동이 불편한 노인 양반들이라, 하하…… 네, 저도 같이, 같은 방 식구들과 여기서 영상으로 미사 드리는 것도 괜찮겠다 싶었죠. 괜찮습니다. 직접 가서 드리나 영상으로 드리나, 미사 장소가 뭐 따로 있나요? 자신이 있는 곳이 바로 그곳이죠. 그치만 크리스마스 때나 부활

절 같을 땐 그래도 좀 운신을 하고 싶어진단 말이죠. 주교님도 오시고 해서 오랜만에 성당엘 가니까 또 그것도 좋더라구요. 거기서 한 친구를 만났어요. 인지력이 조금 떨어지는 친구였는데, 예전에 같은 생활관에서 함께 지냈을 때, 거의 몸을 움직이지 못한 채 미라처럼 침대에만 누워서 지내야 하는 저를 많이 도와주었던 살가운 친구입니다. 그런데 10여 년 전부터 생활인들의 몸 상태에 따라 생활관이 분리되면서부터는 시설 내 공동 미사나 행사가 있을 때 한 번씩 만나서 안부를 묻곤 했는데, 한 2년여 얼굴을 보지 못하고 지냈습니다. 그런데 그날, 성탄절 전야 공동 미사를 참례하러 갔다가 2년여 만에 그 친구를 만난 거예요. 미사 시간 중간에 주교님의 강의가 있었는데, 앞자리에 앉아 있다가 화장실에 가려고 일어나 나오던 그 친구가 뒷자리 전동휠체어에 앉아 있던 저를 본 것이지요. 성당의 모든 사람들이 주교님의 강론 말씀에 집중하고 있는 시간이었습니다. 저를 발견한 그 친구는 반가움에 환한 웃음을 머금고, 그 엄숙한 순간의 고요를 깨는 쿵쿵 울리는 발걸음으로 바삐 다가와 따뜻한 두 손으로 제 손을 덥썩 잡고는 "친구야 반갑다. 오랜만이제. 그동안 많이 아프지 않고 잘 지냈나? 나는 한동안 많이 아팠었다. 그래서 병원에 갔다 왔고 지금은 밥을 못 먹고 죽을 먹는다. 친구야 너는 많이 아프지 마라~"하고 그간의 안부를 전하는데, 그 마음이 얼마나 따뜻하고 가슴이 뭉클하던지요~ 우리는 그렇게 다른 사람의 시선을 의식하지 않고 서로의 안부를 나눴습니다. 그 순간의 감격이란…… 그 엄숙한 자리에서 아마 그 친구가 아니고 다른 사람이었더라면 그렇게 못했을 겁니다. …… 하하 …… 작년 크리스마스에 제가 받은 가장 귀하고 값진 선물이었어요. 이렇게 오랜 세월을 함께하며 살아왔던 친구들…… 가족들…… 아릿한 기억들이 제 삶의 한 부분이었고 소중하기에…… 살아가는데 조금 더 편하고 조건이 좋은 곳을 선택할 기회가 있었음에도 제가 이 집('은평의 마을')을 쉽게 떠나지 못했던 한 이유이지 않았을까 생각합니다.

낯선 이름으로 살아온 지난날

저는 1981년 5월 사고 이후 이십 몇 년 동안 그저 하루하루를 살았어요. 늘 아프고…… 다른 생각을 할 수도 없었죠. 계속 합병증이 생겼어요. 이런저런 선택을 할 기회가 없었어요. 뭘 할 수 있는 게 없는…… 그렇게 살았죠, 하루하루 살았죠. 계획성 있게 산다거나 이런 건…… 그 당시 중증장애를 가지고 살았던 사람들은 비슷했을 거예요. 그 시절만 해도 장애에 대한 인식도 지원도 없던 때라…… 장애를 가졌다는 것 자체가, 다른 사람에게 귀찮고 짐스러운 존재였던 시절이에요. 그 시절 종교 영향을 아무래도 받았죠. 저는 외적으로, 그러니까

육체적으로 말입니다, 거의 뭘 어떻게 할 수 없는 상황이었잖아요? 낫겠다는 생각을 가질 수조차 없었어요. 그러니까 오히려 정신적으로 큰 지향점을 갖는 게 도움이 되었어요. 눈에 볼 수 없고 본 적도 없지만, 마음으로 다가오는 위로가 컸어요. 기도요…… 그런 마음이 다른 사람과 연대가 된달까요? 저는 그런 걸 느낀 순간들이 많았어요. 그저 관념적인 상태에 머물지 않고, 물질이나 형태로 어떤 순간, 특히 제가 어려운 순간에 누군가의 마음이 작용한 것 같은…… 병원에서도 몇 번이나 포기했었던 몸이에요, 전…… 그런데도 내가 잡고 있었을 때, 숨을 놓지 못하고 있었을 때, 그런 게 다른 사람들이 제게 해준 기도의 힘이었을지 몰라요.

아, 종강이란 이름이요? 맞아요. 제가 지은 이름이에요. 그 얘기도 했었군요, 제가?

제 이름은 본래 광영이었어요. 빛 광光 자에 길 영永 자를 쓰는. 사고 후 병원에서 제가 깨어났을 때, 이름표에 '종강'으로 되어 있더라구요. 아마 병원으로 실려 들어온 그 정신없는 상황에서 제가 이름을 '종강'이라고 했던 모양이에요. 비몽사몽간에 내가 일부러 이름을 그렇게 대지 않았나 싶어요. 아버지가 돌아가셨어도 아직 고향에 친척들은 있었잖아요? 괜히 이 몸이 되어가지고, 부모 형제도 아닌 친척들에게 짐이 되지 않을까, 그러니 어떻게 해서든 안 돌아갈 마음으로다 일부러 내 이름을 달리 대지 않았을까…… 아니, 어쩌면 무의식이 아니

내가 떠나지 않는 이유

라 의식적이었던 걸지 몰라요. '나에게는 아무도 없다' 이렇게 생각하고 살아왔으니까요. 사실 아무도 없는 것이었고.

아버지는 제가 열 살 때 돌아가셨어요. 어머니가 워낙 제가 어렸을 때부터 아프셔서 고모님이 절 업어서 돌봐주셨다는데, 아버지가 돌아가신 후로는 그냥 다 싫었어요. 친척이라는 것도. 아버지가 평범하게 돌아가신 것도 아니고…… 어느 날 학교 다녀오니까, 아버지가 돌아가신 거예요. 그 독한 농약을 두 병이나 마시고…… 아버지가. …… 어린 나를, 거의 방치하듯이 버려버리고 돌아가셨다고 생각하니까…… 그때 집을 나왔어요. 그때부터 돌아다니며 산 거죠. 집을 나와서 맨 처음 용산역에 도착했어요. 날은 춥고, 배는 고프고…… 역전을 어슬렁거리다 어떤 애 눈에 띈 것 같아. 걔도 나처럼 배가 고팠는지 같이 찐빵 먹으러 가자고 하더라고. 난 뭘 알아야지…… 그 애를 따라서 역전 앞 굴다리를 지나 포장마차들이 즐비한 무슨 시장 골목 같은 데를 들어갔는데, 그중 한 가게 앞에 앉아서 그 애가 찐빵을 400원어치 시키더라구요. 먹어두 된대…… 많이 먹으래…… 그래 나는 허겁지겁 먹었죠. 한 두어 개가 남았을라나? 그 애가 돈을 놓고 왔다고 집에 다녀오겠대요. 잠시만 여기 앉아 있으라고 그러더라구요. 남은 찐빵을 천천히 뜯어 먹으며 그 애를 기다렸죠. 해는 저물고…… 그 애는 오지 않았어요. 뒤늦게서야 알게 되었죠. 내가 찐빵 400원어치의 볼모가 된 것을…… 거리에서의 첫날이었어요, 그게…… 그날, 찐빵 가게 주인에게도 그 400원은 적은 돈이 아니었을 텐데, 혹시나 하는 심정으로 가게를 접던 시간까지 그 애를 기다리던 주인은, 결국 별수 없이 날 용서해주었고, 나는 홀로 역사로 돌아와 밤을 보냈어요. 이 세상에 날 버려두고는 농약을 두 병이나 마시고 죽어버린 내 아버지, 내 젊은 아버지를 원망하면서, 아니 저주하면서…… 그 뒤로 나는 부끄러움을 모르고 살았어요. 아니…… 그럴 겨를이 없었어요……

앵벌이도 해보고, 구두닦이도 해보고, 그러다 깡패 형들한테 걸리면 얻어터지기도 부지기수…… 넝마도 주워보고…… 살아남기 위해서 안 해본 일이 없어요. 그러다 삼청교육대도 끌려갔었죠. 거기서 4주간 교육받다 나와서…… 아…… 정말 무서웠어요. 여기서 죽겠다 싶었으니까요. 사고는 그 이후에 난 겁니다. 그때…… 아…… 사고 경위는 이상하게도 생각이 안 나요. 제가 열차 장사를 하려고 준비 중이었거든요. 열차에서 물건 파는. 열아홉 살이었으니까, 그것도 그냥 열아홉이 아니라 나름 산전수전을 다 겪은 열아홉이라, 거리 생활에 이력도 좀 나고, 제법 경제력이랄지 생활력도 좀 생기고 해서, 강원도 원주시 학성동에서 자취를 하고 있을 땐데, 그날 청량리에 같이 장사 준비하던 친구한테 문제가 좀 생겨서 그 친구를 보러 가려던 길이었어요. 아마 서울 올라오는 열차에서 떨어진 모양이에요. 제가 기억하는 것은, 그날, 아카시아 향기가 만연했던 하늘, 그 구름 한 점 없던 상쾌한 하늘…… 옛날엔 열

차가 좀 위험했어요. 연결 통로 이런 데가…… 경기도 양평과 용문역 중간 지점에서 사고를 당했다고 하는데, 의식이 돌아왔을 땐 서울 영등포에 있는 한강성심병원 중환자실 회전침대 위에서였어요. 무의식중에 친척들에게조차 짐이 되지 않고자 내 이름이 아닌 다른 이름, 이종강이란 이름으로 나 자신을 불렀던 음절 그대로, 낯선 이름표를 달고 침대에 누워 있더라구요.

그래도 처음엔 제가 나을 줄 알았어요. 아직 현실을 제대로 인식 못한 거죠. 그런데 한 달이 지나고 40일이 지나도 목 밑으로는 까딱도 못하겠는 거예요. 그제서야 의사 선생님한테 물어보았죠. "전 언제 다 나을 수 있나요?" 그랬더니 의사가…… 이게 다 나은 거래요. 그 얘기를 듣는데…… 하아…… 사실 그전에 한쪽 팔도…… 병원에서 정신이 들자마자 의사가 와서 수술을 해야겠으니 동의서에 도장을 좀 찍어달라고 했어요. 무슨 수술이냐고 했더니, 사고 당시 제 오른팔 뼈가 으스러져서 썩어가고 있는 중이라는 겁니다. 빨리 절단해야 한다고…… 그때 이미 한 번 충격을 받긴 했어요. 두 팔을 가지고도 먹고살기 힘들었는데, 이제 한쪽 팔로 어떻게 사나…… 그래도 살아야겠다고 동의서에 싸인을 하고 수술을 받았죠. 사실 그때만 해도 전 병원비가 걱정이었지, 제 몸이 걱정이지는 않았어요. 큰 병원이니까 마비도 차차 나아지지 않을까 했어요. 그런데, 더는 좋아질 수가 없다는 겁니다. 암담했어요. 열아홉 청년에게…… 아…… 참…… 종.강. 어떤 의미에서는 끝 종絲에 건강할 강康. 제 건강은 거기서 끝났다는 의미가 되기도 하죠. 그걸 제 이름으로 받아들이고 여기까지 살아온 겁니다.

불편한 사람, 시설에 남은 존재의 이유

'은평의 마을'은…… 그 당시 절 받아준 유일한 곳이었어요. 성모병원 입장에서도 언제까지 절 중환자실에 둘 순 없었겠지요. 그때, 처음 여기로 실려왔을 때, 다들 안 된다고 했어요. 여기가 갱생원이던 시절이죠. 소위 부랑인, 무연고자, 알콜중독자들이 세상 맨 끝에 이르러 오는 곳. 그런 곳에서 그것도 저 같은 중증의 환자를 돌볼 수 있는 환경이 아니라는 거였어요. 그런데…… 수녀님 한 분이 사정을 들으시고, 이런 분을 여기서마저 받지 않으면 어쩌냐고 하셔서…… 그러고 한 사흘 지났나? 바로 합병증으로 제가 위중해져서 도티병원에 입원해 수술을 받아야 했습니다. 수술도 참 지겹도록 많이 받았는데, 한번은 마취과 의사가 마취를 안 해주더라구요. 이 사람이 체력으로는 마취에서 깨어나지 못할 수 있다고. 그런데, 그런 소릴 듣고도 왜 그렇게 살고 싶던지…… 이상한 일이었어요. 처음 목뼈가 부러지고 전신마비가 되었다는 걸 알았을 땐,

이러고 살아서 뭐하나, 죽고 싶어서 의사와 간호사들에게 왜 날 살려냈냐고 원망하며 새끼손가락을 물어뜯은 적도 있고, 팔에 꽂은 링거 호스를 물어뜯어서 혈관에 공기가 들어가게 해 죽으려고도 시도했었어요. 그런데 그 순간은 그렇게 살고 싶어지더라구요. 놀라운 일이었어요. 의사들이 다 수술 불가한 체력이라고 하는데도, 그 순간엔 살고 싶더라구요. 결국 사는 것도 죽는 것도 하느님께 맡긴다고 하고 수술대에 올랐고, 지금 저는 이렇게 살고 있습니다. 하하……

'은평 마을' 가족들에게 부채가 많아요. 처음에 왔을 땐 직원이 많았던 것도 아니고, 생활인들과 수사님들이 다…… 그때는 고향이 북한인 분들도 많았어요. 전쟁 때 홀로 이남으로 내려와 부유하는 인생을 살게 되신 분들이죠. 다 여기서 돌아가셨어요. 그분들…… 세상에서 외롭게 살다가 이런저런 고난살이에 치여서 이곳에 올 수밖에 없던 분들…… 저는 특히 그분들에 대한 기억이 남달라요. 남이 아니라 저에겐 가장 큰 가족이었어요…… 그분들이나 저나…… 선택할 수 있는 그런 게 없는 상황에서 살다보니까 여기가 집이다, 이 사람들이 가족이다 이런 마음이 고정이 되고…… 그렇지만 꼭 그런 마음 때문에만 이곳을 떠나지 못하게 된 건 아닙니다. '은평의 마을'도 환경이 바뀌었지요, 많이. 옛날엔 공동체 개념이었지만, 지금은 완전히 전문적인 요양 체계로……

사실 저는, 여기서 환영받는 존재가 아닙니다. 다루기 힘든 사람이거든요. 그렇다고 제게 불이익을 주진 않지만, 여하튼 이곳 관리자들에게 저는 불편한 사람이에요. 그런데 그 불편이 바로 제가 여기에 있어야 한다고 생각하는 하나의 존재 이유라고 생각해요. 사람이 어느 자리에 있든 자기 소명을 알게 되면 그 자리에서 그 일을 하게 됩니다. 이런 곳에서 보고, 듣고, 생각하고 말할 수 있다는 것은, 관리자들에겐 확실히 꺼려지는 무엇입니다. 저하고는 거의 부딪치려고 하지 않죠. 그런게 제 역할일 수 있다고 생각해요. 자신을 말하지 못하는 동료가 있다면 곁에서 들어주고, 또 그 사람이 말할 수 있도록 제가 아는 한 돕거나, 같이 말하거나 하는 거요…… 이곳을 거쳐간 과거의 사람들을 기억하는 것뿐만 아니라 현재의 사람들과도 같이 사는 법을 저 나름대로 터득하고 있다고 생각하고 있어요. 이곳에서 저도 한 인간으로 성숙하고 있다고도 생각합니다.

이제 그만 화해하고 싶습니다

재미있는 이야기 하나 해드릴까요? 제 평생의 한은 아버지와 화해하지 못한 것이었습니다. 아버지…… 아, 나의 아버지…… 나를 버린 아버지…… 열 살의 어린 나보다도 세상을 살아가는 것이 자신이 없었던…… 나보다도 아픈 나의 아버지……

  유년시절로 거슬러 올라가면 그 기억 속의 아버지는 여기
저기 절 데리고 다니는 걸 좋아하셨던 분이었습니다. 그래서
아버지 친구 집에 갈 때도, 동물원과 레슬링 경기장 등에도 함
께 다녔던 기억이 납니다. 아버지와 어머니와 저, 세 식구 별
다른 어려움이나 부족함을 모르고 살았던 유년시절이었습니
다. 그런데 제 나이 일곱 살 때부터 어머니께서 아프기 시작하
셨습니다. 자궁암으로 1년여 병원을 오가시던 어머니께선 제
가 초등학교에 입학하던 여덟 살 때 세상을 떠나셨고, 어머니
께서 돌아가신 뒤 아버지와 단둘이 살던 저는 할머니 집에 보
내져 그곳에서 학교에 다니면서 2년여 할머니와 함께 살게 되
었습니다. 아버지와 떨어져 살았지만, 그때 아버지는 저에게
'울타리'가 아니셨나 싶습니다. 그러다가 다시 아버지와 함께
살게 되었는데, 기쁨도 잠시, 같이 산 지 얼마 지나지 않아 아
버지께선 어린 저 하나를 남겨놓고 제초제 두 병을 사발에 따
라 마시고 스스로 목숨을 끊으셨습니다. 그렇게 해서 나는 세
상에 홀로 버려졌습니다. 1973년 11월, 그때 제 나이 열한 살
이었습니다. 그때부터…… 아버지는 제 기억 속에서 지워진
존재였으며, 저 또한 더 이상 어린아이가 아니었습니다. 살기
위해서, 살아남기 위해서, 예의나 염치 같은 것은 없었습니다.
주워 먹고~ 얻어먹고~ 뺏어 먹고~ 훔쳐 먹고~ 벌어먹으면
서, 더럽고 치사하고, 창피한 줄도 잊고서, 아등바등 살았습니

다. 이놈 저놈에게 코피가 나게 얻어터지고 대가리가 깨지게 두들겨 패주면서, 두려움으로 결기를 세운 들짐승처럼 사납게, 독하게 살아야만 했습니다. 세상으로의 첫 출발이 삐딱했고, 아버지에 대한 원망과 세상에 대한 두려움으로, 결코 지지 않겠다는 오기와 자존심으로, 무수한 발길에 차이고 부딪히면서 돌멩이처럼 단단하게 살았습니다. 열아홉 살, 사고로 전신이 마비되어 침대에 누워서 살게 되기 전까지, 그리 살았습니다.

어느새 제 나이가…… 아버지가 세상을 살다가 가신 세월보다 더 오래 세상을 살고 있습니다.

무슨 사정이 있었기에 그런 선택을 하셨을까, 어린 나 하나를 남겨두고 세상을 버리신 당신의 마음은 어떠하셨을까, 저 세상에서 아등바등거리며 살고 있는 자식을 지켜보는 당신의 마음은 과연 편하셨을까…… 이제 그만 아버지와 화해할 때가 되었다는 생각을 하다 설핏 잠이 든 날이 있었어요.

갑자기 잠결에 머릿속 통증으로 '번쩍' 잠이 깼어요. 머리맡에 켜놓은 MP3 라디오 화면 창을 보니 10시 40분. 한 30분을 심한 통증을 견디다가 수면제 기운 때문에 다시 잠이 들었고, 새벽에 생활관 가족들을 돌봐주는 선생님의 도움을 받아서 몸을 돌려 엎드려 눕는데, 그때 오른쪽 귀에서 고여 있던 피가 흘러나왔습니다. 다행히 밤사이 심했던 통증은 어느덧 없어졌지만, 별다른 증세 없이 갑자기 귀에서 피가 흘러나

내가 떠나지 않는 이유

왔으니, 간호사는 병원에 가서 검사를 받아보자고 했어요. 그때 저는 괜찮다고 병원에 가지 않았습니다. 어쩐지 마음에 와 닿는 평온함이 있었습니다. 간밤의 통증과 귀에서 흘러나오던 피가 오랜 세월 아픔으로 응어리져 머릿속에 굳어 있던 상처를 녹여낸 과정이었다는 마음의 느낌이 있었기 때문입니다. 정말 통증과 출혈은 거짓말처럼 괜찮아졌습니다. 이뿐만 아니라 30년이 넘게 들리지 않았던 오른쪽 귀가 들리기 시작한 겁니다.

사고 이후 전 오른쪽 귀가 거의 들리지 않았어요. 사고로 청력을 잃었다고만 생각하고 있었죠. 그런데 요즘은 들린다는 거 아닙니까. 처음엔 몰랐어요. 그냥 머리가 개운하다 정도만 느끼고 있었고…… 그런데 일주일쯤 지나면서 점점 느껴지는 거예요. 이쪽 귀로도 새가 우는 소리가 들리고 막 그러는 거예요! 그래서 지금 이어폰도 양쪽으로 꼽고 통화하고 있는 겁니다. 하하하.

맑고 깊은 물

종강 님의 말씀을 듣다보면 저절로 감탄이 흘러나왔다. 사람의 일상어가 이렇게까지 정련되어 있을 수 있을까 싶을 만큼, 그의 언어는 맑고 또 깊었다. 그러나 깊이란 사람을 저어하게 만드는 무엇이기도 하다. 종강 님의 언어를 따라가다보면 그의 지나온 세월은 투명하게 들여다보이긴 해도 듣는 이의 인생 체험으론 도저히 다 가늠할 수 없어, 분명 조심스런 무엇이 있었다.

어렸을 때 물놀이를 가면 어른들은 곧잘 겁을 주곤 했다. 맑고 깊은 물을 조심해라…… 그런 물은 맑아서 바닥까지 훤히 들여다보여도 보이는 것만큼 실 깊이는 쉽게 가늠이 되지 않는 법이라 위험하단다…… 그런 물은 널 끌어당기겠지만, 동시에 널 삼켜버릴 수도 있단다……

툇마루 멀찍이서 무릎을 꿇고 앉아 무엇이든 받아 적긴 해도 절대 당골네 문지방 안으로는 함부로 발을 들여놓지 않는 민속학자처럼, 왠지 그가 어려워 뱅뱅 맴돌던 동안 종강 님은 나에게 그런 물이었다. 맑고, 그러나 깊은 물.

그가 시설에 남아 있는 이유는 두 가지였다.

함께 시설에서 살아온 사람들에 대한 부채감. 그리고 한시도

육신을 떠나지 않는 갖은 합병증들.

아버지의 모진 선택 뒤에 오로지 자신의 몸뚱아리 하나만 믿고 살아왔던 그는, 채 스물을 넘기지 못하고 그만 그나마도 잃었다. 그러고는 쭈욱 당시 자신을 받아준 유일한 곳이었던 '은평의 마을'에 스스로를 의탁하며 살아왔다. 자신이 만난 헌신적인 종교인들에 대한 경외심도 경외심이지만, 그의 부채감은 주로 '부랑인'이라는 낙인의 역사를 지닌 사람들에게 깃든 그 이상의 감정이었다. 사방천지를 돌아다녔으나 머물 데 없이 내몰리기만 하다, 결국엔 깔대기를 타고 흘러내리듯 그곳에 모인 사람들. 밖에선 그저 '갱생'의 대상이기만 했던 그들이 서로 돌보고 걱정하고 위로하며 살아온, 이미 '사람의 역사'를 지녔다는 것을 증언하기 위해, 저마다 고유한 사연을 지닌 한 사람 한 사람이라는 것을 기억하기 위해, 그는 그곳을 떠나지 않겠다고 했다. 그것은 역으로 그를 기억하고 있는 사람들, 대개 지금은 가고 없는 사람들을 향한 그의 그리움이자 서러움이자 마지막 예의이기도 한 것 같았다.

그러나 오해는 말기를. 그의 이런 선택이 그렇다고 낭만의 소치이기만 한 것은 아니다. 그는 시설에서 환영받지 못하는 존재라고 스스로를 말했다. 시설 관리자들 입장에서 자신은 다루기 쉽지 않은 사람이라고. 왜? 말할 수 있어서다. 권리, 존엄, 연대…… 이런 것들을 사고하고 말할 수 있는 존재란 타인의 보살핌을 구걸하는 존재가 아니다. 그러므로 아무도 그를 시혜적인 동정의 시선으로 바라볼 수 없다. 그런 한, 그는 자신이 기억하고 자신을 기억하는, 이 사회의 일부였으나 구성원으로 인정받지는 못한 그 빗금 쳐진 사람들의 존재를 복원한다.

"여기서도 모르는 사람이 있으면 제가 얘기해줍니다. 이렇게 하면 된다고. 그런 게 먼저 안 자의 몫이죠. 저도 발바닥과 이음 여행을 통해 그런 덕을 봤으니까요."

그런데 자꾸 아쉬움이 남는다. 이런 존재 투쟁이라면 차라리 시설 밖에서 겨루는 것이 더 큰 의미를 지니지 않을까. 그러나 그 아쉬움을 함부로 표현할 수도 없다. 24시간 활동보조 서비스가 시행되지 않는 이상, 수급 지원이 최저생계를 보장할 수 있을 정도로 안정이 되지 않는 이상, 의료지원 체계가 확장되지 않는 이상, 수시로 아픈 그에겐 현행 제도로는 사실상 뾰족한 대책이 없는 상황이다.

우리 사회는 가난한 사람부터 죽게 한다. 건강하지 못한 사람부터 죽게 한다. 가난한 사람, 건강하지 못한 사람부터 보호하지 않는, 약자를 부단히도 죽음으로 내모는 시설 밖도, 어쩌면 낙오와 배제를 내면화하는 또 다른 거대한 시설일지 모른다.

언젠가, 아침나절부터 찍기 시작했는데 저녁 4시가 되어서야 보낸다는 그의 문자를 받은 적이 있다. 역시나 그의 이야기가 한동안 날 아프게 하던 즈음이었다. 담담하게 그는 나를 위로하듯 타일렀다. 아니 타이르듯이 위로했다. 듣는 일에 대해, 또 그것을 기록하는 일에 대해. 앞으로도 당신은 결코 가볍지 않은 몸살을 자주 앓게 될 것이라고…… 때 아닌 겨울비는 마침 앓기 좋은 날씨가 아니겠느냐고……

어떤 이의 한 줄, 어떤 이의 한마디는 오랜 시간과 여러 번의 되새김 끝에, 뒤틀리는 근육과 숨찬 호흡으로 겨우 내뱉어진다.

후일담

응축된, 시보다도 응축된 나를 통곡하게 만드는 말들이여!

그날 나는 다시는 함부로 글을 쓰지 말아야겠다고 생각했다. 그의 예언대로, 결코 가볍지 않은 몸살을 자주 앓은 뒤에야, 끝내는 때마침 앓기 좋은 날이 있다는 것도 받아들일 즈음에서야, 나는 겨우 쓸 수 있게 되지 않을까. 아침나절에 쓰기 시작해 저녁나절에 한 줄 마침표를 찍는, 결코 함부로일 수가 없는 그런 글을……

결국 그는 나를 삼켰다.

그는 나를 삼킨, 맑고 아주 깊은 눈물이다.

'탈시설 자립 생활 운동' 함께 알기

　한국 사회에서 본격적인 탈시설 논쟁이 이슈화된 것은 2000년대 중반 이후부터다. 그전까지는 시설에서 자행되는 인권침해나 비리에 대해서 인권 단체나 장애인 단체가 공동대책위원회를 꾸려서 사건별로 대응을 해왔다.

　2005년 국가인권위원회의 '장애인 생활 시설 인권 상황 실태 조사'나 보건복지부의 '미신고 시설 인권 실태 조사' 과정을 통해, 성폭력 및 감금 등 아주 심각한 인권침해 상황뿐만 아니라 단체 생활이라는 명목으로 자기결정권이 제한되고 있는 시설 그 자체에 대한 본질적인 의구심을 갖게 되었다. 좋은 시설을 만드는 것이 아니라 장애인들이 왜 시설에 들어가게 되었는지에 대한 근본적인 문제를 파악하고 해결해야 한다는 생각을 갖게 되었다는 것이다.

장애인 단체 및 인권 단체는 장애인이 시설에서 사는 것을 왜 당연하다고 생각하는지, 정부는 왜 시설 정책으로만 일관하면서 장애인 지원 정책을 다하고 있다고 주장하는지에 대해 문제를 제기하면서 '탈시설 운동'을 전개하게 되었다.

탈시설 운동은 장애인이 무조건 시설에서 나와야 한다는 것이 아니라 장애인이 시설에 들어가는 것이 당연하다고 생각하는 통념을 깨고자 하는 운동이다. 많은 사람들이 시설로 가서 자원봉사를 하지만 왜 장애인들이 시설에 살고 있는지에 대한 고민은 깊지 않을 수 있다. 장애인에 대한 오랜 통념으로 장애인은 능력이 없다고, 보호해야 한다고, 산 좋고 물 좋은 외진 곳에서 안 보이게 사는 것이 당연하다고 생각할 수 있다. 이런 오랜 통념을 깨고 우리 동네에서 함께 살자는 운동이 탈시설 운동이라고 할 수 있다.

대부분의 시설 거주 장애인은 스스로 선택해서 입소했다기보다 먹고살기 힘들어서, 24시간 서비스 지원이 없어서, 가족에게 부담이 되기 싫어서 등 어쩔 수 없이 입소한 경우가 많다. 시설에 장애인을 보낸 가족들도, 국가의 지원 없이 가족에게 그 책임이 온전히 전가된 상황에서 어쩔 수 없이 선택하는 경우가 많다. 장애인과 비장애인이 지역사회에서 같은 이웃으로 살아갈 수 있는 환경이 구축되어 있다면 절대로 시설 입소를 선택하지 않았을 것이다. 애초에 시설이 없었다면, 지역사회와 가족을 중심으로 더불어 사는 지원 체계를 만들었을 것이다.

그래서 탈시설 운동은 시설에서 장애인이 나오는 것과 함께 더 이상 시설로 들어가지 않도록 하는 '지역사회 자립 생활 환경 만들기 운동'도 함께 전개하고 있다. 요 몇 년간의 '탈시설 욕구 조사'에 따르면 시설 거주 장애인은 자립을 위해 제일 중요한 것으로 집과 활동지원(활동보조) 서비스, 생활비 세 가지를 꼽고 있다. 탈시설 운동은 당사자의 이런 요구가 실현될 수 있도록 정부의 장애인 지원 정책이 시설 정책에서 탈시설 자립 생활 정책으로 전환될 것을 요구하고, 구체적인 지원 체계를 구축하는 것을 핵심 과제로 삼고 있다.

탈시설 자립 생활 권리

하나, 나는 스스로 선택하고 결정할 권리가 있다
하나, 나는 살고 싶은 곳에서 살 권리가 있다
하나, 나는 시설에서 나와 지역에서 가족과 함께 살아갈 권리가 있다
하나, 나는 원하는 삶을 위해 저항할 권리가 있다
하나, 나는 내가 원하는 사람과 교제하고 가정을 이룰 권리가 있다.
하나, 나는 자유롭고 존엄한 시민으로 지역사회에서 살아갈 수 있도록 필요한 사회보장과 서비스를 받을 권리가 있다.

장애와인권발바닥행동(http://www.footact.org)

초대를 받았다

고병권(노들장애학궁리소)

1.

모든 인간 수용소는 기본적으로 인간 절멸 수용소다. 수용자들을 돌볼 때조차 인간 수용소는 인간을 제거하는 일을 한다. 아우슈비츠 같은 곳에서 사람을 그렇게 쉽게 불태울 수 있었던 것은 먼저 수용자들을 사람이 아닌 사물로, 말하자면 땔감처럼 만들었기 때문이다. 가스실로 보내고 화장터로 보내기 훨씬 이전에 관리자들은 수용자들을 짐승처럼 사육하고 장작개비처럼 쌓아둔다.

장애인 수용 시설을 두고 아우슈비츠 이야기를 꺼내는 게 과하게 들릴지도 모르겠다. 가스실과 화장터를 두고 하는 말이라면 틀림없이 과장된 이야기다. 하지만 그 이전의 문제, 즉 인간의 제거, 인간의 박탈에 관한 것이라면 전혀 그렇지 않다. 감히 말하건대 장애인 수용 시설도 인간 수용소인 한에서는 똑같은 일을 한다.

이 책이 그것을 증언한다. 증언자 중 한 사람인 이상분 씨. 언젠가 사라져버린 삶의 고집을 기적처럼 되찾은 그는 조사원의 손을 잡고 시설에서 나왔다. "나도 생각할 줄 알아. 나도 하고 싶은 거 있었어. 그래서 나, 나왔어." 나는 생각한다. 나는 욕망한다. 고로 나는 인간이다. 그래서 나는 그곳을 나왔다. 자신이 인간임을 자각한 순간 그는 시설이 인간의 장소가 아님 또한 깨달았던 것이다.

'인간'의 죽음은 '나'의 죽음이다. 시설에서는 '나'를 절멸시킨다. 다른 사람과 나를 구별해주는 많은 것들, 이를테면 나의 친구, 나의 욕망, 나의 기억, 나의 취향, 심지어 늦잠 자는 나의 습관까지, 시설은 이 모든 말들 앞에 있는 '나'를 빼앗아버린다.

사람들은 서로에게 각별하지 않은 채로 한 방에서 지낸다. 여기서 먹는 밥은 모두의 밥이지 내 밥이 아니다. 일어날 때도, 잠들 때도, 심지어 발가벗고 목욕할 때도, 모두의 시간에 모두의 장소에서 모두에게 내려진 명령에 따라 그렇게 한다. 그러므로 '나'는 내가 아니다. 매미가 남긴 투명한 허물처럼, 빈 집의 문패처럼, 텅 빈 내게는 이름만이 덩그러니 남아 있을 뿐이다.

영장도, 재판도 없이 수용된 사람들. 차라리 영장이나 재판이라도 있었다면 수용된 이유와 기간이라도 알 수 있었을 것이다. 그러나 김진석 씨의 말처럼 "시설은 한 번 들어오면 아예 못 나가는 곳이다". 법이나 논리가 아니라 사실이 그렇다. 이 책의 증언자들은 어린 나이에 들어와 수십 년을 시설에서 보낸 사람들이다.

왜 이곳에 들어왔는가. 수용자들은 자신들을 위해 여기에 온 게 아니라 자신들이 여기 있어야 편안한 사람들 때문에 여기에 왔다. 이 점에서 보면 인간 절멸, 인간 박탈은 이들이 시설의 문턱을 넘어오기 전부터 시작되었다. 시설에 오기 전부터 이들은 공동체의 동료가 아니라 공동체의 부담으로, 심지어 가족조차 감당하기 힘든 짐짝으로 간주되었다. 공생의 존재가 아니라 처분의 존재였던 것이다. 시설은 이들에 대한 우리 사회의 시각이자 해법이었다. 한편의 사람들은 이들을 눈에 띄지 않는 곳에 둠으로써 편안했고, 또 한편의 사람들은 시설을 통해 눈이 휘둥그레지는 수익을 올렸기에 편안했다.

왜 이곳에 계속 머물렀는가. 수용자를 구타하고 암매장했던 형제복지원 같은 곳이 얼마 전까지 있었고, 말을 듣지 않는 수용자에게 수면제를 강제로 먹이는 시설들이 요즘에도 심심찮게 발견되기 때문이다. 그러나 폭력과 약물만이 이들을 여기에 주저앉힌 것은 아니다. 집단적인 규율 아래서 오래 지내다 보면 언제부턴가 '나는 생각한다' '나는 하고 싶다'가 사라져 버린다. 씻고 싶을 때 씻을 수 없다는 것과 씻고 싶지 않을 때 씻어야 한다는 것이 하는 일은 똑같다. 그것은 의지를 빼앗는다. 최영은 씨 말처럼 시설은 "아주 일상적으로 하는 생각들마저 내 의지랄까 그런 걸 품을 수 없게" 만든다.

가족과 사회가 '나'를 포기한 곳이 시설이라면, 이제 시설은 나로 하여금 '나'를 포기하게 만든다. 나를 무력한 존재로 만든 뒤, 무력한 존재로서 나를 받아들이게 하는 것이다. 장애인을 시설에 묶어두는 가장 질긴 철끈이 이것이다.

2.

그러나 이 책의 가장 위대한 페이지는 시설에 대한 고발이 아니라 시설 밖으로 내딛던 첫걸음에 대한 기록이다. 내 삶이 내 시계를 따라 초침 한 칸을 이동하던 때 말이다. 김은정 씨는 그때를 이렇게 기억하고 있다. "나도 나갈까 하는 마음이 스치는 순간, 파르르 떨렸다." 돈도 없고 집도 없고 길도 모르니까 그냥 시설에 있어야 한다는 말을 30년 가까이 들어온 사람이 세상 안으로 들어가는 순간이었다. 이 순간을 남수진 씨도 겪었다. "심장이 막 떨리고, 밤에 잠도 안 오고, 얼마나 떨렸는지 몰라."

일흔을 넘긴 김범순 씨가 인생의 전환점이라고 부르는 지점도 똑같다. 그는 자동차 사고로 중도장애인이 된 뒤 시설에 들어갔던 사람이다. 그런 그가 자기 인생의 가장 중요한 페이지에 적은 것은 사고의 순간이 아니라 자립의 순간, 자유의 순간이다.

분명 시설은 어떤 끔찍한 사고보다도 삶을 어둡게 만들며 크게 상처 입힌다. 그러나 이 책의 증언자들은 시설을 이겨냈다. 이들은 시설 밖으로 나왔고 시설 밖에서 살아냈다. 이들은 시설이 불가피한 해법이기는커녕 불가능한 해법이자 불필요한 해법임을 입증했다. 이들의 환한 미소는 시설의 존재 이유를 찾는 사람들을 부끄럽게 만들었다. 한마디로 시설은 이들에게 패배했다.

"그러니까 너희는 나갈 수 없어." 시설을 진리로 만든 이 문장을 깨뜨려야 한다. '그러니까'의 앞에 놓아둔 무능과 뒤에 따라오는 불가능을 깨뜨려야 한다. 사람에 대해 함부로 선고하려 드는 이 끔찍한 재판관을 몰아내야 한다. "그러니까 당신에게는 무엇이 필요합니까." 이렇게 물었으면 금세 알 수 있었을 답을 우리는 너무 오랫동안 외면해왔다. 말하려고만 들었지 듣지 않았고, 관리하려고만 들었지 함께 살 생각을 하지 않았다. 그래서 우리는 사람 대신 시설을 갖게 된 것이다.

끝으로, 이 책에서 발견하고 너무나 기뻤던 단어 하나를 적어두고자 한다. 시설이 끝나는 곳에서만 가능한 말, '초대'이다. 내 삶이 없는 곳에서는 초대가 불가능하다. 초대란 당신을 나의 공간, 나의 시간, 나의 식탁에 부르는 일이기 때문이다. 초대란 내게 마련된 당신의 자리이다. 당신에 대한 유혹이자 당신을 맞는 준비이며, 당신과 함께하고 싶다는 근사한 열망이다. 그런데 이 책에 초대가 있다. 아니, 이 책 전체가 초대이다. 그러고 보니 이제야 시설이 끝나가나보다. 이 책, 시설의 끝을 예고하는 초대장이 날아왔으므로!

이야기를 들을 준비

장혜영 (다큐멘터리 〈어른이 되면〉 감독)

"혜정 씨는 뭐를 좋아해요?"

내 동생 혜정이와 함께 사람들을 만날 때면 많은 사람들이 혜정이에 대한 질문을 나에게 던진다. 바로 옆에서 혜정이가 눈을 동그랗게 뜨고 자기를 쳐다보고 있어도 대개는 그렇다. 나는 대답한다.

"혜정이한테 직접 물어보세요."

그제서야 사람들은 혜정이에게 같은 질문을 던진다. 혜정이는 또박또박 질문에 대답을 해주기도 하지만, 영 다른 얘기를 하거나 오히려 새로운 질문을 던져 상대방을 당황시키기도 한다.

굳이 '지적장애' '자폐성 장애'라는 명칭을 모르더라도, 혜정이와 조금만 같이 있어보면 혜정이의 장애를 느끼는 것은 그리 어렵지 않다. 혜정이는 으레 비장애인들에게 기대되는 방식과는 다르게 자기를 표현한다. 그래서 혜정이를 처음 본 사람이 혜정이의 언어를 이해하는 것은 상당히 어려운 일이다.

하지만 어렵다는 것이 곧 불가능하다는 것을 의미하지는 않는다. 중요한 것은 소통하려는 의지이다. 정말로 혜정이가 무엇을 좋아하는지 궁금해하는 사람은 언젠가 어떻게든 답을 얻는다. 개별적인 질문들은 미끄러져 내릴 수 있지만, 혜정이라는 존재에 다가가기 위한 노력은 실패하지 않는다.

어떤 사람들은 혜정의 언어를 무의미하다고 생각한다. 나아가 그들은 혜정이가 '아무것도 모르는' 존재이며 '자기 생각이 없는' 존재라고 생각한다. 그래서 대조적으로 '뭘 아는' 사람들이 혜정이를 대변하고 해석하고 설명해주기를 당연스레 바란다. 그들에게 혜정이는 고유의 생각도 느낌도 없는 '몸' 그 자체일 뿐이다.

슬프게도 혜정이는 자신이 태어난 가족으로부터 '몸'으로 간주되어 일찌감치 시설로 보내졌다. 사람이 사는 곳과 몸이 사는 곳은 달랐다. 사회는 몸이 살기에는 위험한 곳이므로 몸은 몸끼리 따로 살게 하는 곳이 바로 시설이었다. 혜정이는 사람이 아니라 몸으로서 18년을 그곳에서 살았다.

어린 시절 우리가 같이 살았을 때, 한 살 위의 나는 혜정이의 언어를 알아듣는 거의 유일한 사람이었다. 하지만 혜정이가 시설로 보내진 후 나는 그 언어를 대부분 잃어버렸다. 언젠가부터 혜정이는 나에게도 몸이었다. 나는 혜정이를 사랑하면 서도 혜정이에게 질문을 던지지 않았다. 아버지와 어머니에게, 시설 직원들에게, 의사에게 혜정이를 물었다. 그러다 문득 내가 혜정이에게 한 번도 너는 어떻게 살고 싶냐고 물어본 적이 없다는 것을 알게 되었다.

"혜정아, 너는 어떻게 살고 싶어?"

이 질문을 혜정이에게 던졌을 때 나는 이제껏 나를 가두고 있던 어떤 벽이 무너지는 기분이 들었다.

몸 따로 사람 따로의 세상은 없다. 사람의 세상은 하나다. 사람다운 세상은 사람으로 태어났다는 것만으로 모든 사람이 동등하게 존엄한 세상이다. 모두가 몸이 되지 않기 위해 발버둥치는 세상은 누군가의 불행을 반드시 예약한다. 그저 내가 그곳으로 떨어지지만 않으면 되는 것으로는 인간다운 세상을 만들 수 없다. 몸으로 간주되어 인격을 부정당한 채 쫓겨났던 사람들이 오롯이 사회로 돌아와야 한다. 그때 이 사회가 비로소 인간이 인간답게 살아가는 곳이 된다.

그래서 이 책이 반갑다. 이 구술 기록의 주인공들은 시설로 빨려들어갔지만 끈질긴 생명력으로 다시 이 사회로 돌아왔다. 시설로 가는 길은 넓었지만 사회로 돌아오는 길은 좁고 험난했다. 아예 길을 내면서 왔다는 편이 맞을 것이다. 이 책에는 열한 명의 탈시설 당사자들의 목소리가 생생하게 들어 있다. 이들은 모두 같은 길로 나온 것이 아니다. 모두가 다른 길을 뚫고 나왔다. 이 세상에 똑같은 인생이 없듯이 똑같은 탈시설도 없다. 열 명의 시설 장애인이 있다면 열 개의 탈시설이 있고, 1만 명의 시설 장애인이 있다면 1만 개의 탈시설이 있다. 탈시설을 위한 정책을 만들 때 많은 사람들이 간과하는 점이 여기에 있다. 모두를 하나의 체계로 욱여넣기 위해 고민하는 대신 어떻게 한 사람 한 사람을 사회로 되돌려놓을 것인가를 고민해야 한다.

오직 시설에서 몸으로서 살아가는 삶만이 허용되었던 사람들이 사회로 나올 때, 가장 필요한 것은 듣는 귀이다. 더듬더듬 이어지는 이야기를 차분히 듣는 귀 말이다. 효율의 안경을 벗어던지면 단어 하나하나가 새롭고 귀중하게 들려온다. 경청의 힘은 놀랍다. 말하는 사람을 자꾸자꾸 말하게 하니 말이다. 나는 당신의 이야기가 듣고 싶다고 진지하게 귀 기울이는 사람을 만나는 일은 얼마나 두근거리는 일인가. 기록자의 '듣고 싶다'는 마음과 구술자의 '말하고 싶다'는 마음이 만나 만들어진 문장들에는 새로움이 가득하다. 새로움을 빚어내는 것은 망설임이다. 내가 살아보지 않은 남의 삶을 청해 듣는 사람의 망설임, 얼굴 모르는 이들에게 자기 이야기를 들려주는 사람의 망설임. 진심 어린 망설임의 순간들이 가만가만 이야기를 침묵 너머에서 데려온다.

혜정의 탈시설 이후, 나는 혜정 앞에서 시설 이야기를 거의 하지 않았다. 시설의 기억이 혜정을 괴롭게 만들 수도 있고,

행여 빈말이나마 "다시 돌아가고 싶다"는 말을 내놓을까 두려웠기 때문이다. 이 책의 목소리들은 나의 내면의 두려움을 다시 일깨워주었다. 시설에서의 기억을 언제까지나 외면할 수는 없다. 그것에 대해 이야기할 수 있어야 그것으로부터 진정 자유로워질 테니까.

나는 용기를 내어 물었다.

"혜정아, 재활원에서 사는 거랑 언니랑 사는 거랑 뭐가 더 좋아?"

"재활원."

혜정이가 건성으로 대답한다. 마음이 철렁하지만 다시 묻는다.

"재활원에서 사는 게 더 좋아?"

"재활원에서 사는 거 싫고, 언니랑 사는 거 좋아."

혜정이가 잘 들으라는 듯이 또박또박 대답해준다.

"나도 너랑 사는 거 좋아."

"아이스커피 사줘."

"그래."

이제는 귀를 기울일 시간이다.